AF253021

LE CODE

DE PROCÉDURE CIVILE.

PARIS. — IMPRIMERIE DE CASIMIR, RUE DE LA VIEILLE-MONNAIE, N° 12,
Près la rue des Lombards et la place du Châtelet.

LE CODE

DE

PROCÉDURE CIVILE,

ACCOMPAGNÉ

DU TEXTE ANNOTÉ DES LOIS QUI ONT ABROGÉ OU MODIFIÉ
PLUSIEURS DE SES DISPOSITIONS,

ET DE L'INDICATION DE SES ARTICLES CORRÉLATIFS;

SUIVI

DU DÉCRET DU 2 FÉVRIER 1811 SUR LA SAISIE IMMOBILIÈRE, DES LOIS SUR LA CONTRAINTE
PAR CORPS, DES TARIFS DES FRAIS ET DÉPENS EN MATIÈRE CIVILE, DU TABLEAU
DES DISTANCES DE PARIS AUX CHEFS-LIEUX DE DÉPARTEMENTS;

ET D'UNE TABLE ANALYTIQUE GÉNÉRALE.

PARIS.

BRISSOT-THIVARS, LIBRAIRE-ÉDITEUR,

RUE DE L'ABBAYE-SAINT-GERMAIN-DES-PRÉS, Nº 14;

Vᵉ CHARLES BÉCHET, QUAI DES AUGUSTINS, Nº 59.

1829.

CODE

DE PROCÉDURE CIVILE.

PREMIÈRE PARTIE.

PROCÉDURE DEVANT LES TRIBUNAUX.

LIVRE PREMIER.

DE LA JUSTICE DE PAIX.

(Décrété le 14 avril 1806. Promulgué le 24.)

TITRE PREMIER.

Des Citations.

Art. 1ᵉʳ. Toute citation devant les juges de paix contiendra la date des jour, mois et an, les noms, profession et domicile du demandeur, les noms, demeure et immatricule de l'huissier, les noms et demeure du défendeur; elle énoncera sommairement l'objet et les moyens de la demande, et indiquera le juge de paix qui doit connaître de la demande, et le jour et l'heure de la comparution. [Pr. 4—T. 7.]

2. En matière purement personnelle ou mobilière, la citation sera donnée devant le juge du domicile du défendeur; s'il n'a pas de domicile, devant le juge de sa résidence.

3. Elle le sera devant le juge de la situation de l'objet litigieux, lorsqu'il s'agira,

1° Des actions pour dommages aux champs, fruits et récoltes; [P. 444.]

2° Des déplacements de bornes, des usurpations de terres, arbres, haies, fossés et autres clôtures, commis dans l'année; des entreprises sur les cours d'eau, commises pareillement dans

l'année, et de toutes autres actions possessoires ; [Pr. 23 , 38.—
P. 389, 456.]

3° Des réparations locatives ; [C. 1754.]

4° Des indemnités prétendues par le fermier ou locataire pour
non-jouissance, lorsque le droit ne sera pas contesté, et des
dégradations alléguées par le propriétaire. [C. 1721, 1731, 1769.]

4. La citation sera notifiée par l'huissier de la justice de paix
du domicile du défendeur ; en cas d'empêchement, par celui
qui sera commis par le juge : copie en sera laissée à la partie ;
s'il ne se trouve personne en son domicile, la copie sera laissée
au maire ou adjoint de la commune, qui visera l'original sans
frais. [Pr. 68.]

L'huissier de la justice de paix ne pourra instrumenter pour
ses parents en ligne directe, ni pour ses frères, sœurs, et alliés
au même degré. [Pr. 66. — T. 7.]

5. Il y aura un jour au moins entre celui de la citation et le
jour indiqué pour la comparution, si la partie citée est domiciliée dans la distance de trois myriamètres.

Si elle est domiciliée au-delà de cette distance, il sera ajouté
un jour par trois myriamètres.

Dans le cas où les délais n'auront point été observés, si le
défendeur ne comparaît pas, le juge ordonnera qu'il sera réas-
signé, et les frais de la première citation seront à la charge du
demandeur. [Pr. 8, 19.]

6. Dans les cas urgents, le juge donnera une cédule pour
abréger les délais, et pourra permettre de citer, même dans le
jour et à l'heure indiqués. [T. 7.]

7. Les parties pourront toujours se présenter volontairement
devant un juge de paix ; auquel cas il jugera leur différend, soit
en dernier ressort, si les lois ou les parties l'y autorisent, soit à
la charge de l'appel, encore qu'il ne fût le juge naturel des
parties, ni à raison du domicile du défendeur, ni à raison de la
situation de l'objet litigieux.

La déclaration des parties qui demanderont jugement, sera
signée par elles, ou mention sera faite si elles ne peuvent signer.
[Pr. 1003 s. — T. 11.]

TITRE DEUXIÈME.

Des Audiences du Juge de Paix, et de la Comparution des Parties.

8. Les juges de paix indiqueront au moins deux audiences par semaine : ils pourront juger tous les jours, même ceux de dimanches et fêtes, le matin et l'après-midi.

Ils pourront donner audience chez eux, en tenant les portes ouvertes. [T. 9.]

9. Au jour fixé par la citation, ou convenu entre les parties, elles comparaîtront en personne ou par leurs fondés de pouvoir, sans qu'elles puissent faire signifier aucune défense.

10. Les parties seront tenues de s'expliquer avec modération devant le juge, et de garder en tout le respect qui est dû à la justice : si elles y manquent, le juge les y rappellera d'abord par un avertissement ; en cas de récidive, elles pourront être condamnées à une amende qui n'excèdera pas la somme de dix francs, avec affiches du jugement, dont le nombre n'excèdera pas celui des communes du canton. [Pr. 88, 90.]

11. Dans le cas d'insulte ou irrévérence grave envers le juge, il en dressera procès-verbal, et pourra condamner à un emprisonnement de trois jours au plus. [I. 504. — P. 222 s. 226 s.]

12. Les jugements, dans les cas prévus par les précédents articles, seront exécutoires par provision.

13. Les parties ou leurs fondés de pouvoir seront entendus contradictoirement. La cause sera jugée sur-le-champ, ou à la première audience ; le juge, s'il le croit nécessaire, se fera remettre les pièces. [Pr. 9, 19.]

14. Lorsqu'une des parties déclarera vouloir s'inscrire en faux, déniera l'écriture, ou déclarera ne pas la reconnaître, le juge lui en donnera acte : il paraphera la pièce, et renverra la cause devant les juges qui doivent en connaître. [Pr. 193 s. 214 s. 427 — T. 7.]

15. Dans le cas où un interlocutoire aurait été ordonné, la cause sera jugée définitivement, au plus tard dans le délai de quatre mois du jour du jugement interlocutoire : après ce délai, l'instance sera périmée de droit : le jugement qui serait rendu sur le fond, est sujet à l'appel, même dans les matières dont le juge de paix connaît en dernier ressort, et sera annulé, sur la réquisition de la partie intéressée.

Si l'instance est périmée par la faute du juge, il sera passible des dommages-intérêts. [Pr. 397, 505, n° 3.]

16. L'appel des jugements de la justice de paix ne sera pas recevable après les trois mois, à dater du jour de la signification faite par l'huissier de la justice de paix, ou tel autre, commis par le juge. [Pr. 443 s. — T. 21, 27.]

17. Les jugements des justices de paix, jusqu'à concurrence de trois cents francs, seront exécutoires par provision, nonobstant l'appel, et sans qu'il soit besoin de fournir caution. Les juges de paix pourront, dans les autres cas, ordonner l'exécution provisoire de leurs jugements, mais à la charge de donner caution. [Pr. 135. — T. 21.]

18. Les minutes de tout jugement seront portées par le greffier sur la feuille d'audience, et signées par le juge qui aura tenu l'audience et par le greffier. [Pr. 30.]

TITRE TROISIÈME.

Des Jugements par défaut, et des Oppositions à ces Jugements

19. Si, au jour indiqué par la citation, l'une des parties ne comparaît pas, la cause sera jugée par défaut, sauf la réassignation dans le cas prévu dans le dernier alinéa de l'article 5. [T. 21.]

20. La partie condamnée par défaut pourra former opposition, dans les trois jours de la signification faite par l'huissier du juge de paix, ou autre qu'il aura commis.

L'opposition contiendra sommairement les moyens de la partie, et assignation au prochain jour d'audience, en observant toutefois les délais prescrits pour les citations : elle indiquera les jour et heure de la comparution, et sera notifiée ainsi qu'il est dit ci-dessus. [T. 21.]

21. Si le juge de paix sait par lui-même, ou par les représentations qui lui seraient faites à l'audience par les proches, voisins ou amis du défendeur, que celui-ci n'a pu être instruit de la procédure, il pourra, en adjugeant le défaut, fixer, pour le délai de l'opposition, le temps qui lui paraîtra convenable; et, dans le cas où la prorogation n'aurait été ni accordée d'office ni demandée, le défaillant pourra être relevé de la rigueur du délai, et admis à opposition, en justifiant qu'à raison d'absence ou de maladie grave, il n'a pu être instruit de la procédure.

22. La partie opposante qui se laisserait juger une seconde fois par défaut, ne sera plus reçue à former une nouvelle opposition.

TITRE QUATRIÈME.

Des Jugements sur les Actions possessoires.

23. Les actions possessoires ne seront recevables qu'autant qu'elles auront été formées dans l'année du trouble, par ceux qui, depuis une année au moins, étaient en possession paisible par eux ou les leurs, à titre non précaire. [Pr. 3.—C. 2228 s. 2243.]

24. Si la possession ou le trouble sont déniés, l'enquête qui sera ordonnée ne pourra porter sur le fond du droit. [Pr. 34 s.]

25. Le possessoire et le pétitoire ne seront jamais cumulés.

26. Le demandeur au pétitoire ne sera plus recevable à agir au possessoire.

27. Le défendeur au possessoire ne pourra se pourvoir au pétitoire qu'après que l'instance sur le possessoire aura été terminée : il ne pourra, s'il a succombé, se pourvoir qu'après qu'il aura pleinement satisfait aux condamnations prononcées contre lui.

Si néanmoins la partie qui les a obtenues était en retard de les faire liquider, le juge du pétitoire pourra fixer, pour cette liquidation, un délai, après lequel l'action au pétitoire sera reçue.

TITRE CINQUIÈME.

Des Jugements qui ne sont pas définitifs, et de leur Exécution.

28. Les jugements qui ne seront pas définitifs, ne seront point expédiés, quand ils auront été rendus contradictoirement et prononcés en présence des parties. Dans le cas où le jugement ordonnerait une opération à laquelle les parties devraient assister, il indiquera le lieu, le jour et l'heure, et la prononciation vaudra citation. [Pr. 34 s. 40 s.]

29. Si le jugement ordonne une opération par des gens de l'art, le juge délivrera à la partie requérante, cédule de citation pour appeler les experts ; elle fera mention du lieu, du jour, de

l'heure, et contiendra le fait, les motifs et la disposition du jugement relative à l'opération ordonnée. [T. 7.]

Si le jugement ordonne une enquête, la cédule de citation fera mention de la date du jugement, du lieu, du jour et de l'heure. [Pr. 34, 41 s. — T. 24, 25.]

50. Toutes les fois que le juge de paix se transportera sur le lieu contentieux, soit pour en faire la visite, soit pour entendre les témoins, il sera accompagné du greffier, qui apportera la minute du jugement préparatoire. [Pr. 18, 28. — T. 12.]

51. Il n'y aura lieu à l'appel des jugements préparatoires qu'après le jugement définitif et conjointement avec l'appel de ce jugement; mais l'exécution des jugements préparatoires ne portera aucun préjudice aux droits des parties sur l'appel, sans qu'elles soient obligées de faire à cet égard aucune protestation ni réserve.

L'appel des jugements interlocutoires est permis avant que le jugement définitif ait été rendu.

Dans ce cas, il sera donné expédition du jugement interlocutoire. [Pr. 16, 451, 454.]

TITRE SIXIÈME.

De la Mise en cause des Garants.

32. Si, au jour de la première comparution, le défendeur demande à mettre garant en cause, le juge accordera délai suffisant en raison de la distance du domicile du garant : la citation donnée au garant sera libellée, sans qu'il soit besoin de lui notifier le jugement qui ordonne sa mise en cause. [T. 21.]

33. Si la mise en cause n'a pas été demandée à la première comparution, ou si la citation n'a pas été faite dans le délai fixé, il sera procédé, sans délai, au jugement de l'action principale, sauf à statuer séparément sur la demande en garantie.

TITRE SEPTIÈME.

Des Enquêtes.

34. Si les parties sont contraires en faits de nature à être constatés par témoins, et dont le juge de paix trouve la vérification utile et admissible, il ordonnera la preuve et en fixera précisément l'objet. [Pr. 28 s. —T. 21, 24.]

35. Au jour indiqué, les témoins, après avoir dit leurs noms, profession, âge et demeure, feront le serment de dire vérité, et déclareront s'ils sont parents ou alliés des parties et à quel degré, et s'ils sont leurs serviteurs ou domestiques. [Pr. 262 s.]

36. Ils seront entendus séparément, en présence des parties, si elles comparaissent ; elles seront tenues de fournir leurs reproches avant la déposition, et de les signer ; si elles ne le savent ou ne le peuvent, il en sera fait mention : les reproches ne pourront être reçus après la déposition commencée, qu'autant qu'ils seront justifiés par écrit. [Pr. 270 s.]

37. Les parties n'interrompront point les témoins : après la déposition, le juge pourra, sur la réquisition des parties, et même d'office, faire aux témoins les interpellations convenables. [Pr. 273 s.]

38. Dans tous les cas où la vue du lieu peut être utile pour l'intelligence des dispositions, et spécialement dans les actions pour déplacement de bornes, usurpations de terres, arbres, haies, fossés ou autres clôtures, et pour entreprises sur les cours d'eau, le juge de paix se transportera, s'il le croit nécessaire, sur le lieu, et ordonnera que les témoins y seront entendus. [Pr. 28, 30, 41 s. — T. 8.]

39. Dans les causes sujettes à l'appel, le greffier dressera procès-verbal de l'audition des témoins : cet acte contiendra leurs noms, âge, profession et demeure, leur serment de dire vérité, leur déclaration s'ils sont parents, alliés, serviteurs ou domestiques des parties, et les reproches qui auraient été fournis contre eux. Lecture de ce procès-verbal sera faite à chaque témoin pour la partie qui le concerne ; il signera sa déposition, ou mention sera faite qu'il ne sait ou ne peut signer. Le procès-verbal sera, en outre, signé par le juge et le greffier. Il sera procédé immédiatement au jugement, ou au plus tard à la première audience. [Pr. 15, 35.]

40. Dans les causes de nature à être jugées en dernier ressort, il ne sera point dressé de procès-verbal ; mais le jugement énoncera les noms, âge, profession et demeure des témoins, leur serment, leur déclaration s'ils sont parents, alliés, serviteurs ou domestiques des parties, les reproches et le résultat des dépositions. [Pr. 43.]

TITRE HUITIÈME.

Des Visites des lieux, et des Appréciations.

41. Lorsqu'il s'agira, soit de constater l'état des lieux, soit d'apprécier la valeur des indemnités et dédommagements demandés, le juge de paix ordonnera que le lieu contentieux sera visité par lui, en présence des parties.

42. Si l'objet de la visite ou de l'appréciation exige des connaissances qui soient étrangères au juge, il ordonnera que les gens de l'art, qu'il nommera par le même jugement, feront la visite avec lui, et donneront leur avis : il pourra juger sur le lieu même, sans désemparer. Dans les causes sujettes à l'appel, procès-verbal de la visite sera dressé par le greffier, qui constatera le serment prêté par les experts. Le procès-verbal sera signé par le juge, par le greffier et par les experts; et si les experts ne savent ou ne peuvent signer, il en sera fait mention. [Pr. 3oo s. — T. 21, 25.]

43. Dans les causes non sujettes à l'appel, il ne sera point dressé de procès-verbal; mais le jugement énoncera les noms des experts, la prestation de leur serment, et le résultat de leur avis. [Pr. 28, 4o.]

TITRE NEUVIÈME.

De la Récusation des Juges de Paix.

44. Les juges de paix pourront être récusés, 1° quand ils auront intérêt personnel à la contestation; 2° quand ils seront parents ou alliés d'une des parties, jusqu'au degré de cousin germain inclusivement; 3° si, dans l'année qui a précédé la récusation, il y a eu procès criminel entre eux et l'une des parties ou son conjoint, ou ses parents et alliés en ligne directe; 4° s'il y a procès civil existant entre eux et l'une des parties, ou son conjoint; 5° s'ils ont donné un avis écrit dans l'affaire. [Pr. 3₇8 s.]

45. La partie qui voudra récuser un juge de paix, sera tenue de former la récusation et d'en exposer les motifs par un acte qu'elle fera signifier, par le premier huissier requis, au greffier de la justice de paix, qui visera l'original. L'exploit sera signé, sur l'original et la copie, par la partie ou son fondé de pouvoir spécial. La copie sera déposée au greffe, et communiquée immédiatement au juge par le greffier. [T. 14, 30.]

46. Le juge sera tenu de donner au bas de cet acte, dans le délai de deux jours, sa déclaration par écrit, portant, ou son acquiescement à la récusation, ou son refus de s'abstenir, avec ses réponses aux moyens de récusation.

47. Dans les trois jours de la réponse du juge qui refuse de s'abstenir, ou faute par lui de répondre, expédition de l'acte de récusation, et de la déclaration du juge, s'il y en a, sera envoyée par le greffier, sur la réquisition de la partie la plus diligente, au procureur du Roi près le tribunal de première instance dans le ressort duquel la justice de paix est située : la récusation y sera jugée en dernier ressort dans la huitaine, sur les conclusions du procureur du Roi, sans qu'il soit besoin d'appeler les parties. [T. 14.]

LIVRE DEUXIÈME.

DES TRIBUNAUX INFÉRIEURS.

(*Suite* du décret du 14 avril 1806.)

TITRE PREMIER.

De la Conciliation.

48. Aucune demande principale introductive d'instance entre parties capables de transiger, et sur des objets qui peuvent être la matière d'une transaction, ne sera reçue dans les tribunaux de première instance, que le défendeur n'ait été préalablement appelé en conciliation devant le juge de paix, ou que les parties n'y aient volontairement comparu. [T. 69.]

49. Sont dispensées du préliminaire de la conciliation,

1° Les demandes qui intéressent l'État et le domaine, les communes, les établissements publics, les mineurs, les interdits, les curateurs aux successions vacantes ;

2° Les demandes qui requièrent célérité ; [Pr. 404.]

3° Les demandes en intervention ou en garantie ; [Pr. 175, 339.]

4° Les demandes en matière de commerce ; [Pr. 415.]

5° Les demandes de mise en liberté, celles en main-levée de

saisie ou opposition, en paiement de loyers, fermages, ou arré-rages de rentes ou pensions; celles des avoués en paiement de frais ; [Pr. 60 , 4o4 , 566.]

6° Les demandes formées contre plus de deux parties, encore qu'elles aient le même intérêt;

7° Les demandes en vérification d'écritures, en désaveu, en réglement de juges, en renvoi, en prise à partie ; les demandes contre un tiers saisi, et en général sur les saisies, sur les offres réelles, sur la remise des titres, sur leur communication, sur les séparations de biens, sur les tutelles et curatelles; et enfin toutes les causes exceptées par les lois.

50. Le défendeur sera cité en conciliation,

1° En matière personnelle et réelle, devant le juge de paix de son domicile ; s'il y a deux défendeurs, devant le juge de l'un d'eux, au choix du demandeur ; [Pr. 2.]

2° En matière de société autre que celle de commerce, tant qu'elle existe, devant le juge du lieu où elle est établie ;

3° En matière de succession, sur les demandes entre héritiers, jusqu'au partage inclusivement ; sur les demandes qui seraient intentées par les créanciers du défunt avant le partage; sur les demandes relatives à l'exécution des dispositions à cause de mort, jusqu'au jugement définitif, devant le juge de paix du lieu où la succession est ouverte.

51. Le délai de la citation sera de trois jours au moins.

52. La citation sera donnée par un huissier de la justice de paix du défendeur; elle énoncera sommairement l'objet de la conciliation.

53. Les parties comparaîtront en personne ; en cas d'empê-chement, par un fondé de pouvoir. [Pr. 9 s.]

54. Lors de la comparution, le demandeur pourra expliquer, même augmenter sa demande, et le défendeur former celles qu'il jugera convenables : le procès-verbal qui en sera dressé contiendra les conditions de l'arrangement, s'il y en a ; dans le cas contraire, il fera sommairement mention que les parties n'ont pu s'accorder.

Les conventions des parties, insérées au procès-verbal, ont force d'obligation privée. [C. 1322 s. — T. 10.]

55. Si l'une des parties défère le serment à l'autre, le juge de paix le recevra, ou fera mention du refus de le prêter. [C. 1358 s.]

56. Celle des parties qui ne comparaîtra pas sera condamnée à une amende de dix francs, et toute audience lui sera refusée jusqu'à ce qu'elle ait justifié de la quittance.

57. La citation en conciliation interrompra la prescription, et fera courir les intérêts; le tout, pourvu que la demande soit formée dans le mois, à dater du jour de la non-comparution ou de la non-conciliation. [C. 1154 s. 2245 s.]

58. En cas de non-comparution de l'une des parties, il en sera fait mention sur le registre du greffe de la justice de paix, et sur l'original ou la copie de la citation, sans qu'il soit besoin de dresser procès-verbal. [T. 13.]

TITRE DEUXIÈME.

Des Ajournements.

59. En matière personnelle, le défendeur sera assigné devant le tribunal de son domicile; s'il n'a pas de domicile, devant le tribunal de sa résidence.

S'il y a plusieurs défendeurs, devant le tribunal du domicile de l'un d'eux, au choix du demandeur;

En matière réelle, devant le tribunal de la situation de l'objet litigieux;

En matière mixte, devant le juge de la situation, ou devant le juge du domicile du défendeur;

En matière de société, tant qu'elle existe, devant le juge du lieu où elle est établie: [C 1843, 1865.—Co. 18 s.]

En matière de succession, 1° sur les demandes entre héritiers, jusqu'au partage inclusivement; 2° sur les demandes qui seraient intentées par les créanciers du défunt avant le partage; 3° sur les demandes relatives à l'exécution des dispositions à cause de mort, jusqu'au jugement définitif, devant le tribunal du lieu où la succession est ouverte;

En matière de faillite, devant le juge du domicile du failli; [Co. 440 s.]

En matière de garantie, devant le juge où la demande originaire sera pendante; [Pr. 175, 181.]

Enfin, en cas d'élection de domicile pour l'exécution d'un acte, devant le tribunal du domicile élu, ou devant le tribunal du domicile réel du défendeur, conformément à l'article 111 du Code civil. [T. 27, 68.]

60. Les demandes formées pour frais par les officiers ministériels, seront portées au tribunal où les frais ont été faits. [T. 151.]

61. L'exploit d'ajournement contiendra, 1° la date des jour, mois et an, les noms, profession et domicile du demandeur, la constitution de l'avoué qui occupera pour lui, et chez lequel l'élection de domicile sera de droit, à moins d'une élection contraire par le même exploit ;

2° Les noms, demeure et immatricule de l'huissier, les noms et demeure du défendeur, et mention de la personne à laquelle copie de l'exploit sera laissée ;

3° L'objet de la demande, l'exposé sommaire des moyens ;

4° L'indication du tribunal qui doit connaître de la demande, et du délai pour comparaître : le tout à peine de nullité. [Pr. 1029.—T. 27, 68.]

62. Dans le cas du transport d'un huissier, il ne lui sera payé pour tous frais de déplacement qu'une journée au plus. [Pr. 67. —T. 66.]

63. Aucun exploit ne sera donné un jour de fête légale, si ce n'est en vertu de permission du président du tribunal. [Pr. 781, 828, 1037.]

64. En matière réelle ou mixte, les exploits énonceront la nature de l'héritage, la commune, et, autant qu'il est possible, la partie de la commune où il est situé, et deux au moins des tenants et aboutissants ; s'il s'agit d'un domaine, corps de ferme ou métairie, il suffira d'en désigner le nom et la situation : le tout à peine de nullité.

65. Il sera donné, avec l'exploit, copie du procès-verbal de non-conciliation, ou copie de la mention de non-comparution, à peine de nullité ; sera aussi donnée copie des pièces ou de la partie des pièces sur lesquelles la demande est fondée : à défaut de ces copies, celles que le demandeur sera tenu de donner dans le cours de l'instance, n'entreront point en taxe. [T. 28.]

66. L'huissier ne pourra instrumenter pour ses parents et alliés, et ceux de sa femme, en ligne directe à l'infini, ni pour ses parents et alliés collatéraux, jusqu'au degré de cousin issu de germain inclusivement : le tout à peine de nullité.

67. Les huissiers seront tenus de mettre à la fin de l'original et de la copie de l'exploit, le coût d'icelui, à peine de cinq francs d'amende, payables à l'instant de l'enregistrement.

68. Tous exploits seront faits à personne ou domicile : mais si l'huissier ne trouve au domicile ni la partie, ni aucun de ses parents ou serviteurs, il remettra de suite la copie à un voisin, qui signera l'original; si ce voisin ne peut ou ne veut signer, l'huissier remettra la copie au maire ou adjoint de la commune, lequel visera l'original sans frais. L'huissier fera mention du tout, tant sur l'original que sur la copie. [Pr. 70 s.]

69. Seront assignés,

1° L'État, lorsqu'il s'agit de domaines et droits domaniaux, en la personne ou au domicile du préfet du département où siége le tribunal devant lequel doit être portée la demande en première instance;

2° Le trésor royal, en la personne ou au bureau de l'agent;

3° Les administrations ou établissements publics, en leurs bureaux, dans le lieu où réside le siége de l'administration; dans les autres lieux, en la personne et au bureau de leur pré-posé; [Pr. 1039.]

4° Le Roi, pour ses domaines, en la personne du procureur du Roi de l'arrondissement;

5° Les communes, en la personne ou au domicile du maire; et à Paris, en la personne ou au domicile du préfet :

Dans les cas ci-dessus, l'original sera visé de celui à qui copie de l'exploit sera laissée; en cas d'absence ou de refus, le visa sera donné, soit par le juge de paix, soit par le procureur du Roi près le tribunal de première instance, auquel, en ce cas, la copie sera laissée;

6° Les sociétés de commerce, tant qu'elles existent, en leur maison sociale; et s'il n'y en a pas, en la personne ou au domicile de l'un des associés; [Co. 18 s.]

7° Les unions et directions de créanciers, en la personne ou au domicile de l'un des syndics ou directeurs;

8° Ceux qui n'ont aucun domicile connu en France, au lieu de leur résidence actuelle : si le lieu n'est pas connu, l'exploit sera affiché à la principale porte de l'auditoire du tribunal où la demande est portée; une seconde copie sera donnée au procureur du Roi, lequel visera l'original; [Pr. 1039.]

9° Ceux qui habitent le territoire français hors du continent, et ceux qui sont établis chez l'étranger, au domicile du procureur du Roi près le tribunal où sera portée la demande, lequel visera l'original, et enverra la copie, pour les premiers, au ministre de la marine , et pour les seconds, à celui des affaires étrangères. [Pr. 73 , 1039.]

70. Ce qui est prescrit par les deux articles précédents, sera observé à peine de nullité. [Pr. 1029.]

71. Si un exploit est déclaré nul par le fait de l'huissier, il pourra être condamné aux frais de l'exploit et de la procédure annulée, sans préjudice des dommages et intérêts de la partie, suivant les circonstances. [Pr. 132, 1031.]

72. Le délai ordinaire des ajournements, pour ceux qui sont domiciliés en France, sera de huitaine.

Dans les cas qui requerront célérité, le président pourra, par ordonnance rendue sur requête, permettre d'assigner à bref délai. [Pr. 404 , 417, 1033. — T. 77.]

73. Si celui qui est assigné demeure hors de la France continentale, le délai sera,

1° Pour ceux demeurant en Corse, dans l'ile d'Elbe ou de Capraja, en Angleterre et dans les États limitrophes de la France. de deux mois ;

2° Pour ceux demeurant dans les autres États de l'Europe, de quatre mois ;

3° Pour ceux demeurant hors d'Europe, en deçà du cap de Bonne-Espérance, de six mois ;

Et pour ceux demeurant au-delà, d'un an. [Pr. 445, 486, 560. 639, 1033. — Co. 511.]

74. Lorsqu'une assignation à une partie domiciliée hors de la France sera donnée à sa personne en France, elle n'emportera que les délais ordinaires, sauf au tribunal à les prolonger s'il y a lieu.

TITRE TROISIÈME.

Constitution d'avoués, et Défenses.

75. Le défendeur sera tenu, dans les délais de l'ajournement. de constituer avoué; ce qui se fera par acte signifié d'avoué à avoué. Le défendeur ni le demandeur ne pourront révoquer leur avoué sans en constituer un autre. Les procédures faites et jugements obtenus contre l'avoué révoqué, et non remplacé, seront valables. [Pr. 148 s. 342 s. — T. 68, 70.]

76. Si la demande a été formée à bref délai, le défendeur pourra , au jour de l'échéance, faire présenter à l'audience un avoué, auquel il sera donné acte de sa constitution ; ce jugement ne

sera point levé : l'avoué sera tenu de réitérer, dans le jour, sa constitution par acte : faute par lui de le faire, le jugement sera levé à ses frais. [Pr. 72. — T. 80.]

77. Dans la quinzaine du jour de la constitution, le défendeur fera signifier ses défenses signées de son avoué; elles contiendront offre de communiquer les pièces à l'appui ou à l'amiable, d'avoué à avoué, ou par la voie du greffe. [Pr. 81. — T. 72, 80, 91.]

78. Dans la huitaine suivante, le demandeur fera signifier sa réponse aux défenses. [Pr. 81.]

79. Si le défendeur n'a point fourni ses défenses dans le délai de quinzaine, le demandeur poursuivra l'audience sur un simple acte d'avoué à avoué. [T. 70.]

80. Après l'expiration du délai accordé au demandeur pour faire signifier sa réponse, la partie la plus diligente pourra poursuivre l'audience sur un simple acte d'avoué à avoué; pourra même le demandeur poursuivre l'audience, après la signification des défenses, et sans y répondre. [Pr. 154.]

81. Aucunes autres écritures ni significations n'entreront en taxe.

82. Dans tous les cas où l'audience peut être poursuivie sur un acte d'avoué à avoué, il n'en sera admis en taxe qu'un seul pour chaque partie. [T. 70.]

TITRE QUATRIÈME.

De la Communication au Ministère public.

83. Seront communiquées au procureur du Roi les causes suivantes :

1° Celles qui concernent l'ordre public, l'État, le domaine, les communes, les établissements publics, les dons et legs au profit des pauvres;

2° Celles qui concernent l'état des personnes et les tutelles;

3° Les déclinatoires sur incompétence;

4° Les réglements de juges, les récusations et renvois pour parenté et alliance;

5° Les prises à partie;

6° Les causes des femmes non autorisées par leurs maris, ou même autorisées, lorsqu'il s'agit de leur dôt, et qu'elles sont mariées sous le régime dotal; les causes des mineurs, et généralement toutes celles où l'une des parties est défendue par un curateur;

7° Les causes concernant ou intéressant les personnes présumées absentes.

Le procureur du Roi pourra néanmoins prendre communication de toutes les autres causes dans lesquelles il croira son ministère nécessaire; le tribunal pourra même l'ordonner d'office. [T. 90.]

84. En cas d'absence ou empêchement des procureurs du Roi et de leurs substituts, ils seront remplacés par l'un des juges ou suppléants.

TITRE CINQUIÈME.

Des Audiences, de leur Publicité et de leur Police.

85. Pourront les parties, assistées de leurs avoués, se défendre elles-mêmes : le tribunal cependant aura la faculté de leur interdire ce droit, s'il reconnaît que la passion, ou l'inexpérience, les empêche de discuter leur cause avec la décence convenable ou la clarté nécessaire pour l'instruction des juges.

86. Les parties ne pourront charger de leur défense, soit verbale, soit par écrit, même à titre de consultation, les juges en activité de service, procureurs généraux, avocats généraux, procureurs du Roi, substituts des procureurs généraux et du Roi, même dans les tribunaux autres que ceux près desquels ils exercent leurs fonctions : pourront néanmoins les juges, procureurs généraux, avocats généraux, procureurs du Roi, et substituts des procureurs généraux et du Roi, plaider, dans tous les tribunaux, leurs causes personnelles, et celles de leurs femmes, parents ou alliés en ligne directe, et de leurs pupilles.

87. Les plaidoiries seront publiques, excepté dans les cas où la loi ordonne qu'elles seront secrètes. Pourra cependant le tribunal ordonner qu'elles se feront à huis clos, si la discussion publique devait entraîner ou scandale ou des inconvénients graves; mais, dans ce cas, le tribunal sera tenu d'en délibérer, et de rendre compte de sa délibération au procureur général près la cour royale, et si la cause est pendante dans une cour royale, au ministre de la justice. [T. 83.]

88. Ceux qui assisteront aux audiences se tiendront découverts, dans le respect et le silence : tout ce que le président

ordonnera pour le maintien de l'ordre, sera exécuté ponctuellement et à l'instant.

La même disposition sera observée dans les lieux où , soit les juges, soit les procureurs du Roi, exerceront les fonctions de leur état.

89. Si un ou plusieurs individus, quels qu'ils soient, interrompent le silence, donnent des signes d'approbation ou d'improbation, soit à la défense des parties, soit aux discours des juges ou du ministère public, soit aux interpellations, avertissements ou ordres des président, juge-commissaire ou procureur du Roi, soit aux jugements ou ordonnances, causent ou excitent du tumulte de quelque manière que ce soit, et si, après l'avertissement des huissiers, ils ne rentrent pas dans l'ordre sur-le-champ, il leur sera enjoint de se retirer, et les résistants seront saisis et déposés à l'instant dans la maison d'arrêt pour vingt-quatre heures: ils y seront reçus sur l'exhibition de l'ordre du président, qui sera mentionné au procès-verbal de l'audience.

90. Si le trouble est causé par un individu remplissant une fonction près le tribunal, il pourra, outre la peine ci-dessus, être suspendu de ses fonctions; la suspension, pour la première fois, ne pourra excéder le terme de trois mois. Le jugement sera exécutoire par provision, ainsi que dans le cas de l'article précédent.

91. Ceux qui outrageraient ou qui menaceraient les juges ou les officiers de justice dans l'exercice de leurs fonctions, seront, de l'ordonnance du président, du juge-commissaire ou du procureur du Roi , chacun dans le lieu dont la police lui appartient, saisis et déposés à l'instant dans la maison d'arrêt, interrogés dans les vingt-quatre heures , et condamnés par le tribunal, sur le vu du procès-verbal qui constatera le délit, à une détention qui ne pourra excéder le mois, et à une amende qui ne pourra être moindre de vingt-cinq francs , ni excéder trois cents francs.

Si le délinquant ne peut être saisi à l'instant, le tribunal prononcera contre lui, dans les vingt-quatre heures , les peines ci-dessus, sauf l'opposition que le condamné pourra former dans les dix jours du jugement, en se mettant en état de détention. [P. 222 à 233.]

92. Si les délits commis méritaient peine afflictive ou infamante, le prévenu sera envoyé en état de mandat de dépôt devant le tribunal compétent, pour être poursuivi et puni suivant les règles établies par le Code d'instruction criminelle. [P. 222 à 233.]

TITRE SIXIÈME.

Des Délibérés et Instructions par écrit.

93. Le tribunal pourra ordonner que les pièces seront mises sur le bureau, pour en être délibéré au rapport d'un juge nommé par le jugement, avec indication du jour auquel le rapport sera fait. [Pr. 110. — T. 84.]

94. Les parties et leurs défenseurs seront tenus d'exécuter le jugement qui ordonnera le délibéré, sans qu'il soit besoin de le lever ni signifier, et sans sommation : si l'une des parties ne remet point ses pièces, la cause sera jugée sur les pièces de l'autre. [T. 90.]

95. Si une affaire ne paraît pas susceptible d'être jugée sur plaidoirie ou délibéré, le tribunal ordonnera qu'elle sera instruite par écrit, pour en être fait rapport par l'un des juges nommé par le jugement.

Aucune cause ne peut être mise en rapport qu'à l'audience et à la pluralité des voix. [Pr. 461. — T. 84.]

96. Dans la quinzaine de la signification du jugement, le demandeur fera signifier une requête contenant ses moyens: elle sera terminée par un état des pièces produites au soutien.

Le demandeur sera tenu, dans les vingt-quatre heures qui suivront cette signification, de produire au greffe et de faire signifier l'acte de produit. [Pr. 98, 105. — P. 409. — T. 73, 90.]

97. Dans la quinzaine de la production du demandeur au greffe, le défendeur en prendra communication, et fera signifier sa réponse avec état au bas des pièces au soutien; dans les vingt-quatre heures de cette signification, il rétablira au greffe la production par lui prise en communication, fera la sienne, et en signifiera l'acte. — Dans le cas où il y aurait plusieurs défendeurs, s'ils ont tout à la fois des avoués et des intérêts différents, ils auront chacun les délais ci-dessus fixés, pour prendre communication, répondre et produire : la communication leur sera donnée successivement, à commencer par le plus diligent. [Pr. 106. — T. 73, 91.]

98. Si le demandeur n'avait pas produit dans le délai ci-dessus fixé, le défendeur mettra sa production au greffe, ainsi qu'il a été dit ci-dessus : le demandeur n'aura que huitaine pour en prendre communication et contredire ; ce délai passé, il sera procédé au jugement, sur la production du défendeur. [Pr. 96.]

99. Si c'est le défendeur qui ne produit pas dans le délai qui lui est accordé, il sera procédé au jugement, sur la production du demandeur.

100. Si l'un des délais fixés expire sans qu'aucun des défendeurs ait pris communication, il sera procédé au jugement sur ce qui aura été produit.

101. Faute par le demandeur de produire, le défendeur le plus diligent mettra sa production au greffe ; et l'instruction sera continuée ainsi qu'il est dit ci-dessus.

102. Si l'une des parties veut produire de nouvelles pièces, elle le fera au greffe, avec acte de produit contenant état desdites pièces, lequel sera signifié à avoué, sans requête de production nouvelle ni écritures, à peine de rejet de la taxe, lors même que l'état des pièces contiendrait de nouvelles conclusions. [Pr. 105, 1031.—T. 71, 90.]

103. L'autre partie aura huitaine pour prendre communication, et fournir sa réponse, qui ne pourra excéder six rôles. [T. 73, 90.]

104. Les avoués déclareront, au bas des originaux et des copies de toutes leurs requêtes et écritures, le nombre des rôles, qui sera aussi énoncé dans l'acte de produit, à peine de rejet lors de la taxe. [T. 70, 74.]

105. Il ne sera passé en taxe que les écritures et significations énoncées au présent titre. [Pr. 1031.]

106. Les communications seront prises au greffe sur les récépissés des avoués, qui en contiendront la date.

107. Si les avoués ne rétablissent, dans les délais ci-dessus fixés, les productions par eux prises en communication, il sera, sur le certificat du greffier, et sur un simple acte pour venir plaider, rendu jugement à l'audience, qui les condamnera personnellement, et sans appel, à ladite remise, aux frais du jugement, sans répétition, et en dix francs au moins de dommages-intérêts par chaque jour de retard.

Si les avoués ne rétablissent les productions dans la huitaine de la signification dudit jugement, le tribunal pourra prononcer, sans appel, de plus forts dommages-intérêts, même condamner l'avoué par corps, et l'interdire pour tel temps qu'il estimera convenable.

Lesdites condamnations pourront être prononcées sur la demande des parties, sans qu'elles aient besoin d'avoués, et sur un simple mémoire qu'elles remettront ou au président, ou au rapporteur, ou au procureur du Roi. [Pr. 191.—T. 90.]

108. Il sera tenu au greffe un registre sur lequel seront portées toutes les productions, suivant leur ordre de date : ce registre, divisé en colonnes, contiendra la date de la production, les noms des parties, de leurs avoués et du rapporteur; il sera laissé une colonne en blanc.

109. Lorsque toutes les parties auront produit, ou après l'expiration des délais ci-dessus fixés, le greffier, sur la réquisition de la partie la plus diligente, remettra les pièces au rapporteur, qui s'en chargera, en signant sur la colonne laissée en blanc au registre des productions. [T. 90.]

110. Si le rapporteur décède, se démet, ou ne peut faire le rapport, il en sera commis un autre, sur requête, par ordonnance du président, signifiée à partie ou à son avoué trois jours au moins avant le rapport. [Pr. 342.—T. 70, 76.]

111. Tous rapports, même sur délibérés, seront faits à l'audience; le rapporteur résumera le fait et les moyens sans ouvrir son avis : les défenseurs n'auront, sous aucun prétexte, la parole après le rapport, ils pourront seulement remettre sur-le-champ au président de simples notes énonciatives des faits sur lesquels ils prétendraient que le rapport a été incomplet ou inexact.

112. Si la cause est susceptible de communication, le procureur du Roi sera entendu en ses conclusions à l'audience. [Pr. 83.]

113. Les jugements rendus sur les pièces de l'une des parties, faute par l'autre d'avoir produit, ne seront point susceptibles d'opposition. [T. 85.]

114. Après le jugement, le rapporteur remettra les pièces au greffe; et il en sera déchargé par la seule radiation de sa signature sur le registre des productions.

115. Les avoués, en retirant leurs pièces, émargeront le registre; cet émargement servira de décharge au greffier. [T. 70, 91.]

TITRE SEPTIÈME.

Des Jugements.

116. Les jugements seront rendus à la pluralité des voix, et prononcés sur-le-champ : néanmoins les juges pourront se retirer dans la chambre du conseil pour y recueillir les avis ; ils pourront aussi continuer la cause à une des prochaines audiences, pour prononcer le jugement. [T. 86.]

117. S'il se forme plus de deux opinions, les juges plus faibles en nombre seront tenus de se réunir à l'une des deux opinions qui auront été émises par le plus grand nombre ; toutefois ils ne seront tenus de s'y réunir qu'après que les voix auront été recueillies une seconde fois. [Pr. 467.]

118. En cas de partage, on appellera, pour le vider, un juge ; à défaut du juge, un suppléant ; à son défaut, un avocat attaché au barreau, et, à son défaut, un avoué, tous appelés selon l'ordre du tableau : l'affaire sera de nouveau plaidée. [Pr. 468.]

119. Si le jugement ordonne la comparution des parties, il indiquera le jour de la comparution.

120. Tout jugement qui ordonnera un serment, énoncera les faits sur lesquels il sera reçu. [C. 1357 s. — P. 366.]

121. Le serment sera fait par la partie en personne, et à l'audience. Dans le cas d'un empêchement légitime et dûment constaté, le serment pourra être prêté devant le juge que le tribunal aura commis, et qui se transportera chez la partie, assisté du greffier.

Si la partie à laquelle le serment est déféré est trop éloignée, le tribunal pourra ordonner qu'elle prêtera le serment devant le tribunal du lieu de sa résidence.

Dans tous les cas, le serment sera fait en présence de l'autre partie, ou elle dûment appelée par acte d'avoué à avoué, et s'il n'y a pas d'avoué constitué, par exploit contenant l'indication du jour de la prestation. [Pr. 1035. — C. 1357 s. — P. 366. — T. 29, 70.]

122. Dans les cas où les tribunaux peuvent accorder des délais pour l'exécution de leurs jugements, ils le feront par le jugement même qui statuera sur la contestation, et qui énoncera les motifs du délai. [Pr. 124, 136. — C. 1244, 1900. — Co. 157.]

123. Le délai courra du jour du jugement, s'il est contradictoire ; et de celui de la signification , s'il est par défaut. [Pr. 1033.]

124. Le débiteur ne pourra obtenir un délai, ni jouir du délai qui lui aura été accordé, si ses biens sont vendus à la requête d'autres créanciers, s'il est en état de faillite, de contumace, ou s'il est constitué prisonnier ; ni enfin lorsque, par son fait, il aura diminué les sûretés qu'il avait données par le contrat à son créancier. [C. 1188 , 1613. — Co. 448.]

125. Les actes conservatoires seront valables, nonobstant le délai accordé.

126. La contrainte par corps ne sera prononcée que dans les cas prévus par la loi : il est néanmoins laissé à la prudence des juges de la prononcer, [C. 2059 s.]

1° Pour dommages et intérêts en matière civile, au-dessus de la somme de trois cents francs ;

2° Pour reliquats de comptes de tutelle, curatelle, d'administration de corps et communauté, établissements publics, ou de toute administration confiée par justice, et pour toutes restitutions à faire par suite desdits comptes.

127. Pourront les juges dans les cas énoncés en l'article précédent, ordonner qu'il sera sursis à l'exécution de la contrainte par corps pendant le temps qu'ils fixeront ; après lequel elle sera exercée sans nouveau jugement. Ce sursis ne pourra être accordé que par le jugement qui statuera sur la contestation , et qui énoncera les motifs de délai. [C. 1244.]

128. Tous jugements qui condamneront en des dommages et intérêts, en contiendront la liquidation , ou ordonneront qu'ils seront donnés par état. [Pr. 523. —C. 1146.]

129. Les jugements qui condamneront à une restitution de fruits, ordonneront qu'elle sera faite en nature pour la dernière année ; et pour les années précédentes, suivant les mercuriales du marché le plus voisin , eu égard aux saisons et aux prix communs de l'année ; sinon à dire d'experts , à défaut de mercuriales. Si la restitution en nature pour la dernière année est impossible, elle se fera comme pour les années précédentes. [Pr. 526.]

130. Toute partie qui succombera sera condamnée aux dépens.

131. Pourront néanmoins les dépens être compensés en tout ou en partie, entre conjoints, ascendants, descendants , frères et sœurs, ou alliés au même degré : les juges pourront aussi compenser les dépens en tout ou en partie, si les parties succombent respectivement sur quelques chefs.

132. Les avoués et huissiers qui auront excédé les bornes de leur ministère, les tuteurs, curateurs, héritiers bénéficiaires ou autres administrateurs qui auront compromis les intérêts de leur administration, pourront être condamnés aux dépens, en leur nom et sans répétition, même aux dommages et intérêts s'il y a lieu; sans préjudice de l'interdiction contre les avoués et huissiers, et de la destitution contre les tuteurs et autres, suivant la gravité des circonstances. [Pr. 128, 360 s. — C. 1146 s. 1383.]

133. Les avoués pourront demander la distraction des dépens à leur profit, en affirmant, lors de la prononciation du jugement, qu'ils ont fait la plus grande partie des avances. La distraction des dépens ne pourra être prononcée que par le jugement qui en portera la condamnation : dans ce cas, la taxe sera poursuivie et l'exécutoire délivré au nom de l'avoué, sans préjudice de l'action contre sa partie.

134. S'il a été formé une demande provisoire, et que la cause soit en état sur le provisoire et sur le fond, les juges seront tenus de prononcer sur le tout par un seul jugement. [Pr. 172, 288, 338.]

135. L'exécution provisoire sans caution sera ordonnée, s'il y a titre authentique, promesse reconnue, ou condamnation précédente par jugement dont il n'y ait point d'appel.

L'exécution provisoire pourra être ordonnée, avec ou sans caution lorsqu'il s'agira,

1° D'apposition et levée de scellés, ou confection d'inventaire; [Pr. 907, 928, 941.]

2° De réparations urgentes; [C. 1724.]

3° D'expulsion des lieux, lorsqu'il n'y a pas de bail, ou que le bail est expiré; [C. 1737.]

4° De séquestres, commissaires et gardiens;

5° De réceptions de caution et certificateurs; [Pr. 521.]

6° De nomination de tuteurs, curateurs et autres administrateurs, et de reddition de compte; [Pr. 527 s. 882 s.]

7° De pensions ou provisions alimentaires.

136. Si les juges ont omis de prononcer l'exécution provisoire, ils ne pourront l'ordonner par un second jugement, sauf aux parties à la demander sur l'appel. [Pr. 122, 155.]

137. L'exécution provisoire ne pourra être ordonnée pour les dépens, quand même ils seraient adjugés pour tenir lieu de dommages et intérêts.

138. Le président et le greffier signeront la minute de chaque jugement aussitôt qu'il sera rendu : il sera fait mention, en marge de la feuille d'audience, des juges et du procureur du Roi qui y auront assisté; cette mention sera également signée par le président et le greffier.

139. Les greffiers qui délivreront expédition d'un jugement avant qu'il ait été signé, seront poursuivis comme faussaires. [Pr. 1029. — I. 448 s.]

140. Les procureurs du Roi et généraux se feront représenter tous les mois les minutes des jugements, et vérifieront s'il a été satisfait aux dispositions ci-dessus : en cas de contravention, ils en dresseront procès-verbal, pour être procédé ainsi qu'il appartiendra.

141. La rédaction des jugements contiendra les noms des juges, du procureur du Roi, s'il a été entendu, ainsi que des avoués; les noms, professions et demeures des parties, leurs conclusions, l'exposition sommaire des points de fait et de droit, les motifs et le dispositif des jugements.

142. La rédaction sera faite sur les qualités signifiées entre les parties : en conséquence, celle qui voudra lever un jugement contradictoire, sera tenue de signifier à l'avoué de son adversaire, les qualités contenant les noms, professions et demeures des parties, les conclusions, et les points de fait et de droit. [T. 87, 88.]

143. L'original de cette signification restera pendant vingt-quatre heures entre les mains des huissiers audienciers.

144. L'avoué qui voudra s'opposer soit aux qualités, soit à l'exposé des points de fait et de droit, le déclarera à l'huissier, qui sera tenu d'en faire mention. [T. 90.]

145. Sur un simple acte d'avoué à avoué, les parties seront réglées sur cette opposition par le juge qui aura présidé; en cas d'empêchement, par le plus ancien, suivant l'ordre du tableau. T. 70, 90.]

146. Les expéditions des jugements seront intitulées et terminées au nom du Roi, conformément à l'art. 57 de la Charte constitutionnelle. [Pr. 545.]

147. S'il y a avoué en cause, le jugement ne pourra être exécuté qu'après avoir été signifié à avoué, à peine de nullité; les jugements provisoires et définitifs qui prononceront des condamnations, seront en outre signifiés à la partie, à personne ou

domicile , et il sera fait mention de la signification à l'avoué.
[Pr. 155 s. 548 s. 1029. — T. 29.]

148. Si l'avoué est décédé ou a cessé de postuler, la signification à partie suffira ; mais il sera fait mention du décès ou de la cessation des fonctions de l'avoué.

TITRE HUITIÈME.

Des Jugements par défaut, et Oppositions.

149. Si le défendeur ne constitue pas avoué, ou si l'avoué constitué ne se présente pas au jour indiqué pour l'audience, il sera donné défaut. [Pr. 75, 349, 434. — T. 82.]

150. Le défaut sera prononcé à l'audience, sur l'appel de la cause ; et les conclusions de la partie qui le requiert, seront adjugées, si elles se trouvent justes et bien vérifiées : pourront néanmoins les juges faire mettre les pièces sur le bureau , pour prononcer le jugement à l'audience suivante.

151. Lorsque plusieurs parties auront été citées pour le même objet à différents délais, il ne sera pris défaut contre aucune d'elles qu'après l'échéance du plus long délai.

152. Toutes les parties appelées et défaillantes seront comprises dans le même défaut ; et s'il en est pris contre chacune d'elles séparément, les frais desdits défauts n'entreront point en taxe, et resteront à la charge de l'avoué, sans qu'il puisse les répéter contre la partie. [Pr. 132, 1031.]

153. Si de deux ou de plusieurs parties assignées, l'une fait défaut et l'autre comparaît, le profit du défaut sera joint, et le jugement de jonction sera signifié à la partie défaillante par un huissier commis : la signification contiendra assignation au jour auquel la cause sera appelée ; il sera statué par un seul jugement, qui ne sera pas susceptible d'opposition. [Pr. 156. — T. 29.]

154. Le défendeur qui aura constitué avoué, pourra , sans avoir fourni de défenses, suivre l'audience par un seul acte, et prendre défaut contre le demandeur qui ne comparaîtrait pas. [Pr. 80, 82, 434.]

155. Les jugements par défaut ne seront pas exécutés avant l'échéance de la huitaine de la signification à avoué, s'il y a eu constitution d'avoué, et de la signification à personne ou domicile, s'il n'y a pas eu constitution d'avoué ; à moins qu'en cas d'urgence l'exécution n'en ait été ordonnée avant l'expiration de ce délai, dans les cas prévus par l'article 135. [Pr. 439.]

Pourront aussi les juges, dans le cas seulement où il y aurait péril en la demeure, ordonner l'exécution nonobstant l'opposition, avec ou sans caution ; ce qui ne pourra se faire que par le même jugement. [Pr. 135, 147, 435.]

156. Tous jugements par défaut contre une partie qui n'a pas constitué d'avoué, seront signifiés par un huissier commis, soit par le tribunal, soit par le juge du domicile du défaillant que le tribunal aura désigné ; ils seront exécutés dans les six mois de leur obtention, sinon seront réputés non avenus. [Pr. 153, 159, 435, 548, 1029. — T. 29, 76, 89.]

157. Si le jugement est rendu contre une partie ayant un avoué, l'opposition ne sera recevable que pendant huitaine, à compter du jour de la signification à avoué. [Pr. 113, 160, 165, 350 s. 436, 809. — T. 89.]

158. S'il est rendu contre une partie qui n'a pas d'avoué, l'opposition sera recevable jusqu'à l'exécution du jugement. [Pr. 159, 162, 165.]

159. Le jugement est réputé exécuté, lorsque les meubles saisis ont été vendus, ou que le condamné a été emprisonné ou recommandé, ou que la saisie d'un ou plusieurs de ses immeubles lui a été notifiée, ou que les frais ont été payés, ou enfin lorsqu'il y a quelque acte duquel il résulte nécessairement que l'exécution du jugement a été connue de la partie défaillante : l'opposition formée dans les délais ci-dessus et dans les formes ci-après prescrites, suspend l'exécution, si elle n'a pas été ordonnée nonobstant opposition. [Pr. 155 s.]

160. Lorsque le jugement aura été rendu contre une partie ayant un avoué, l'opposition ne sera recevable qu'autant qu'elle aura été formée par requête d'avoué à avoué. [Pr. 157.]

161. La requête contiendra les moyens d'opposition, à moins que des moyens de défense n'aient été signifiés avant le jugement, auquel cas il suffira de déclarer qu'on les emploie comme moyens d'opposition : l'opposition qui ne sera pas signifiée dans cette forme, n'arrêtera pas l'exécution ; elle sera rejetée sur un simple acte, et sans qu'il soit besoin d'aucune autre instruction. [Pr. 437, 1029. — T. 75.]

162. Lorsque le jugement aura été rendu contre une partie n'ayant pas d'avoué, l'opposition pourra être formée, soit par acte extrajudiciaire, soit par déclaration sur les commandements, procès-verbaux de saisie ou d'emprisonnement, ou tout autre acte d'exécution, à la charge par l'opposant de la réitérer avec constitution d'avoué, par requête, dans la huitaine ; passé lequel temps elle ne sera plus recevable, et l'exécution sera continuée, sans qu'il soit besoin de la faire ordonner.

Si l'avoué de la partie qui a obtenu le jugement, est décédé, ou ne peut plus postuler, elle fera notifier une nouvelle constitution d'avoué au défaillant, lequel sera tenu, dans les délais ci-dessus, à compter de la signification, de réitérer son opposition par requête, avec constitution d'avoué. [Pr. 342 s.]

Dans aucun cas, les moyens d'opposition fournis postérieurement à la requête n'entreront en taxe. [T. 29.]

163. Il sera tenu au greffe un registre sur lequel l'avoué de l'opposant fera mention sommaire de l'opposition, en énonçant les noms des parties et de leurs avoués, les dates du jugement et de l'opposition : il ne sera dû de droit d'enregistrement que dans le cas où il en serait délivré expédition. [T. 90.]

164. Aucun jugement par défaut ne sera exécuté à l'égard d'un tiers, que sur un certificat du greffier, constatant qu'il n'y a aucune opposition portée sur le registre. [T. 90.]

165. L'opposition ne pourra jamais être reçue contre un jugement qui aurait débouté d'une première opposition.

TITRE NEUVIÈME.

Des Exceptions.

§ I. — *De la Caution à fournir par les Étrangers.*

166. Tous étrangers, demandeurs principaux ou intervenants, seront tenus, si le défendeur le requiert, avant toute exception, de fournir caution de payer les frais et dommages-intérêts auxquels ils pourraient être condamnés. [Pr. 423, 517. — C. 16, 2040 s. — T. 75.]

167. Le jugement qui ordonnera la caution fixera la somme jusqu'à concurrence de laquelle elle sera fournie : le demandeur qui consignera cette somme ou qui justifiera que ses immeubles situés en France sont suffisants pour en répondre, sera dispensé de fournir caution.

§ II. — *Des Renvois.*

168. La partie qui aura été appelée devant un tribunal autre

que celui qui doit connaître de la contestation , pourra demander
son renvoi devant les juges compétents. [Pr. 181 , 424. —T. 75.]

169. Elle sera tenue de former cette demande préalablement
à toutes autres exceptions et défenses. [Pr. 171 , 173, 186, 424.]

170. Si néanmoins le tribunal était incompétent à raison de
la matière , le renvoi pourra être demandé en tout état de cause ;
et si le renvoi n'était pas demandé, le tribunal sera tenu de renvoyer d'office devant qui de droit.

171. S'il a été formé précédemment, en un autre tribunal ,
une demande pour le même objet, ou si la contestation est
connexe à une cause déjà pendante en un autre tribunal, le
renvoi pourra être demandé et ordonné.

172. Toute demande en renvoi sera jugée sommairement,
sans qu'elle puisse être réservée ni jointe au principal. [Pr.
405 s. 425.]

§ III. — *Des Nullités.*

173. Toute nullité d'exploit ou d'acte de procédure est couverte, si elle n'est proposée avant toute défense ou exception
autre que les exceptions d'incompétence. [Pr. 169, 1029. —
T. 75.]

§ IV. — *Des Exceptions dilatoires.*

174. L'héritier, la veuve, la femme divorcée ou séparée de
biens, assignée comme commune, auront trois mois, du jour
de l'ouverture de la succession ou dissolution de la communauté,
pour faire inventaire , et quarante jours pour délibérer : si l'inventaire a été fait avant les trois mois, le délai de quarante jours
commencera du jour qu'il aura été parachevé.

S'ils justifient que l'inventaire n'a pu être fait dans les trois
mois, il leur sera accordé un délai convenable pour le faire,
et quarante jours pour délibérer ; ce qui sera réglé sommairement. [Pr. 405 s.]

L'héritier conserve néanmoins, après l'expiration des délais
ci-dessus accordés, la faculté de faire encore inventaire et de
se porter héritier bénéficiaire, s'il n'a pas fait d'ailleurs acte
d'héritier, ou s'il n'existe pas contre lui de jugement passé en
force de chose jugée qui le condamne en qualité d'héritier pur
et simple. [Pr. 177 , 186. —C. 793 s.]

175. Celui qui prétendra avoir droit d'appeler en garantie, sera tenu de le faire dans la huitaine du jour de la demande originaire, outre un jour pour trois myriamètres. S'il y a plusieurs garants intéressés en la même garantie, il n'y aura qu'un seul délai pour tous, qui sera réglé selon la distance du lieu de la demeure du garant le plus éloigné. [Pr. 49, 177, 186, 337 s.]

176. Si le garant prétend avoir droit d'en appeler un autre en sous-garantie, il sera tenu de le faire dans le délai ci-dessus, à compter du jour de la demande en garantie formée contre lui ; ce qui sera successivement observé à l'égard du sous-garant ultérieur.

177. Si néanmoins le défendeur originaire est assigné dans les délais pour faire inventaire et délibérer, le délai pour appeler garant ne commencera que du jour où ceux pour faire inventaire et délibérer seront expirés.

178. Il n'y aura pas d'autre délai pour appeler garant, en quelque matière que ce soit, sous prétexte de minorité ou autre cause privilégiée ; sauf à poursuivre les garants, mais sans que le jugement de la demande principale en soit retardé.

179. Si les délais des assignations en garantie ne sont échus en même temps que celui de la demande originaire, il ne sera pris aucun défaut contre le défendeur originaire, lorsque, avant l'expiration du délai, il aura déclaré, par acte d'avoué à avoué, qu'il a formé sa demande en garantie ; sauf, si le défendeur, après l'échéance du délai pour appeler le garant, ne justifie pas de la demande en garantie, à faire droit sur la demande originaire, même à le condamner à des dommages-intérêts, si la demande en garantie par lui alléguée se trouve n'avoir pas été formée. [T. 70.]

180. Si le demandeur originaire soutient qu'il n'y a lieu au délai pour appeler garant, l'incident sera jugé sommairement. [Pr. 405 s. — T. 75.]

181. Ceux qui seront assignés en garantie, seront tenus de procéder devant le tribunal où la demande originaire sera pendante, encore qu'ils dénient être garants ; mais s'il paraît par écrit, ou par l'évidence du fait, que la demande originaire n'a été formée que pour les traduire hors de leur tribunal, ils y seront renvoyés. [Pr. 168 s. 337 s.]

182. En garantie formelle, pour les matières réelles ou hypothécaires, le garant pourra toujours prendre le fait et cause du garanti, qui sera mis hors de cause, s'il le requiert avant le premier jugement.

Cependant le garanti, quoique mis hors de cause, pourra y assister pour la conservation de ses droits, et le demandeur originaire pourra demander qu'il y reste pour la conservation des siens.

183. En garantie simple, le garant pourra seulement intervenir, sans prendre le fait et cause du garanti. [Pr. 339 s.]

184. Si les demandes originaires et en garantie sont en état d'être jugées en même temps, il y sera fait droit conjointement, sinon le demandeur originaire pourra faire juger sa demande séparément : le même jugement prononcera sur la disjonction, si les deux instances ont été jointes; sauf, après le jugement du principal, à faire droit sur la garantie, s'il y échet.

185. Les jugements rendus contre les garants formels seront exécutoires contre les garantis.

Il suffira de signifier le jugement aux garantis, soit qu'ils aient été mis hors de cause, ou qu'ils y aient assisté, sans qu'il soit besoin d'autre demande ni procédure. A l'égard des dépens, dommages et intérêts, la liquidation et l'exécution ne pourront en être faites que contre les garants.

Néanmoins, en cas d'insolvabilité du garant, le garanti sera passible des dépens, à moins qu'il n'ait été mis hors de cause; il le sera aussi des dommages et intérêts, si le tribunal juge qu'il y a lieu. [Pr. 128, 523 s. 543 s.]

186. Les exceptions dilatoires seront proposées conjointement et avant toutes défenses au fond. [Pr. 169 s.]

187. L'héritier, la veuve et la femme divorcée ou séparée, pourront ne proposer leurs exceptions dilatoires qu'après l'échéance des délais pour faire inventaire et délibérer. [Pr. 174.]

§ V. — *De la Communication des Pièces.*

188. Les parties pourront respectivement demander, par un simple acte, communication des pièces employées contre elles, dans les trois jours où lesdites pièces auront été signifiées ou employées. [Pr. 1033. — T. 70.]

189. La communication sera faite entre avoués, sur récépissés, ou par dépôt au greffe : les pièces ne pourront être déplacées, si ce n'est qu'il y en ait minute, ou que la partie y consente. [T. 91.]

190. Le délai de la communication sera fixé, ou par le récépissé de l'avoué, ou par le jugement qui l'aura ordonné : s'il n'était pas fixé, il sera de trois jours.

191. Si, après l'expiration du délai, l'avoué n'a pas rétabli les pièces, il sera, sur simple requête, et même sur simple mémoire de la partie, rendu ordonnance portant qu'il sera contraint à ladite remise, incontinent et par corps; même à payer trois francs de dommages-intérêts à l'autre partie par chaque jour de retard, du jour de la signification de ladite ordonnance, outre les frais desdites requête et ordonnance, qu'il ne pourra répéter contre son constituant. [Pr. 107, 1029, 1031.—C. 2060.—T. 70, 76.]

192. En cas d'opposition, l'incident sera réglé sommairement : si l'avoué succombe, il sera condamné personnellement aux dépens de l'incident, même en tels autres dommages-intérêts et peines qu'il appartiendra, suivant la nature des circonstances. [T. 75.]

TITRE DIXIÈME.

De la Vérification des Écritures.

193. Lorsqu'il s'agira de reconnaissance et vérification d'écritures privées, le demandeur pourra, sans permission du juge, faire assigner à trois jours pour avoir acte de la reconnaissance, ou pour faire tenir l'écrit pour reconnu. [Pr. 49, 1033.]

Si le défendeur ne dénie pas la signature, tous les frais relatifs à la reconnaissance ou à la vérification, même ceux de l'enregistrement de l'écrit, seront à la charge du demandeur. [Pr. 130.]

194. Si le défendeur ne comparaît pas, il sera donné défaut, et l'écrit sera tenu pour reconnu : si le défendeur reconnaît l'écrit, le jugement en donnera acte au demandeur.

195. Si le défendeur dénie la signature à lui attribuée, ou déclare ne pas reconnaître celle attribuée à un tiers, la vérification en pourra être ordonnée tant par titres que par experts et par témoins. [Pr. 214, 250.]

196. Le jugement qui autorisera la vérification ordonnera qu'elle sera faite par trois experts, et les nommera d'office, à moins que les parties ne se soient accordées pour les nommer. Le même jugement commettra le juge devant qui la vérification se fera; il portera aussi que la pièce à vérifier sera déposée au greffe, après que son état aura été constaté, et qu'elle aura été signée et paraphée par le demandeur ou son avoué, et par le greffier, lequel dressera du tout un procès-verbal. [Pr. 302 s.—T. 92.]

197. En cas de récusation contre le juge-commissaire ou les experts, il sera procédé ainsi qu'il est prescrit aux titres XIV et XXI du présent livre. [Pr. 308 s. 378 s.]

198. Dans les trois jours du dépôt de la pièce, le défendeur pourra en prendre communication au greffe sans déplacement; lors de ladite communication, la pièce sera paraphée par lui, ou par son avoué, ou par son fondé de pouvoir spécial; et le greffier en dressera procès-verbal. [Pr. 1033.—T. 92.]

199. Au jour indiqué par l'ordonnance du juge-commissaire, et sur la sommation de la partie la plus diligente, signifiée à avoué s'il en a été constitué, sinon à domicile, par un huissier commis par ladite ordonnance, les parties seront tenues de comparaître devant ledit commissaire, pour convenir de pièces de comparaison : si le demandeur en vérification ne comparaît pas, la pièce sera rejetée; si c'est le défendeur, le juge pourra tenir la pièce pour reconnue. Dans les deux cas, le jugement sera rendu à la prochaine audience, sur le rapport du juge-commissaire, sans acte à venir plaider : il sera susceptible d'opposition. [T. 76, 92.]

200. Si les parties ne s'accordent pas sur les pièces de comparaison, le juge ne pourra recevoir comme telles,

1° Que les signatures apposées aux actes par-devant notaires, ou celles apposées aux actes judiciaires, en présence du juge et du greffier, ou enfin les pièces écrites et signées par celui dont il s'agit de comparer l'écriture, en qualité de juge, greffier, notaire, avoué, huissier, ou comme faisant, à tout autre titre, fonction de personne publique;

2° Les écritures et signatures privées, reconnues par celui à qui est attribuée la pièce à vérifier, mais non celles déniées ou non reconnues par lui, encore qu'elles eussent été précédemment vérifiées et reconnues être de lui.

Si la dénégation ou méconnaissance ne porte que sur partie de la pièce à vérifier, le juge pourra ordonner que le surplus de ladite pièce servira de pièce de comparaison. [I. 453, 456.]

201. Si les pièces de comparaison sont entre les mains de dépositaires publics ou autres, le juge-commissaire ordonnera qu'aux jour et heure par lui indiqués les détenteurs desdites

pièces les apporteront au lieu où se fera la vérification ; à peine, contre les dépositaires publics, d'être contraints par corps, et les autres par les voies ordinaires, sauf même à prononcer contre ces derniers la contrainte par corps, s'il y échet. [Pr. 204. — C. 2060. — I. 454. — T. 166.]

202. Si les pièces de comparaison ne peuvent être déplacées, ou si les détenteurs sont trop éloignés, il est laissé à la prudence du tribunal d'ordonner, sur le rapport du juge-commissaire, et après avoir entendu le procureur du Roi, que la vérification se fera dans le lieu de la demeure des dépositaires, ou dans le lieu le plus proche, ou que, dans un délai déterminé, les pièces seront envoyées au greffe par les voies que le tribunal indiquera par son jugement. [Pr. 222.]

203. Dans ce dernier cas, si le dépositaire est personne publique, il fera préalablement expédition ou copie collationnée des pièces, laquelle sera vérifiée sur la minute ou original, par le président du tribunal de son arrondissement, qui en dressera procès-verbal : ladite expédition ou copie sera mise par le dépositaire au rang de ses minutes, pour en tenir lieu jusqu'au renvoi des pièces ; et il pourra en délivrer des grosses ou expéditions, en faisant mention du procès-verbal qui aura été dressé. [Pr. 245. — I. 455.]

Le dépositaire sera remboursé de ses frais par le demandeur en vérification, sur la taxe qui en sera faite par le juge qui aura dressé le procès-verbal, d'après lequel sera délivré exécutoire.

204. La partie la plus diligente fera sommer par exploit les experts et les dépositaires de se trouver aux lieu, jour et heure indiqués par l'ordonnance du juge-commissaire ; les experts, à l'effet de prêter serment, et de procéder à la vérification, et les dépositaires, à l'effet de représenter les pièces de comparaison : il sera fait sommation à la partie d'être présente, par l'acte d'avoué à avoué. Il sera dressé du tout procès - verbal : il en sera donné aux dépositaires copie par extrait, en ce qui les concerne, ainsi que du jugement. [T. 29, 70, 76, 166.]

205. Lorsque les pièces seront représentées par les dépositaires, il est laissé à la prudence du juge-commissaire d'ordonner qu'ils resteront présents à la vérification, pour la garde desdites pièces, et qu'ils les retireront et représenteront à chaque vacation ; ou d'ordonner qu'elles resteront déposées ès mains du greffier, qui s'en chargera par procès-verbal : dans ce dernier cas, le dépositaire, s'il est personne publique, pourra en faire expédition, ainsi qu'il est dit par l'article 2o3; et ce, encore que le lieu où se fait la vérification soit hors de l'arrondissement dans lequel le dépositaire a le droit d'instrumenter. [Pr. 245. — I. 455. — T. 166.]

206. A défaut ou en cas d'insuffisance des pièces de comparaison, le juge-commissaire pourra ordonner qu'il sera fait un corps d'écritures, lequel sera dicté par les experts, le demandeur présent ou appelé. [I. 461. — T. 70, 92.]

207. Les experts ayant prêté serment, les pièces leur étant communiquées, ou le corps d'écritures fait, les parties se retireront, après avoir fait, sur le procès-verbal du juge-commissaire, telles réquisitions et observations qu'elles aviseront. [Pr. 236, 315 s. —T. 92.]

208. Les experts procèderont conjointement à la vérification, au greffe, devant le greffier ou devant le juge, s'il l'a ainsi ordonné; et s'ils ne peuvent terminer le même jour, ils remettront à jour et heure certains indiqués par le juge ou par le greffier. [Pr. 236, 317 s. — T. 164.]

209. Leur rapport sera annexé à la minute du procès-verbal du juge-commissaire, sans qu'il soit besoin de l'affirmer; les pièces seront remises aux dépositaires, qui en déchargeront le greffier sur le procès-verbal.

La taxe des journées et vacations des experts sera faite sur le procès-verbal, et il en sera délivré exécutoire contre le demandeur en vérification. [Pr. 242 s. 318 s.]

210. Les trois experts seront tenus de dresser un rapport commun et motivé, et de ne former qu'un seul avis à la pluralité des voix.

S'il y a des avis différents, le rapport en contiendra les motifs, sans qu'il soit permis de faire connaître l'avis particulier des experts. [Pr. 318 s.]

211. Pourront être entendus comme témoins ceux qui auront vu écrire et signer l'écrit en question, ou qui auront connaissance de faits pouvant servir à découvrir la vérité.

212. En procédant à l'audition des témoins, les pièces déniées ou méconnues leur seront représentées, et seront par eux paraphées; il en sera fait mention, ainsi que de leur refus: seront, au surplus, observées les règles ci-après prescrites pour les enquêtes. [Pr. 234, 252 s. — I. 457.]

213. S'il est prouvé que la pièce est écrite ou signée par

celui qui l'a déniée, il sera condamné à cent cinquante francs
d'amende envers le domaine, outre les dépens, dommages et
intérêts de la partie, et pourra être condamné par corps même
pour le principal. [Pr. 126, 246 s. 552, 780 s. 1029. — C. 2060.]

TITRE ONZIÈME.

Du Faux Incident civil.

214. Celui qui prétend qu'une pièce signifiée, communiquée
ou produite dans le cours de la procédure, est fausse ou falsi-
fiée, peut, s'il y échet, être reçu à s'inscrire en faux, encore que
ladite pièce ait été vérifiée, soit avec le demandeur, soit avec
le défendeur en faux, à d'autres fins que celles d'une poursuite
de faux principal ou incident, et qu'en conséquence il soit intervenu un jugement sur le fondement de ladite pièce comme
véritable. [Pr. 193 s. 250, 427, 1015. — P. 145 s.]

215. Celui qui voudra s'inscrire en faux, sera tenu préalablement de sommer l'autre partie, par acte d'avoué à avoué, de
déclarer si elle veut ou non se servir de la pièce, avec déclaration que, dans le cas où elle s'en servirait, il s'inscrira en faux.
[I. 458 s. — T. 71.]

216. Dans les huit jours, la partie sommée doit faire signifier,
par acte d'avoué, sa déclaration, signée d'elle, ou du porteur
de sa procuration spéciale et authentique, dont copie sera donnée, si elle entend ou non se servir de la pièce arguée de faux.
[Pr. 1033. — I. 459. — T. 71.]

217. Si le défendeur à cette sommation ne fait cette déclaration, ou s'il déclare qu'il ne veut pas se servir de la pièce, le
demandeur pourra se pourvoir à l'audience sur un simple acte,
pour faire ordonner que la pièce maintenue fausse sera rejetée par
rapport au défendeur ; sauf au demandeur à en tirer telles induc-
tions ou conséquences qu'il jugera à propos, ou à former telles
demandes qu'il avisera, pour ses dommages et intérêts. [I. 459.]

218. Si le défendeur déclare qu'il veut se servir de la pièce,
le demandeur déclarera par acte au greffe, signé de lui ou de son
fondé de pouvoir spécial et authentique, qu'il entend s'inscrire
en faux ; il poursuivra l'audience sur un simple acte, à l'effet de
faire admettre l'inscription, et de faire nommer le commissaire
devant lequel elle sera poursuivie. [Pr. 427. — I. 459. — T. 92.]

219. Le défendeur sera tenu de remettre la pièce arguée de faux, au greffe, dans les trois jours de la signification du jugement qui aura admis l'inscription et nommé le commissaire, et de signifier l'acte de mise au greffe dans les trois jours suivants. [T. 70, 91.]

220. Faute par le défendeur de satisfaire, dans ledit délai, à ce qui est prescrit par l'article précédent, le demandeur pourra se pourvoir à l'audience, pour faire statuer sur le rejet de ladite pièce, suivant ce qui est porté en l'article 217 ci-dessus; si mieux il n'aime demander qu'il lui soit permis de faire remettre ladite pièce au greffe, à ses frais, dont il sera remboursé par le défendeur comme de frais préjudiciaux, à l'effet de quoi il lui en sera délivré exécutoire. [Pr. 1033. — T. 91.]

221. En cas qu'il y ait minute de la pièce arguée de faux, il sera ordonné, s'il y a lieu, par le juge-commissaire, sur la requête du demandeur, que le défendeur sera tenu, dans le temps qui lui sera prescrit, de faire apporter ladite minute au greffe, et que les dépositaires d'icelle y seront contraints, les fonctionnaires publics par corps, et ceux qui ne le sont pas, par voie de saisie, amende, et même par corps s'il y échet. [C. 2060. — T. 70.]

222. Il est laissé à la prudence du tribunal d'ordonner, sur le rapport du juge-commissaire, qu'il sera procédé à la continuation de la poursuite du faux, sans attendre l'apport de la minute; comme aussi de statuer ce qu'il appartiendra, en cas que ladite minute ne pût être rapportée, ou qu'il fût suffisamment justifié qu'elle a été soustraite ou qu'elle est perdue.

223. Le délai pour l'apport de la minute court du jour de la signification de l'ordonnance ou du jugement au domicile de ceux qui l'ont en leur possession. [Pr. 1033. — T. 29.]

224. Le délai qui aura été prescrit au défendeur pour faire apporter la minute, courra du jour de la signification de l'ordonnance ou du jugement à son avoué; et, faute par le défendeur d'avoir fait les diligences nécessaires pour l'apport de ladite minute dans ce délai, le demandeur pourra se pourvoir à l'audience, ainsi qu'il est dit art. 217.

Les diligences ci-dessus prescrites au défendeur seront remplies, en signifiant par lui aux dépositaires, dans le délai qui aura été prescrit, copie de la signification qui lui aura été faite de l'ordonnance ou du jugement ordonnant l'apport de ladite minute, sans qu'il soit besoin, par lui, de lever expédition de ladite ordonnance ou dudit jugement. [Pr. 1033. — T. 70.]

225. La remise de ladite pièce prétendue fausse étant faite au greffe, l'acte en sera signifié à l'avoué du demandeur, avec sommation d'être présent au procès-verbal; et trois jours après cette signification, il sera dressé procès-verbal de l'état de la pièce. — Si c'est le demandeur qui a fait faire la remise, ledit procès-verbal sera fait dans les trois jours de ladite remise, sommation préalablement faite au défendeur d'y être présent. [Pr. 227. — T. 70, 166.]

226. S'il a été ordonné que les minutes seraient apportées, le procès-verbal sera dressé conjointement, tant desdites minutes, que des expéditions arguées de faux, dans les délais ci-dessus : pourra néanmoins le tribunal ordonner, suivant l'exigence des cas, qu'il sera d'abord dressé procès-verbal de l'état desdites expéditions, sans attendre l'apport desdites minutes, de l'état desquelles il sera, en ce cas, dressé procès-verbal séparément. [T. 92.]

227. Le procès-verbal contiendra mention et description des ratures, surcharges, interlignes et autres circonstances du même genre; il sera dressé par le juge-commissaire, en présence du procureur du Roi, du demandeur et du défendeur, ou de leurs fondés de procurations authentiques et spéciales : lesdites pièces et minutes seront paraphées par le juge-commissaire et le procureur du Roi, par le défendeur et le demandeur, s'ils peuvent ou veulent les parapher; sinon il en sera fait mention. Dans le cas de non-comparution de l'une ou de l'autre des parties, il sera donné défaut et passé outre au procès-verbal.

228. Le demandeur en faux, ou son avoué, pourra prendre communication, en tout état de cause, des pièces arguées de faux, par les mains du greffier, sans déplacement et sans retard. [T. 92.]

229. Dans les huit jours qui suivront ledit procès-verbal, le demandeur sera tenu de signifier au défendeur ses moyens de faux, lesquels contiendront les faits, circonstances et preuves par lesquels il prétend établir le faux ou la falsification, sinon le défendeur pourra se pourvoir à l'audience pour faire ordonner, s'il y échet, que ledit demandeur demeurera déchu de son inscription en faux. [Pr. 247, 1033. — T. 75.]

230. Sera tenu le défendeur, dans les huit jours de la signification des moyens de faux, d'y répondre par écrit; sinon le demandeur pourra se pourvoir à l'audience pour faire statuer sur le rejet de la pièce, suivant ce qui est prescrit article 217 ci-dessus. [Pr. 1033. — T. 75.]

231. Trois jours après lesdites réponses, la partie la plus diligente pourra poursuivre l'audience ; et les moyens de faux seront admis ou rejetés, en tout ou en partie : il sera ordonné, s'il y échet, que lesdits moyens ou aucuns d'eux demeureront joints, soit à l'incident en faux, si quelques-uns desdits moyens ont été admis, soit à la cause ou au procès principal ; le tout suivant la qualité desdits moyens et l'exigence des cas.

232. Le jugement ordonnera que les moyens admis seront prouvés, tant par titres que par témoins, devant le juge commis, sauf au défendeur la preuve contraire, et qu'il sera procédé à la vérification des pièces arguées de faux, par trois experts écrivains, qui seront nommés d'office par le même jugement. [Pr. 234, 302 s. — T. 164.]

233. Les moyens de faux qui seront déclarés pertinents et admissibles, seront énoncés expressément dans le dispositif du jugement qui permettra d'en faire preuve ; et il ne sera fait preuve d'aucun autre moyen. Pourront néanmoins les experts faire telles observations dépendantes de leur art qu'ils jugeront à propos, sur les pièces prétendues fausses, sauf aux juges à y avoir tel égard que de raison.

234. En procédant à l'audition des témoins, seront observées les formalités ci-après prescrites pour les enquêtes ; les pièces prétendues fausses leur seront représentées, et paraphées d'eux, s'ils peuvent ou veulent les parapher ; sinon il en sera fait mention. [Pr. 212, 252 s.]

A l'égard des pièces de comparaison et autres qui doivent être représentées aux experts, elles pourront l'être aussi aux témoins, en tout ou en partie, si le juge-commissaire l'estime convenable, auquel cas elles seront par eux paraphées, ainsi qu'il est ci-dessus prescrit. [I. 457.]

235. Si les témoins représentent quelques pièces lors de leur déposition, elles y demeureront jointes, après avoir été paraphées, tant par le juge-commissaire que par lesdits témoins, s'ils peuvent ou veulent le faire ; sinon il en sera fait mention : et si lesdites pièces font preuve du faux ou de la vérité des pièces arguées, elles seront représentées aux autres témoins qui en auraient connaissance ; et elles seront par eux paraphées, suivant ce qui est ci-dessus prescrit. [Pr. 212.]

236. La preuve par experts se fera en la forme suivante :

1° Les pièces de comparaison seront convenues entre les parties, ou indiquées par le juge, ainsi qu'il est dit à l'article 200, titre *de la Vérification des Écritures.*

2° Seront remis aux experts, le jugement qui aura admis l'inscription de faux ; les pièces prétendues fausses ; le procès-verbal de l'état d'icelles ; le jugement qui aura admis les moyens de faux et ordonné le rapport d'experts ; les pièces de comparaison, lorsqu'il en aura été fourni ; le procès-verbal de présentation d'icelles, et le jugement par lequel elles auront été reçues : les experts mentionneront dans leur rapport la remise de toutes les pièces susdites, et l'examen auquel ils auront procédé, sans pouvoir en dresser aucun procès-verbal ; ils parapheront les pièces prétendues fausses.

Dans le cas où les témoins auraient joint des pièces à leur déposition, la partie pourra requérir et le juge-commissaire ordonner qu'elles seront représentées aux experts.

3° Seront, au surplus, observées audit rapport les règles prescrites au titre *de la Vérification des Écritures.* [Pr. 193 s. 302 s.]

237. En cas de récusation, soit contre le juge-commissaire, soit contre les experts, il y sera procédé ainsi qu'il est prescrit aux titres XIV et XXI du présent livre. [Pr. 308 s. 378 s.]

238. Lorsque l'instruction sera achevée, le jugement sera poursuivi sur un simple acte.

239. S'il résulte, de la procédure, des indices de faux ou de falsification, et que les auteurs ou complices soient vivants, et la poursuite du crime non éteinte par la prescription d'après les dispositions du Code pénal, le président délivrera mandat d'amener contre les prévenus, et remplira, à cet égard, les fonctions d'officier de police judiciaire. [I. 61, 462.]

240. Dans le cas de l'article précédent, il sera sursis à statuer sur le civil, jusques après le jugement sur le faux. [C. 1319.]

241. Lorsqu'en statuant sur l'inscription de faux, le tribunal aura ordonné la suppression, la lacération ou la radiation en tout ou en partie, même la réformation ou le rétablissement des pièces déclarées fausses, il sera sursis à l'exécution de ce chef du jugement, tant que le condamné sera dans le délai de se pourvoir par appel, requête civile ou cassation, ou qu'il n'aura pas formellement et valablement acquiescé au jugement.

242. Par le jugement qui interviendra sur le faux, il sera statué, ainsi qu'il appartiendra, sur la remise des pièces, soit aux parties, soit aux témoins qui les auront fournies ou représentées; ce qui aura lieu même à l'égard des pièces prétendues fausses, lorsqu'elles ne seront pas jugées telles : à l'égard des pièces qui auront été tirées d'un dépôt public, il sera ordonné qu'elles seront remises aux dépositaires, ou renvoyées par les greffiers de la manière prescrite par le tribunal; le tout sans qu'il soit rendu séparément un autre jugement sur la remise des pièces, laquelle néanmoins ne pourra être faite qu'après le délai prescrit par l'article précédent. [Pr. 244. — I. 463.]

243. Il sera sursis, pendant ledit délai, à la remise des pièces de comparaison ou autres, si ce n'est qu'il en soit autrement ordonné par le tribunal, sur la requête des dépositaires desdites pièces, ou des parties qui auraient intérêt de la demander.

244. Il est enjoint aux greffiers de se conformer exactement aux articles précédents, en ce qui les regarde, à peine d'interdiction, d'amende qui ne pourra être moindre de cent francs, et des dommages-intérêts des parties, même d'être procédé extraordinairement s'il y échet. [Pr. 1029 s.]

245. Pendant que lesdites pièces demeureront au greffe, les greffiers ne pourront délivrer aucune copie ni expédition des pièces prétendues fausses, si ce n'est en vertu d'un jugement; à l'égard des actes dont les originaux ou minutes auront été remis au greffe, et notamment des registres sur lesquels il y aurait des actes non argués de faux, lesdits greffiers pourront en délivrer des expéditions aux parties qui auront droit d'en demander, sans qu'ils puissent prendre de plus grands droits que ceux qui seraient dus aux dépositaires desdits originaux ou minutes : et sera le présent article exécuté, sous les peines portées par l'article précédent.

S'il a été fait par les dépositaires des minutes desdites pièces, des expéditions pour tenir lieu desdites minutes, en exécution de l'art. 203 du titre *de la Vérification des Écritures*, lesdits actes ne pourront être expédiés que par lesdits dépositaires.

246. Le demandeur en faux qui succombera sera condamné à une amende qui ne pourra être moindre de trois cents francs, et à tels dommages et intérêts qu'il appartiendra. [Pr. 128, 213, 1029.]

247. L'amende sera encourue toutes les fois que l'inscription en faux ayant été faite au greffe, et la demande à fin de s'inscrire admise, le demandeur s'en sera désisté volontairement ou aura succombé, ou que les parties auront été mises hors de procès, soit par le défaut de moyens ou de preuves suffisantes, soit faute d'avoir satisfait, de la part du demandeur, aux diligences et formalités ci-dessus prescrites; ce qui aura lieu, en quelques termes que la prononciation soit conçue, et encore que le jugement ne portât point condamnation d'amende : le tout, quand même le demandeur offrirait de poursuivre le faux par la voie extraordinaire.

248. L'amende ne sera pas encourue, lorsque la pièce, ou une des pièces arguées de faux, aura été déclarée fausse en tout ou en partie, ou lorsqu'elle aura été rejetée de la cause ou du procès, comme aussi lorsque la demande à fin de s'inscrire en faux n'aura pas été admise; et ce, de quelques termes que les juges se soient servis pour rejeter ladite demande, ou pour n'y avoir pas d'égard.

249. Aucune transaction sur la poursuite du faux incident ne pourra être exécutée, si elle n'a été homologuée en justice, après avoir été communiquée au ministère public, lequel pourra faire, à ce sujet, telles réquisitions qu'il jugera à propos. [C. 2046.]

250. Le demandeur en faux pourra toujours se pourvoir, par la voie criminelle, en faux principal; et dans ce cas, il sera sursis au jugement de la cause, à moins que les juges n'estiment que le procès puisse être jugé indépendamment de la pièce arguée de faux.

251. Tout jugement d'instruction ou définitif, en matière de faux, ne pourra être rendu que sur les conclusions du ministère public. [Pr. 83.]

TITRE DOUZIÈME.

Des Enquêtes.

252. Les faits dont une partie demandera à faire preuve, seront articulés succinctement par un simple acte de conclusion, sans écritures ni requête.

Ils seront, également par un simple acte, déniés ou reconnus dans les trois jours; sinon ils pourront être tenus pour confessés ou avérés. [Pr. 407. — T. 71.]

253. Si les faits sont admissibles, qu'ils soient déniés, et que

la loi n'en défende pas la preuve, elle pourra être ordonnée.
[C. 1341 s.]

254. Le tribunal pourra aussi ordonner d'office la preuve des faits qui lui paraîtront concluants, si la loi ne le défend pas.

255. Le jugement qui ordonnera la preuve contiendra,

1° Les faits à prouver;

2° La nomination du juge devant qui l'enquête sera faite.

Si les témoins sont trop éloignés, il pourra être ordonné que l'enquête sera faite devant un juge commis par un tribunal désigné à cet effet. [Pr. 1035.]

256. La preuve contraire sera de droit : la preuve du demandeur et la preuve contraire seront commencées et terminées dans les délais fixés par les articles suivants.

257. Si l'enquête est faite au même lieu où le jugement a été rendu, ou dans la distance de trois myriamètres, elle sera commencée dans la huitaine du jour de la signification à avoué; si le jugement est rendu contre une partie qui n'avait point d'avoué, le délai courra du jour de la signification à personne ou domicile : ces délais courent également contre celui qui a signifié le jugement; le tout à peine de nullité.

Si le jugement est susceptible d'opposition, le délai courra du jour de l'expiration des délais de l'opposition. [Pr. 157 s. 278 s. 292 s. 1033.]

258. Si l'enquête doit être faite à une plus grande distance, le jugement fixera le délai dans lequel elle sera commencée. [Pr. 278.]

259. L'enquête est censée commencée, pour chacune des parties respectivement, par l'ordonnance qu'elle obtient du juge-commissaire, à l'effet d'assigner les témoins aux jour et heure par lui indiqués.

En conséquence, le juge-commissaire ouvrira les procès-verbaux respectifs par la mention de la réquisition et de la délivrance de son ordonnance. [T. 76, 91.]

260. Les témoins seront assignés à personne ou domicile : ceux domiciliés dans l'étendue de trois myriamètres du lieu où se fait l'enquête, le seront au moins un jour avant l'audition; il sera ajouté un jour par trois myriamètres pour ceux domiciliés à une plus grande distance. Il sera donné copie à chaque témoin, du dispositif du jugement, seulement en ce qui concerne les faits admis, et de l'ordonnance du juge-commissaire; le tout

à peine de nullité des dépositions des témoins envers lesquels les formalités ci-dessus n'auraient pas été observées. [Pr. 267, 294, 413, 1029, 1033. — T. 29.]

261. La partie sera assignée pour être présente à l'enquête, au domicile de son avoué, si elle en a constitué, sinon à son domicile; le tout trois jours au moins avant l'audition : les noms, professions et demeures des témoins à produire contre elle, lui seront notifiés; le tout à peine de nullité, comme ci-dessus. [Pr. 275, 413, 1029. — T. 29.]

262. Les témoins seront entendus séparément, tant en présence qu'en l'absence des parties.

Chaque témoin, avant d'être entendu, déclarera ses noms, profession, âge et demeure, s'il est parent ou allié de l'une des parties, à quel degré, s'il est serviteur ou domestique de l'une d'elles; il fera serment de dire vérité: le tout à peine de nullité. [Pr. 268, 275, 1029.]

263. Les témoins défaillants seront condamnés, par ordonnances du juge-commissaire qui seront exécutoires nonobstant opposition ou appel, à une somme qui ne pourra être moindre de dix francs, au profit de la partie, à titre de dommages et intérêts ; ils pourront de plus être condamnés, par la même ordonnance, à une amende qui ne pourra excéder la somme de cent francs. [Pr. 413, 1029.]

Les témoins défaillants seront réassignés à leurs frais.

264. Si les témoins réassignés sont encore défaillants, ils seront condamnés, et par corps, à une amende de cent francs ; le juge-commissaire pourra même décerner contre eux un mandat d'amener. [Pr. 1029.]

265. Si le témoin justifie qu'il n'a pu se présenter au jour indiqué, le juge-commissaire le déchargera, après sa déposition, de l'amende et des frais de réassignation.

266. Si le témoin justifie qu'il est dans l'impossibilité de se présenter au jour indiqué, le juge-commissaire lui accordera un délai suffisant, qui néanmoins ne pourra excéder celui fixé pour l'enquête, ou se transportera pour recevoir la déposition. Si le témoin est éloigné, le juge-commissaire renverra devant le président du tribunal du lieu, qui entendra le témoin ou commettra un juge : le greffier de ce tribunal fera parvenir de suite la minute du procès-verbal au greffe du tribunal où le procès est pendant, sauf à lui à prendre exécutoire pour les frais contre la partie à la requête de qui le témoin aura été entendu. [Pr. 412 , 782 , 1035.]

267. Si les témoins ne peuvent être entendus le même jour, le juge-commissaire remettra à jour et heure certains ; et il ne sera donné nouvelle assignation ni aux témoins, ni à la partie, encore qu'elle n'ait pas comparu. [Pr. 269. — T. 167.]

268. Nul ne pourra être assigné comme témoin, s'il est parent ou allié en ligne directe de l'une des parties, ou son conjoint, même divorcé. [Pr. 270, 275, 282 s. 413. — P. 28, 42.]

269. Les procès-verbaux d'enquête contiendront la date des jour et heure, les comparutions ou défauts des parties et témoins, la représentation des assignations, les remises à autres jour et heure, si elles sont ordonnées ; à peine de nullité. [Pr. 1029.]

270. Les reproches seront proposés par la partie ou par son avoué avant la déposition du témoin, qui sera tenu de s'expliquer sur iceux ; ils seront circonstanciés et pertinents, et non en termes vagues et généraux. Les reproches et les explications du témoin seront consignés dans le procès-verbal. [Pr. 268, 275, 282, 289, 413. — T. 92.]

271. Le témoin déposera, sans qu'il lui soit permis de lire aucun projet écrit. Sa déposition sera consignée sur le procès-verbal ; elle lui sera lue, et il lui sera demandé s'il y persiste ; le tout à peine de nullité : il lui sera demandé aussi s'il requiert taxe. [Pr. 276, 292 s. 1029.]

272. Lors de la lecture de sa déposition, le témoin pourra faire tels changements et additions que bon lui semblera : ils seront écrits à la suite ou à la marge de sa déposition ; il lui en sera donné lecture, ainsi que de la déposition, et mention en sera faite ; le tout à peine de nullité. [Pr. 275, 292 s. 1029.]

273. Le juge-commissaire pourra, soit d'office, soit sur la réquisition des parties ou de l'une d'elles, faire au témoin les interpellations qu'il croira convenables pour éclaircir sa déposition : les réponses du témoin seront signées de lui, après lui avoir été lues, ou mention sera faite s'il ne veut ou ne peut signer ; elles seront également signées du juge et du greffier ; le tout à peine de nullité. [Pr. 275, 292 s. 413, 1029.]

274. La déposition du témoin, ainsi que les changements et additions qu'il pourra y faire, seront signés par lui, le juge et le greffier ; et si le témoin ne veut ou ne peut signer, il en sera fait mention ; le tout à peine de nullité. Il sera fait mention de la taxe, s'il la requiert, ou de son refus. [Pr. 275, 277, 292 s. 1029.]

275. Les procès-verbaux feront mention de l'observation des formalités prescrites par les art. 261, 262, 269, 270, 271, 272, 273 et 274 ci-dessus : ils seront signés, à la fin, par le juge et le greffier, et par les parties, si elles le veulent ou le peuvent ; en cas de refus, il en sera fait mention : le tout à peine de nullité. [Pr. 280, 292, 1029.]

276. La partie ne pourra ni interrompre le témoin dans sa déposition, ni lui faire aucune interpellation directe, mais sera tenue de s'adresser au juge-commissaire, à peine de dix francs d'amende, et de plus forte amende, même d'exclusion, en cas de récidive ; ce qui sera prononcé par le juge-commissaire. Ses ordonnances seront exécutoires nonobstant appel ou opposition.

277. Si le témoin requiert taxe, elle sera faite par le juge-commissaire sur la copie de l'assignation, et elle vaudra exécutoire : le juge fera mention de la taxe sur son procès-verbal. [Pr. 274, 413.]

278. L'enquête sera respectivement parachevée dans la huitaine de l'audition des premiers témoins, à peine de nullité, si le jugement qui l'a ordonnée n'a fixé un plus long délai. [Pr. 257, 279 s. 292 s. 1029, 1031.]

279. Si néanmoins l'une des parties demande prorogation dans le délai fixé pour la confection de l'enquête, le tribunal pourra l'accorder. [Pr. 280.]

280. La prorogation sera demandée sur le procès-verbal du juge-commissaire, et ordonnée sur le référé qu'il en fera à l'audience, au jour indiqué par son procès-verbal, sans sommation ni avenir, si les parties ou leurs avoués ont été présents : il ne sera acccordé qu'une seule prorogation, à peine de nullité. [P. 1029.]

281. La partie qui aura fait entendre plus de cinq témoins sur un même fait, ne pourra répéter les frais des autres dépositions. [Pr. 413, 1031.]

282. Aucun reproche ne sera proposé après la déposition, s'il n'est justifié par écrit. [Pr. 270, 289 s. — T. 71.]

283. Pourront être reprochés les parents ou alliés de l'une ou de l'autre des parties, jusqu'au degré de cousin issu de ger-

main inclusivement; les parents et alliés des conjoints au degré ci-dessus, si le conjoint est vivant, ou si la partie ou le témoin en a des enfants vivants : en cas que le conjoint soit décédé, et qu'il n'ait pas laissé de descendants, pourront être reprochés les parents et alliés en ligne directe, les frères, beaux-frères, sœurs et belles-sœurs. [Pr. 268, 284.]

Pourront aussi être reprochés, le témoin héritier présomptif ou donataire; celui qui aura bu ou mangé avec la partie, et à ses frais, depuis la prononciation du jugement qui a ordonné l'enquête; celui qui aura donné des certificats sur les faits relatifs au procès; les serviteurs et domestiques; le témoin en état d'accusation; celui qui aura été condamné à une peine afflictive ou infamante, ou même à une peine correctionnelle pour cause de vol. [Pr. 287, 289. — C. 25. — P. 28, 42.]

284. Le témoin reproché sera entendu dans sa déposition. [Pr. 170.]

285. Pourront les individus âgés de moins de quinze ans révolus être entendus, sauf à avoir à leurs dépositions tel égard que de raison. [Pr. 413.]

286. Le délai pour faire enquête étant expiré, la partie la plus diligente fera signifier à avoué copie des procès-verbaux, et poursuivra l'audience sur un simple acte. [T. 70.]

287. Il sera statué sommairement sur les reproches.

288. Si néanmoins le fond de la cause était en état, il pourra être prononcé sur le tout par un seul jugement.

289. Si les reproches proposés avant la déposition ne sont justifiés par écrit, la partie sera tenue d'en offrir la preuve, et de désigner les témoins; autrement elle n'y sera plus reçue : le tout sans préjudice des réparations, dommages et intérêts qui pourraient être dus au témoin reproché. [Pr. 282, 287. — T. 71.]

290. La preuve, s'il y échet, sera ordonnée par le tribunal, sauf la preuve contraire, et sera faite dans la forme ci-après réglée pour les enquêtes sommaires. Aucun reproche ne pourra y être proposé, s'il n'est justifié par écrit. [Pr. 407 s.]

291. Si les reproches sont admis, la déposition du témoin reproché ne sera point lue.

292. L'enquête ou la déposition déclarée nulle par la faute du juge-commissaire sera recommencée à ses frais; les délais de la nouvelle enquête ou de la nouvelle audition de témoins

courront du jour de la signification du jugement qui l'aura ordonnée; la partie pourra faire entendre les mêmes témoins; et
si quelques-uns ne peuvent être entendus, les juges auront tel
égard que de raison aux dépositions par eux faites dans la première enquête. [Pr. 1029.]

293. L'enquête déclarée nulle par la faute de l'avoué, ou
par celle de l'huissier, ne sera pas recommencée; mais la partie
pourra en répéter les frais contre eux, même des dommages et
intérêts en cas de manifeste négligence, ce qui est laissé à l'arbitrage du juge. [Pr. 1029.]

294. La nullité d'une ou de plusieurs dépositions n'entraîne
pas celle de l'enquête.

TITRE TREIZIÈME.

Des Descentes sur les lieux.

295. Le tribunal pourra, dans les cas où il le croira nécessaire, ordonner que l'un des juges se transportera sur les lieux;
mais il ne pourra l'ordonner dans les matières où il n'échoit
qu'un simple rapport d'experts, s'il n'en est requis par l'une ou
par l'autre des parties.

296. Le jugement commettra l'un des juges qui y auront
assisté.

297. Sur la requête de la partie la plus diligente, le juge-
commissaire rendra une ordonnance qui fixera les lieu, jour et
heure de la descente; la signification en sera faite d'avoué à
avoué, et vaudra sommation. [T. 70, 76, 92.]

298. Le juge-commissaire fera mention, sur la minute de
son procès-verbal, des jours employés aux transport, séjour et
retour.

299. L'expédition du procès-verbal sera signifiée par la
partie la plus diligente aux avoués des autres parties; et trois
jours après, elle pourra poursuivre l'audience sur un simple
acte. [T. 70.]

300. La présence du ministère public ne sera nécessaire que
dans le cas où il sera lui-même partie. [Pr. 83 s.]

301. Les frais de transport seront avancés par la partie requérante, et par elle consignés au greffe.

TITRE QUATORZIÈME.

Des Rapports d'Experts.

302. Lorsqu'il y aura lieu à un rapport d'experts, il sera ordonné par un jugement, lequel énoncera clairement les objets de l'expertise. [Pr. 971. — C. 1678 s.]

303. L'expertise ne pourra se faire que par trois experts, à moins que les parties ne consentent qu'il soit procédé par un seul. [Pr. 196, 232, 955.]

304. Si, lors du jugement qui ordonne l'expertise, les parties se sont accordées pour nommer les experts, le même jugement leur donnera acte de la nomination.

305. Si les experts ne sont pas convenus par les parties, le jugement ordonnera qu'elles seront tenues d'en nommer dans les trois jours de la signification, sinon qu'il sera procédé à l'opération par les experts qui seront nommés d'office par le même jugement. [Pr. 1033.]

Ce même jugement nommera le juge-commissaire, qui recevra le serment des experts convenus ou nommés d'office : pourra néanmoins le tribunal ordonner que les experts prêteront leur serment devant le juge de paix du canton où ils procéderont. [Pr. 1035.]

306. Dans le délai ci-dessus, les parties qui se seront accordées pour la nomination des experts, en feront leur déclaration au greffe. [T. 91.]

307. Après l'expiration du délai ci-dessus, la partie la plus diligente prendra l'ordonnance du juge, et fera sommation aux experts nommés par les parties ou d'office, pour faire leur serment, sans qu'il soit nécessaire que les parties y soient présentes. [T. 29, 76, 91.]

308. Les récusations ne pourront être proposées que contre les experts nommés d'office, à moins que les causes n'en soient survenues depuis la nomination et avant le serment. [Pr. 197, 237, 430.]

309. La partie qui aura des moyens de récusation à proposer sera tenue de le faire dans les trois jours de la nomination, par un simple acte signé d'elle ou de son mandataire spécial, contenant les causes de récusation, et les preuves, si elle en a, ou l'offre de les vérifier par témoins : le délai ci-dessus expiré, la récusation ne pourra être proposée, et l'expert prêtera serment au jour indiqué par la sommation. [T. 71.]

310. Les experts pourront être récusés par les motifs pour lesquels les témoins peuvent être reprochés. [Pr. 283.—C. 25.—P. 28, 42 s.]

311. La récusation contestée sera jugée sommairement à l'audience, sur un simple acte, et sur les conclusions du ministère public; les juges pourront ordonner la preuve par témoins, laquelle sera faite dans la forme ci-après prescrite pour les enquêtes sommaires. [Pr. 83, 405.—T. 71.]

312. Le jugement sur la récusation sera exécutoire, nonobstant l'appel.

313. Si la récusation est admise, il sera d'office, par le même jugement, nommé un nouvel expert ou de nouveaux experts à la place de celui ou de ceux récusés.

314. Si la récusation est rejetée, la partie qui l'aura faite sera condamnée en tels dommages et intérêts qu'il appartiendra, même envers l'expert, s'il le requiert; mais, dans ce dernier cas, il ne pourra demeurer expert. [Pr. 128.]

315. Le procès-verbal de prestation de serment contiendra indication, par les experts, du lieu et des jour et heure de leur opération.

En cas de présence des parties ou de leurs avoués, cette indication vaudra sommation.

En cas d'absence, il sera fait sommation aux parties, par acte d'avoué, de se trouver aux jour et heure que les experts auront indiqués. [Pr. 1034.—T. 70, 91.]

316. Si quelque expert n'accepte point la nomination, ou ne se présente point, soit pour le serment, soit pour l'expertise, aux jour et heure indiqués, les parties s'accorderont sur-le-champ pour en nommer un autre à sa place; sinon la nomination pourra être faite d'office par le tribunal.

L'expert qui, après avoir prêté serment, ne remplira pas sa mission, pourra être condamné par le tribunal qui l'avait commis, à tous les frais frustratoires, et même aux dommages-intérêts, s'il y échet.

317. Le jugement qui aura ordonné le rapport, et les pièces nécessaires, seront remis aux experts; les parties pourront faire tels dires et réquisitions qu'elles jugeront convenables : il en sera fait mention dans le rapport; il sera rédigé sur le lieu con-

tentieux, ou dans le lieu et aux jour et heure qui seront indiqués par les experts.

La rédaction sera écrite par un des experts et signée par tous; s'ils ne savent pas tous écrire, elle sera écrite et signée par le greffier de la justice de paix du lieu où ils auront procédé. [T. 15, 92.]

318. Les experts dresseront un seul rapport; ils ne formeront qu'un seul avis à la pluralité des voix.

Ils indiqueront néanmoins, en cas d'avis différents, les motifs des divers avis, sans faire connaître quel a été l'avis personnel de chacun d'eux. [Pr. 956.—C. 824, 1679.]

319. La minute du rapport sera déposée au greffe du tribunal qui aura ordonné l'expertise, sans nouveau serment de la part des experts : leurs vacations seront taxées par le président au bas de la minute; et il en sera délivré exécutoire contre la partie qui aura requis l'expertise, ou qui l'aura poursuivie, si elle a été ordonnée d'office.

320. En cas de retard ou de refus de la part des experts de déposer leur rapport, ils pourront être assignés à trois jours, sans préliminaire de conciliation, par-devant le tribunal qui les aura commis, pour se voir condamner, même par corps s'il y échet, à faire ledit dépôt; il y sera statué sommairement et sans instruction. [Pr. 316.—T. 159.]

321. Le rapport sera levé et signifié à avoué par la partie la plus diligente; l'audience sera poursuivie sur un simple acte. [T. 70.]

322. Si les juges ne trouvent point dans le rapport les éclaircissements suffisants, ils pourront ordonner d'office une nouvelle expertise, par un ou plusieurs experts qu'ils nommeront également d'office, et qui pourront demander aux précédents experts les renseignements qu'ils trouveront convenables.

323. Les juges ne sont point astreints à suivre l'avis des experts, si leur conviction s'y oppose.

TITRE QUINZIÈME.

De l'Interrogatoire sur Faits et Articles.

324. Les parties peuvent, en toutes matières et en tout état de cause, demander de se faire interroger respectivement sur faits et articles pertinents concernant seulement la matière dont est

question, sans retard de l'instruction ni du jugement. [Pr. 428.]

325. L'interrogatoire ne pourra être ordonné que sur requête contenant les faits et par jugement rendu à l'audience : il y sera procédé, soit devant le président, soit devant un juge par lui commis. [T. 79.]

326. En cas d'éloignement, le président pourra commettre le président du tribunal dans le ressort duquel la partie réside, ou le juge de paix du canton de cette résidence. [Pr. 1035.]

327. Le juge commis indiquera, au bas de l'ordonnance qui l'aura nommé, les jour et heure de l'interrogatoire, le tout sans qu'il soit besoin de procès-verbal contenant réquisition ou délivrance de son ordonnance.

328. En cas d'empêchement légitime de la partie, le juge se transportera au lieu où elle est retenue. [Pr. 333.]

329. Vingt-quatre heures au moins avant l'interrogatoire, seront signifiées par le même exploit, à personne ou domicile, la requête et les ordonnances du tribunal, du président ou du juge qui devra procéder à l'interrogatoire, avec assignation donnée par un huissier qu'il aura commis à cet effet. [T. 29.]

330. Si l'assigné ne comparaît pas, ou refuse de répondre après avoir comparu, il en sera dressé procès-verbal sommaire, et les faits pourront être tenus pour avérés.

331. Si, ayant fait défaut sur l'assignation, il se présente avant le jugement, il sera interrogé, en payant les frais du premier procès-verbal et de la signification, sans répétition.

332. Si, au jour de l'interrogatoire, la partie assignée justifie d'empêchement légitime, le juge indiquera un autre jour pour l'interrogatoire, sans nouvelle assignation.

333. La partie répondra en personne, sans pouvoir lire aucun projet de réponse par écrit, et sans assistance de conseil, aux faits contenus en la requête, même à ceux sur lesquels le juge l'interrogera d'office ; les réponses seront précises et pertinentes sur chaque fait, et sans aucun terme calomnieux ni injurieux : celui qui aura requis l'interrogatoire, ne pourra y assister.

334. L'interrogatoire achevé sera lu à la partie, avec interpellation de déclarer si elle a dit vérité et persiste : si elle ajoute, l'addition sera rédigée en marge ou à la suite de l'interrogatoire ; elle lui sera lue, et il lui sera fait la même interpellation : elle signera l'interrogatoire et les additions ; et si elle ne sait ou ne veut signer, il en sera fait mention.

335. La partie qui voudra faire usage de l'interrogatoire, le fera signifier, sans qu'il puisse être un sujet d'écritures de part ni d'autre. [T. 70.]

336. Seront tenues les administrations d'établissements publics de nommer un administrateur ou agent pour répondre sur les faits et articles qui leur auront été communiqués : elles donneront, à cet effet, un pouvoir spécial dans lequel les réponses seront expliquées et affirmées véritables, sinon les faits pourront être tenus pour avérés; sans préjudice de faire interroger les administrateurs et agents sur les faits qui leur seront personnels, pour y avoir, par le tribunal, tel égard que de raison. [Pr. 1032.]

TITRE SEIZIÈME.

Des Incidents.

§ I. — Des Demandes incidentes.

337. Les demandes incidentes seront formées par un simple acte contenant les moyens et les conclusions, avec offre de communiquer les pièces justificatives sur récépissé, ou par dépôt au greffe.

Le défendeur à l'incident donnera sa réponse par un simple acte. [Pr. 77, 82, 188, 406. — T. 71.]

338. Toutes demandes incidentes seront formées en même temps; les frais de celles qui seraient proposées postérieurement, et dont les causes auraient existé à l'époque des premières, ne pourront être répétés. [Pr. 1031.]

Les demandes incidentes seront jugées par préalable, s'il y a lieu; et, dans les affaires sur lesquelles il aura été ordonné une instruction par écrit, l'incident sera porté à l'audience, pour être statué ce qu'il appartiendra. [Pr. 134, 341.]

§ II. — De l'Intervention.

339. L'intervention sera formée par requête qui contiendra les moyens et conclusions, dont il sera donné copie ainsi que des pièces justificatives. [Pr. 49, 406, 466, 536. — T. 75.]

340. L'intervention ne pourra retarder le jugement de la cause principale, quand elle sera en état.

341. Dans les affaires sur lesquelles il aura été ordonné une instruction par écrit, si l'intervention est contestée par l'une des parties, l'incident sera porté à l'audience. [Pr. 338.

TITRE DIX-SEPTIÈME.

Des Reprises d'Instances, et Constitution de nouvel Avoué.

342. Le jugement de l'affaire qui sera en état, ne sera différé ni par le changement d'état des parties, ni par la cessation des fonctions dans lesquelles elles procédaient, ni par leur mort, ni par les décès, démissions, interdictions ou destitutions de leurs avoués. [Pr. 75, 148, 397, 1038.]

343. L'affaire sera en état, lorsque la plaidoirie sera commencée ; la plaidoirie sera réputée commencée quand les conclusions auront été contradictoirement prises à l'audience.

Dans les affaires qui s'instruisent par écrit, la cause sera en état quand l'instruction sera complète, ou quand les délais pour les productions et réponses seront expirés. [Pr. 93 s.]

344. Dans les affaires qui ne seront pas en état, toutes procédures faites postérieurement à la notification de la mort de l'une des parties seront nulles : il ne sera pas besoin de signifier les décès, démissions, interdictions ni destitutions des avoués ; les poursuites faites et les jugements obtenus depuis seront nuls, s'il n'y a constitution de nouvel avoué. [Pr. 447, 1029, 1038. — T. 70.]

345. Ni le changement d'état des parties, ni la cessation des fonctions dans lesquelles elles procédaient, n'empêcheront la continuation des procédures.

Néanmoins le défendeur qui n'aurait pas constitué avoué avant le changement d'état ou le décès du demandeur, sera assigné de nouveau à un délai de huitaine, pour voir adjuger les conclusions, et sans qu'il soit besoin de conciliation préalable. [Pr. 72, 75.]

346. L'assignation en reprise ou en constitution sera donnée aux délais fixés au titre des *Ajournements,* avec indication des noms des avoués qui occupaient, et du rapporteur, s'il y en a. [Pr. 72.]

347. L'instance sera reprise par acte d'avoué à avoué. [T. 71.]

348. Si la partie assignée en reprise conteste, l'incident sera jugé sommairement. [Pr. 404 s. — T. 75.]

349. Si, à l'expiration du délai, la partie assignée en reprise ou en constitution ne comparaît pas, il sera rendu jugement qui tiendra la cause pour reprise, et ordonnera qu'il sera procédé suivant les derniers errements, et sans qu'il puisse y avoir d'autres délais que ceux qui restaient à courir.

350. Le jugement rendu par défaut contre une partie, sur la demande en reprise d'instance ou en constitution de nouvel avoué, sera signifié par un huissier commis : si l'affaire est en rapport, la signification énoncera le nom du rapporteur. [Pr. 156. — T. 29.]

351. L'opposition à ce jugement sera portée à l'audience, même dans les affaires en rapport. [Pr. 157 s. 165.]

TITRE DIX-HUITIÈME.

Du Désaveu.

352. Aucunes offres, aucun aveu ou consentement, ne pourront être faits, donnés ou acceptés sans un pouvoir spécial, à peine de désaveu. [Pr. 49, 812 s. — C. 1258 s. 1356, 1987.]

353. Le désaveu sera fait au greffe du tribunal qui devra en connaître, par un acte signé de la partie, ou du porteur de sa procuration spéciale et authentique : l'acte contiendra les moyens, conclusions, et constitution d'avoué. [T. 92.]

354. Si le désaveu est formé dans le cours d'une instance encore pendante, il sera signifié, sans autre demande, par acte d'avoué, tant à l'avoué contre lequel le désaveu est dirigé, qu'aux autres avoués de la cause ; et ladite signification vaudra sommation de défendre au désaveu. [T. 70 , 75.]

355. Si l'avoué n'exerce plus ses fonctions, le désaveu sera signifié par exploit à son domicile ; s'il est mort, le désaveu sera signifié à ses héritiers, avec assignation au tribunal où l'instance est pendante, et notifié aux parties de l'instance par acte d'avoué à avoué. [T. 29, 75.]

356. Le désaveu sera toujours porté au tribunal devant lequel la procédure désavouée aura été instruite, encore que l'instance dans le cours de laquelle il est formé soit pendante en un autre tribunal ; le désaveu sera dénoncé aux parties de l'instance principale, qui seront appelées dans celle de désaveu.

357. Il sera sursis à toute procédure et au jugement de l'instance principale, jusqu'à celui du désaveu, à peine de nullité ; sauf cependant à ordonner que le désavouant fera juger le désaveu dans un délai fixe, sinon qu'il sera fait droit.

358. Lorsque le désaveu concernera un acte sur lequel il n'y a point instance, la demande sera portée au tribunal du défendeur.

359. Toute demande en désaveu sera communiquée au ministère public. [Pr. 83 s.]

360. Si le désaveu est déclaré valable, le jugement, ou les dispositions du jugement relatives aux chefs qui ont donné lieu au désaveu, demeureront annulées et comme non avenues : le désavoué sera condamné, envers le demandeur et les autres parties, en tous dommages-intérêts, même puni d'interdiction, ou poursuivi extraordinairement, suivant la gravité du cas et la nature des circonstances. [Pr. 128, 132, 1029.—C. 1146 s.]

361. Si le désaveu est rejeté, il sera fait mention du jugement de rejet en marge de l'acte de désaveu, et le demandeur pourra être condamné, envers le désavoué et les autres parties, en tels dommages et réparations qu'il appartiendra. [Pr. 128.—C. 1146 s.—T. 91.]

362. Si le désaveu est formé à l'occasion d'un jugement qui aura acquis force de chose jugée, il ne pourra être reçu après la huitaine, à dater du jour où le jugement devra être réputé exécuté, aux termes de l'art. 159 ci-dessus. [Pr. 356.]

TITRE DIX-NEUVIÈME.

Des Réglements de Juges.

363. Si un différend est porté à deux ou à plusieurs tribunaux de paix ressortissant au même tribunal, le réglement de juges sera porté à ce tribunal.

Si les tribunaux de paix relèvent de tribunaux différents, le réglement de juges sera porté à la cour royale.

Si ces tribunaux ne ressortissent pas à la même cour royale, le réglement sera porté à la cour de cassation.

Si un différend est porté à deux ou à plusieurs tribunaux de première instance ressortissant à la même cour royale, le réglement de juges sera porté à cette cour : il sera porté à la cour de cassation, si les tribunaux ne ressortissent pas tous à la même cour royale, ou si le conflit existe entre une ou plusieurs cours. [Pr. 461 s.—I. 525 s.]

364. Sur le vu des demandes formées dans différents tribunaux, il sera rendu, sur requête, jugement portant permission d'assigner en réglement, et les juges pourront ordonner qu'il sera sursis à toute procédure dans lesdits tribunaux. [I. 528s. —T. 78.]

365. Le demandeur signifiera le jugement et assignera les parties au domicile de leurs avoués.

Le délai pour signifier le jugement et pour assigner sera de quinzaine, à compter du jour du jugement.

Le délai pour comparaître sera celui des ajournements, en comptant les distances d'après le domicile respectif des avoués. [Pr. 72, 1033.—T. 29.]

366. Si le demandeur n'a pas assigné dans les délais ci-dessus, il demeurera déchu du réglement de juges, sans qu'il soit besoin de le faire ordonner ; et les poursuites pourront être continuées dans le tribunal saisi par le défendeur en réglement. [Pr. 1029.]

367. Le demandeur qui succombera pourra être condamné aux dommages-intérêts envers les autres parties. [Pr. 128.— C. 1146 s.—I. 541.]

TITRE VINGTIÈME.

Du Renvoi à un autre Tribunal pour parenté ou alliance.

368. Lorsqu'une partie aura deux parents ou alliés jusqu'au degré de cousin issu de germain inclusivement, parmi les juges d'un tribunal de première instance, ou trois parents ou alliés au même degré dans une cour royale ; ou lorsqu'elle aura un parent audit degré parmi les juges du tribunal de première instance, ou deux parents dans la cour royale, et qu'elle-même sera membre du tribunal ou de cette cour, l'autre partie pourra demander le renvoi. [Pr. 49, 168 s. —I. 542 s.]

369. Le renvoi sera demandé avant le commencement de la plaidoirie ; et, si l'affaire est en rapport, avant que l'instruction soit achevée, ou que les délais soient expirés, sinon il ne sera plus reçu. [Pr. 97 s. 343, 382.—I. 543.]

370. Le renvoi sera proposé par acte au greffe, lequel contiendra les moyens, et sera signé de la partie ou de son fondé de procuration spéciale et authentique. [Pr. 384.—T. 92.]

371. Sur l'expédition dudit acte, présentée avec les pièces justificatives, il sera rendu jugement qui ordonnera, 1° la communication aux juges à raison desquels le renvoi est demandé, pour faire, dans un délai fixe, leur déclaration au bas de l'expédition du jugement ; 2° la communication au ministère pu-

lic; 3° le rapport, à jour indiqué, par l'un des juges nommés
par ledit jugement. [Pr. 385. — I. 546 s.]

372. L'expédition de l'acte à fin de renvoi, les pièces y annexées, et le jugement mentionné en l'article précédent, seront signifiés aux autres parties. [T. 70.]

373. Si les causes de la demande en renvoi sont avouées ou justifiées dans un tribunal de première instance, le renvoi sera fait à l'un des autres tribunaux ressortissant en la même cour royale; et si c'est dans une cour royale, le renvoi sera fait à l'une des trois cours les plus voisines. [T. 75.]

374. Celui qui succombera sur sa demande en renvoi, sera condamné à une amende qui ne pourra être moindre de cinquante francs, sans préjudice des dommages-intérêts de la partie, s'il y a lieu. [Pr. 128, 390, 1029.]

375. Si le renvoi est prononcé, qu'il n'y ait pas d'appel, ou que l'appelant ait succombé, la contestation sera portée devant le tribunal qui devra en connaître, sur simple assignation, et la procédure y sera continuée suivant ses derniers errements.

376. Dans tous les cas, l'appel du jugement de renvoi sera suspensif. [Pr. 457 s. — I. 550.]

377. Sont applicables audit appel les dispositions des articles 392, 393, 394, 395, titre *de la Récusation,* ci-après.

TITRE VINGT-UNIÈME.

De la Récusation.

378. Tout juge peut être récusé pour les causes ci-après:

1° S'il est parent ou allié des parties, ou de l'une d'elles, jusqu'au degré de cousin issu de germain inclusivement;

2° Si la femme du juge est parente ou alliée de l'une des parties, ou si le juge est parent ou allié de la femme de l'une des parties, au degré ci-dessus, lorsque la femme est vivante, ou qu'étant décédée, il en existe des enfants : si elle est décédée et qu'il n'y ait point d'enfants, le beau-père, le gendre ni les beaux-frères ne pourront être juges;

La disposition relative à la femme décédée s'appliquera à la femme divorcée, s'il existe des enfants du mariage dissous :

3° Si le juge, sa femme, leurs ascendants et descendants, ou alliés dans la même ligne, ont un différend sur pareille question que celle dont il s'agit entre les parties;

4° S'ils ont un procès en leur nom dans un tribunal où l'une des parties sera juge ; s'ils sont créanciers ou débiteurs d'une des parties ;

5° Si dans les cinq ans qui ont précédé la récusation, il y a eu procès criminel entre eux et l'une des parties, ou son conjoint, ou ses parents ou alliés en ligne directe ;

6° S'il y a procès civil entre le juge, sa femme, leurs ascendants et descendants, ou alliés dans la même ligne, et l'une des parties, et que ce procès, s'il a été intenté par la partie, l'ait été avant l'instance dans laquelle la récusation est proposée ; si, ce procès étant terminé, il ne l'a été que dans les six mois précédant la récusation ;

7° Si le juge est tuteur, subrogé tuteur ou curateur, héritier présomptif, ou donataire, maître ou commensal de l'une des parties ; s'il est administrateur de quelque établissement, société ou direction, partie dans la cause ; si l'une des parties est sa présomptive héritière ;

8° Si le juge a donné conseil, plaidé ou écrit sur le différend ; s'il en a précédemment connu comme juge ou comme arbitre ; s'il a sollicité, recommandé ou fourni aux frais du procès ; si a déposé comme témoin ; si, depuis le commencement du procès, il a bu ou mangé avec l'une ou l'autre des parties dans leur maison, ou reçu d'elle des présents ;

9° S'il y a inimitié capitale entre lui et l'une des parties ; s'il y a eu, de sa part, agressions, injures ou menaces, verbalement ou par écrit, depuis l'instance, ou dans les six mois précédant la récusation proposée.

379. Il n'y aura pas lieu à récusation, dans les cas où le juge serait parent du tuteur ou du curateur de l'une des deux parties, ou des membres ou administrateurs d'un établissement, société, direction ou union, partie dans la cause, à moins que lesdits tuteurs, administrateurs ou intéressés, n'aient un intérêt distinct ou personnel.

380. Tout juge qui saura cause de récusation en sa personne, sera tenu de la déclarer à la chambre, qui décidera s'il doit s'abstenir.

381. Les causes de récusation relatives aux juges sont applicables au ministère public, lorsqu'il est partie jointe ; mais il n'est pas récusable, lorsqu'il est partie principale.

382. Celui qui voudra récuser devra le faire avant le commencement de la plaidoirie ; et, si l'affaire est en rapport, avant que l'instruction soit achevée, ou que les délais soient expirés, à moins que les causes de la récusation ne soient survenues postérieurement. [Pr. 343, 369.]

383. La récusation contre les juges commis aux descentes, enquêtes et autres opérations, ne pourra être proposée que dans les trois jours qui courront, 1° si le jugement est contradictoire, du jour du jugement ; 2° si le jugement est par défaut et qu'il n'y ait pas d'opposition, du jour de l'expiration de la huitaine de l'opposition ; 3° si le jugement a été rendu par défaut et qu'il y ait eu opposition, du jour du débouté d'opposition, même par défaut. [Pr. 1033.]

384. La récusation sera proposée par un acte au greffe, qui en contiendra les moyens, et sera signé de la partie, ou du fondé de sa procuration authentique et spéciale, laquelle sera annexée à l'acte. [Pr. 370.—T. 92.]

385. Sur l'expédition de l'acte de récusation, remise dans les vingt-quatre heures par le greffier au président du tribunal, il sera, sur le rapport du président et les conclusions du ministère public, rendu jugement qui, si la récusation est inadmissible, la rejettera ; et, si elle est admissible, ordonnera, 1° la communication au juge récusé, pour s'expliquer en termes précis sur les faits, dans le délai qui sera fixé par le jugement ; 2° la communication au ministère public, et indiquera le jour où le rapport sera fait par l'un des juges nommé par ledit jugement. [Pr. 371.]

386. Le juge récusé fera sa déclaration au greffe, à la suite de la minute de l'acte de récusation.

387. A compter du jour du jugement qui ordonnera la communication, tous jugements et opérations seront suspendus : si cependant l'une des parties prétend que l'opération est urgente et qu'il y a péril dans le retard, l'incident sera porté à l'audience sur un simple acte, et le tribunal pourra ordonner qu'il sera procédé par un autre juge. [Pr. 391.]

388. Si le juge récusé convient des faits qui ont motivé sa récusation, ou si ces faits sont prouvés, il sera ordonné qu'il s'abstiendra.

389. Si le récusant n'apporte preuve par écrit ou commencement de preuve des causes de la récusation, il est laissé à la prudence du tribunal de rejeter la récusation sur la simple déclaration du juge, ou d'ordonner la preuve testimoniale. [C. 1347.]

590. Celui dont la récusation aura été déclarée non admissible, ou non recevable, sera condamné à telle amende qu'il plaira au tribunal, laquelle ne pourra être moindre de cent francs, et sans préjudice, s'il y a lieu, de l'action du juge en réparation et dommages et intérêts, auquel cas il ne pourra demeurer juge. [Pr. 128, 314, 1029.]

591. Tout jugement sur récusation, même dans les matières où le tribunal de première instance juge en dernier ressort, sera susceptible d'appel : si néanmoins la partie soutient qu'attendu l'urgence il est nécessaire de procéder à une opération sans attendre que l'appel soit jugé, l'incident sera porté à l'audience sur un simple acte ; et le tribunal qui aura rejeté la récusation, pourra ordonner qu'il sera procédé à l'opération par un autre juge. [Pr. 387.]

592. Celui qui voudra appeler, sera tenu de le faire dans les cinq jours du jugement, par un acte au greffe, lequel sera motivé et contiendra énonciation du dépôt au greffe des pièces au soutien. [Pr. 395, 1033.]

593. L'expédition de l'acte de récusation, de la déclaration du juge, du jugement, de l'appel, et les pièces jointes, seront envoyées sous trois jours par le greffier, à la requête et aux frais de l'appelant, au greffier de la cour royale.

594. Dans les trois jours de la remise au greffier de la cour royale, il présentera lesdites pièces à la cour, laquelle indiquera le jour du jugement, et commettra l'un des juges ; sur son rapport et sur les conclusions du ministère public, il sera rendu à l'audience jugement, sans qu'il soit nécessaire d'appeler les parties.

595. Dans les vingt-quatre heures de l'expédition du jugement, le greffier de la cour royale renverra les pièces à lui adressées, au greffier du tribunal de première instance.

596. L'appelant sera tenu, dans le mois du jour du jugement de première instance qui aura rejeté sa récusation, de signifier aux parties le jugement sur l'appel, ou certificat du greffier de la cour royale, contenant que l'appel n'est pas jugé, et indication du jour déterminé par la cour : sinon le jugement qui aura rejeté la récusation, sera exécuté par provision ; et ce qui sera fait en conséquence sera valable, encore que la récusation fût admise sur l'appel. [T. 70.]

TITRE VINGT-DEUXIÈME.

De la Péremption.

397. Toute instance, encore qu'il n'y ait pas eu constitution d'avoué, sera éteinte par discontinuation de poursuites pendant trois ans.

Ce délai sera augmenté de six mois, dans tous les cas où il y aura lieu à demande en reprise d'instance, ou constitution de nouvel avoué. [Pr. 15, 156, 342, 1029.]

398. La péremption courra contre l'État, les établissements publics, et toutes personnes, même mineures, sauf leur recours contre les administrateurs et tuteurs.

399. La péremption n'aura pas lieu de droit ; elle se couvrira par les actes valables faits par l'une ou l'autre des parties avant la demande en péremption.

400. Elle sera demandée par requête d'avoué à avoué, à moins que l'avoué ne soit décédé, ou interdit, ou suspendu, depuis le moment où elle a été acquise.

401. La péremption n'éteint pas l'action ; elle emporte seulement extinction de la procédure, sans qu'on puisse, dans aucun cas, opposer aucun des actes de la procédure éteinte, ni s'en prévaloir. [Pr. 469.]

En cas de péremption, le demandeur principal est condamné à tous les frais de la procédure périmée.

TITRE VINGT-TROISIÈME.

Du Désistement.

402. Le désistement peut être fait et accepté par de simples actes signés des parties ou de leurs mandataires, et signifiés d'avoué à avoué. [Pr. 352 s. — C. 1987. — T. 71.]

403. Le désistement, lorsqu'il aura été accepté, emportera de plein droit consentement que les choses soient remises de part et d'autre au même état qu'elles étaient avant la demande.

Il emportera également soumission de payer les frais, au paiement desquels la partie qui se sera désistée sera contrainte, sur simple ordonnance du président mise au bas de la taxe, parties présentes, ou appelées par acte d'avoué à avoué. [Pr. 130, 543 s. — —T. 70, 76.]

Cette ordonnance, si elle émane d'un tribunal de première instance, sera exécutée nonobstant opposition ou appel; elle sera exécutée nonobstant opposition, si elle émane d'une cour royale.

TITRE VINGT-QUATRIÈME.

Des Matières sommaires.

404. Seront réputés matières sommaires, et instruits comme tels,

Les appels des juges de paix;

Les demandes pures personnelles, à quelque somme qu'elles puissent monter, quand il y a titre, pourvu qu'il ne soit pas contesté;

Les demandes formées sans titre, lorsqu'elles n'excèdent pas mille francs;

Les demandes provisoires ou qui requièrent célérité;

Les demandes en paiement de loyers et fermages et arrérages de rentes.

405. Les matières sommaires seront jugées à l'audience, après les délais de la citation échus, sur un simple acte, sans autre procédures ni formalités. [Pr. 82. — T. 67.]

406. Les demandes incidentes et les interventions seront formées par requête d'avoué, qui ne pourra contenir que des conclusions motivées. [Pr. 337 s. 339 s.]

407. S'il y a lieu à enquête, le jugement qui l'ordonnera contiendra les faits, sans qu'il soit besoin de les articuler préalablement, et fixera les jour et heure où les témoins seront entendus à l'audience. [Pr. 34 s. 252 s. 432.]

408. Les témoins seront assignés au moins un jour avant celui de l'audition. [Pr. 260, 413.]

409. Si l'une des parties demande prorogation, l'incident sera jugé sur-le-champ. [Pr. 279.]

410. Lorsque le jugement ne sera pas susceptible d'appel, il ne sera point dressé procès-verbal de l'enquête; il sera seulement fait mention, dans le jugement, des noms des témoins, et du résultat de leurs dépositions. [Pr. 40, 262.]

411. Si le jugement est susceptible d'appel, il sera dressé procès-verbal qui contiendra les serments des témoins, leur déclaration s'ils sont parents, alliés, serviteurs ou domestiques des parties, les reproches qui auraient été formés contre eux, et le résultat de leurs dépositions. [Pr. 39, 262, 269.]

412. Si les témoins sont éloignés ou empêchés, le tribunal pourra commettre le tribunal ou le juge de paix de leur résidence : dans ce cas, l'enquête sera rédigée par écrit; il en sera dressé procès-verbal. [Pr. 266, 1035.]

413. Seront observées en la confection des enquêtes sommaires les dispositions du titre XII, *des Enquêtes,* relatives aux formalités ci-après :

La copie aux témoins, du dispositif du jugement par lequel ils sont appelés; [Pr. 260.]

Copie à la partie, des noms des témoins; [Pr. 261.]

L'amende et les peines contre les témoins défaillants; [Pr. 263 s.]

La prohibition d'entendre les conjoints des parties, les parents et alliés en ligne directe; [Pr. 268.]

Les reproches par la partie présente, la manière de les juger, les interpellations aux témoins, la taxe; [Pr. 270, 273, 277, 282 s.]

Le nombre des témoins dont les voyages passent en taxe ; [Pr. 281.]

La faculté d'entendre les individus âgés de moins de quinze ans révolus. [Pr. 285.]

TITRE VINGT-CINQUIÈME.

Procédure devant les Tribunaux de Commerce.

414. La procédure devant les tribunaux de commerce se fait sans le ministère d'avoués. [Co. 627, 642, 643.]

415. Toute demande doit y être formée par exploit d'ajournement, suivant les formalités ci-dessus prescrites au titre *des Ajournements.* [Pr. 59 s. — T. 29.]

416. Le délai sera au moins d'un jour. [Pr. 1033.]

417. Dans les cas qui requerront célérité, le président du tribunal pourra permettre d'assigner, même de jour à jour et d'heure à heure, et de saisir les effets mobiliers : il pourra, suivant l'exigence des cas, assujettir le demandeur à donner caution, ou à justifier de solvabilité suffisante. Ses ordonnances seront exécutoires nonobstant opposition ou appel.

418. Dans les affaires maritimes où il existe des parties non

domiciliées, et dans celles où il s'agit d'agrès, victuailles, équipages et radoubs de vaisseaux prêts à mettre à la voile, et autres matières urgentes et provisoires, l'assignation de jour à jour ou d'heure à heure pourra être donnée sans ordonnance, et le défaut pourra être jugé sur-le-champ.

419. Toutes assignations données à bord à la personne assignée seront valables. [Pr. 68.]

420. Le demandeur pourra assigner, à son choix,

Devant le tribunal du domicile du défendeur; [C. 111.]

Devant celui dans l'arrondissement duquel la promesse a été faite et la marchandise livrée;

Devant celui dans l'arrondissement duquel le paiement devait être effectué.

421. Les parties seront tenues de comparaître en personne, ou par le ministère d'un fondé de procuration spéciale.

422. Si les parties comparaissent, et qu'à la première audience il n'intervienne pas jugement définitif, les parties non domiciliées dans le lieu où siége le tribunal seront tenues d'y faire l'élection d'un domicile.

L'élection de domicile doit être mentionnée sur le plumitif de l'audience; à défaut de cette élection, toute signification, même celle du jugement définitif, sera faite valablement au greffe du tribunal.

423. Les étrangers demandeurs ne peuvent être obligés, en matière de commerce, à fournir une caution de payer les frais et dommages-intérêts auxquels ils pourront être condamnés, même lorsque la demande est portée devant un tribunal civil dans les lieux où il n'y a pas de tribunal de commerce. [Pr. 166 s. — C. 16.]

424. Si le tribunal est incompétent à raison de la matière, il renverra les parties, encore que le déclinatoire n'ait pas été proposé.

Le déclinatoire pour toute autre cause ne pourra être proposé que préalablement à toute autre défense. [Pr. 168 s.]

425. Le même jugement pourra, en rejetant le déclinatoire, statuer sur le fond, mais par deux dispositions distinctes, l'une sur la compétence, l'autre sur le fond; les dispositions sur la compétence pourront toujours être attaquées par la voie de l'appel. [Pr. 172, 454.]

426. Les veuves et héritiers des justiciables du tribunal de

commerce y seront assignés en reprise, ou par action nouvelle, sauf, si les qualités sont contestées, à les renvoyer aux tribunaux ordinaires pour y être réglés, et ensuite être jugés sur le fond au tribunal de commerce. [Pr. 342 s.]

427. Si une pièce produite est méconnue, déniée ou arguée de faux, et que la partie persiste à s'en servir, le tribunal renverra devant les juges qui doivent en connaître, et il sera sursis au jugement de la demande principale. [Pr. 214 s.]

Néanmoins, si la pièce n'est relative qu'à un des chefs de la demande, il pourra être passé outre au jugement des autres chefs.

428. Le tribunal pourra, dans tous les cas, ordonner, même d'office, que les parties seront entendues en personne, à l'audience ou dans la chambre, et, s'il y a empêchement légitime, commettre un des juges, ou même un juge de paix, pour les entendre, lequel dressera procès-verbal de leurs déclarations.

429. S'il y a lieu à renvoyer les parties devant des arbitres, pour examen de comptes, pièces et registres, il sera nommé un ou trois arbitres pour entendre les parties, et les concilier, si faire se peut, sinon donner leur avis. [Co. 51 s.]

S'il y a lieu à visite ou estimation d'ouvrages ou marchandises, il sera nommé un ou trois experts. [Pr. 303 s.]

Les arbitres et les experts seront nommés d'office par le tribunal, à moins que les parties n'en conviennent à l'audience. [T. 29.]

430. La récusation ne pourra être proposée que dans les trois jours de la nomination. [Pr. 308 s.]

431. Le rapport des arbitres et experts sera déposé au greffe du tribunal. [Pr. 319. — Co. 61.]

432. Si le tribunal ordonne la preuve par témoins, il y sera procédé dans les formes ci-dessus prescrites pour les enquêtes sommaires. Néanmoins, dans les causes sujettes à appel, les dépositions seront rédigées par écrit par le greffier, et signées par le témoin ; en cas de refus, mention en sera faite. [Pr. 407, 410 s. 782. — C. 1341. — Co. 509.]

433. Seront observées, dans la rédaction et l'expédition des jugements, les formes prescrites dans les art. 141 et 146 pour les tribunaux de première instance. [Pr. 545.]

434. Si le demandeur ne se présente pas, le tribunal donnera défaut, et renverra le défendeur de la demande.

Si le défendeur ne comparaît pas, il sera donné défaut, et les conclusions du demandeur seront adjugées, si elles se trouvent justes et bien vérifiées. [Pr. 149.]

435. Aucun jugement par défaut ne pourra être signifié que par un huissier commis à cet effet par le tribunal ; la signification contiendra, à peine de nullité, élection de domicile dans la commune où elle se fait, si le demandeur n'y est domicilié. [Pr. 156.]

Le jugement sera exécutoire un jour après la signification et jusqu'à l'opposition. [T. 29.]

436. L'opposition ne sera plus recevable après la huitaine du jour de la signification. [Co. 643. — T. 29.]

437. L'opposition contiendra les moyens de l'opposant, et assignation dans le délai de la loi ; elle sera signifiée au domicile élu. [T. 29.]

438. L'opposition faite à l'instant de l'exécution, par déclaration sur le procès-verbal de l'huissier, arrêtera l'exécution ; à la charge, par l'opposant, de la réitérer dans les trois jours par exploit contenant assignation ; passé lequel délai, elle sera censée non avenue. [Pr. 162.]

439. Les tribunaux de commerce pourront ordonner l'exécution provisoire de leurs jugements, nonobstant l'appel, et sans caution, lorsqu'il y aura titre non attaqué, ou condamnation précédente dont il n'y aura pas d'appel : dans les autres cas, l'exécution provisoire n'aura lieu qu'à la charge de donner caution, ou de justifier de solvabilité suffisante. [Pr. 135. — T. 29.]

440. La caution sera présentée par acte signifié au domicile de l'appelant, s'il demeure dans le lieu où siége le tribunal, sinon au domicile par lui élu en exécution de l'article 422, avec sommation à jour et heure fixes de se présenter au greffe pour prendre communication, sans déplacement, des titres de la caution, s'il est ordonné qu'elle en fournira, et à l'audience, pour voir prononcer sur l'admission, en cas de contestation. [Pr. 517 s. — C. 2011 s. 2040. — T. 29.]

441. Si l'appelant ne comparaît pas, ou ne conteste point la caution, elle fera sa soumission au greffe ; s'il conteste, il sera statué au jour indiqué par la sommation : dans tous les cas, le jugement sera exécutoire, nonobstant opposition ou appel. [Pr. 519. — T. 29.]

442. Les tribunaux de commerce ne connaîtront point de l'exécution de leurs jugements. [Pr. 553.]

LIVRE TROISIÈME.

DES COURS ROYALES.

(Décrété le 17 avril 1806. Promulgué le 27.)

TITRE UNIQUE.

De l'Appel, et de l'Instruction sur l'Appel.

443. Le délai pour interjeter appel sera de trois mois : il courra, pour les jugements contradictoires, du jour de la signification à personne ou domicile ;

Pour les jugements par défaut, du jour où l'opposition ne sera plus recevable. [Pr. 1033.]

L'intimé pourra néanmoins interjeter incidemment appel en tout état de cause, quand même il aurait signifié le jugement sans protestation.

444. Ces délais emporteront déchéance : ils courront contre toutes parties, sauf le recours contre qui de droit; mais ils ne courront contre le mineur non émancipé, que du jour où le jugement aura été signifié tant au tuteur qu'au subrogé tuteur, encore que ce dernier n'ait pas été en cause. [Pr. 132, 1029. —C. 420, 450.]

445. Ceux qui demeurent hors de la France continentale auront, pour interjeter appel, outre le délai de trois mois depuis la signification du jugement, le délai des ajournements réglé par l'art. 73 ci-dessus. [Pr. 1033.]

446. Ceux qui sont absents du territoire européen du royaume pour service de terre ou de mer, ou employés dans les négociations extérieures pour le service de l'État, auront, pour interjeter appel, outre le délai de trois mois depuis la signification du jugement, le délai d'une année. [Pr. 485.]

447. Les délais de l'appel seront suspendus par la mort de la partie condamnée. [Pr. 344, 487.]

Ils ne reprendront leur cours qu'après la signification du jugement faite au domicile du défunt, avec les formalités prescrites en l'art. 61, et à compter de l'expiration des délais pour faire inventaire et délibérer, si le jugement a été signifié avant que ces derniers délais fussent expirés.

Cette signification pourra être faite aux héritiers collective-ment, et sans désignation des noms et qualités. [T. 29.]

448. Dans le cas où le jugement aurait été rendu sur une pièce fausse, ou si la partie avait été condamnée faute de représenter une pièce décisive qui était retenue par son adversaire, les dé-lais de l'appel ne courront que du jour où le faux aura été reconnu ou juridiquement constaté, ou que la pièce aura été recouvrée, pourvu que, dans ce dernier cas, il y ait preuve par écrit du jour où la pièce a été recouvrée, et non autrement. [Pr. 240, 250, 480, 488.]

449. Aucun appel d'un jugement non exécutoire par provi-sion ne pourra être interjeté dans la huitaine, à dater du jour du jugement; les appels interjetés dans ce délai seront déclarés non recevables, sauf à l'appelant à les réitérer, s'il est encore dans le délai. [Pr. 135, 455, 809.—Co. 645.]

450. L'exécution des jugements non exécutoires par provision sera suspendue pendant ladite huitaine. [Pr. 157.—I. 203.]

451. L'appel d'un jugement préparatoire ne pourra être interjeté qu'après le jugement définitif et conjointement avec l'appel de ce jugement, et le délai de l'appel ne courra que du jour de la signification du jugement définitif : cet appel sera recevable, encore que le jugement préparatoire ait été exécuté sans réserves.

L'appel d'un jugement interlocutoire pourra être interjeté avant le jugement définitif; il en sera de même des jugements qui au-raient accordé une provision. [Pr. 31.]

452. Sont réputés préparatoires les jugements rendus pour l'instruction de la cause, et qui tendent à mettre le procès en état de recevoir jugement définitif. [C. 302, 325.]

Sont réputés interlocutoires les jugements rendus lorsque le tribunal ordonne, avant dire droit, une preuve, une vérification, ou une instruction qui préjuge le fond. [Pr. 254, 295.]

453. Seront sujets à l'appel les jugements qualifiés en dernier ressort, lorsqu'ils auront été rendus par des juges qui ne pou-vaient prononcer qu'en première instance.

Ne seront recevables les appels des jugements rendus sur des matières dont la connaissance en dernier ressort appartient aux premiers juges, mais qu'ils auraient omis de qualifier, ou qu'ils auraient qualifiés en premier ressort. [Pr. 391.]

454. Lorsqu'il s'agira d'incompétence, l'appel sera recevable encore que le jugement ait été qualifié en dernier ressort. [Pr. 168, 376, 425.]

455. Les appels des jugements susceptibles d'opposition ne seront point recevables pendant la durée du délai pour l'opposition. [Pr. 20 , 157 s. 449, 809.]

456. L'acte d'appel contiendra assignation dans les délais de la loi, et sera signifié à personne ou domicile, à peine de nullité. [Pr. 72, 173, 443, 726, 734, 1029, 1033. — T. 29.]

457. L'appel des jugements définitifs ou interlocutoires sera suspensif, si le jugement ne prononce pas l'exécution provisoire dans les cas où elle est autorisée. [Pr. 135 s. 376.]

L'exécution des jugements mal à propos qualifiés en dernier ressort ne pourra être suspendue qu'en vertu de défenses obtenues par l'appelant, à l'audience de la cour royale, sur assignation à bref délai. [Pr. 453.]

A l'égard des jugements non qualifiés, ou qualifiés en premier ressort, et dans lesquels les juges étaient autorisés à prononcer en dernier ressort, l'exécution provisoire pourra en être ordonnée par la cour royale, à l'audience et sur un simple acte. [T. 148.]

458. Si l'exécution provisoire n'a pas été prononcée dans les cas où elle est autorisée, l'intimé pourra, sur un simple acte, la faire ordonner à l'audience, avant le jugement de l'appel. [Pr. 135. — T. 148.]

459. Si l'exécution provisoire a été ordonnée hors des cas prévus par la loi, l'appelant pourra obtenir des défenses à l'audience, sur assignation à bref délai, sans qu'il puisse en être accordé sur requête non communiquée. [T. 148.]

460. En aucun autre cas, il ne pourra être accordé des défenses, ni être rendu aucun jugement tendant à arrêter directement ou indirectement l'exécution du jugement, à peine de nullité. [Pr. 478, 497.]

461. Tout appel, même de jugement rendu sur instruction par écrit, sera porté à l'audience ; sauf à la cour à ordonner l'instruction par écrit, s'il y a lieu. [Pr. 95, 809.]

462. Dans la huitaine de la constitution d'avoué par l'intimé, l'appelant signifiera ses griefs contre le jugement. L'intimé répondra dans la huitaine suivante. L'audience sera poursuivie sans autre procédure. [Pr. 1031.]

463. Les appels de jugements rendus en matière sommaire

seront portés à l'audience sur simple acte, et sans autre procédure. Il en sera de même de l'appel des autres jugements, lorsque l'intimé n'aura pas comparu. [Pr. 82, 404 s.]

464. Il ne sera formé, en cause d'appel, aucune nouvelle demande, à moins qu'il ne s'agisse de compensation, ou que la demande nouvelle ne soit la défense à l'action principale. [C. 1289 s.]

Pourront aussi les parties demander des intérêts, arrérages, loyers et autres accessoires échus depuis le jugement de première instance, et les dommages et intérêts pour le préjudice souffert depuis ledit jugement. [C. 547 s. 1146 s. 1728, 1905 s.]

465. Dans les cas prévus par l'article précédent, les nouvelles demandes et les exceptions du défendeur ne pourront être formées que par de simples actes de conclusions motivées.

Il en sera de même, dans les cas où les parties voudraient changer ou modifier leurs conclusions.

Toute pièce d'écriture qui ne sera que la répétition des moyens ou exceptions déjà employés par écrit, soit en première instance, soit sur l'appel, ne passera point en taxe.

Si la même pièce contient à la fois et de nouveaux moyens ou exceptions, et la répétition des anciens, on n'allouera en taxe que la partie relative aux nouveaux moyens ou exceptions. [Pr. 1031.]

466. Aucune intervention ne sera reçue, si ce n'est de la part de ceux qui auraient droit de former tierce opposition. [Pr. 339 s. 474 s. — C. 882, 1167, 1447.]

467. S'il se forme plus de deux opinions, les juges plus faibles en nombre seront tenus de se réunir à l'une des deux opinions qui auront été émises par le plus grand nombre. [Pr. 117.]

468. En cas de partage dans une cour royale, on appellera, pour le vider, un au moins ou plusieurs des juges qui n'auront pas connu de l'affaire, et toujours en nombre impair, en suivant l'ordre du tableau : l'affaire sera de nouveau plaidée, ou de nouveau rapportée s'il s'agit d'une instruction par écrit. [Pr. 118.]

Dans les cas où tous les juges auraient connu de l'affaire, il sera appelé, pour le jugement, trois anciens jurisconsultes.

469. La péremption en cause d'appel aura l'effet de donner au jugement dont est appel la force de chose jugée. [Pr. 397 s.]

470. Les autres règles établies pour les tribunaux inférieurs seront observées dans les cours royales. [Pr. 85 s.]

471. L'appelant qui succombera sera condamné à une amende de cinq francs, s'il s'agit du jugement d'un juge de paix, et de dix francs sur l'appel d'un jugement de tribunal de première instance ou de commerce. [Pr. 1029. — T. 90.]

472. Si le jugement est confirmé, l'exécution appartiendra au tribunal dont est appel : si le jugement est infirmé, l'exécution, entre les mêmes parties, appartiendra à la cour royale qui aura prononcé, ou à un autre tribunal qu'elle aura indiqué par le même arrêt ; sauf les cas de la demande en nullité d'emprisonnement, en expropriation forcée, et autres dans lesquels la loi attribue juridiction.

473. Lorsqu'il y aura appel d'un jugement interlocutoire, si le jugement est infirmé, et que la matière soit disposée à recevoir une décision définitive, les cours royales et autres tribunaux d'appel pourront statuer en même temps sur le fond définitivement, par un seul et même jugement.

Il en sera de même dans les cas où les cours royales ou autres tribunaux d'appel infirmeraient, soit pour vice de forme, soit pour toute autre cause, des jugements définitifs.

LIVRE QUATRIÈME.

DES VOIES EXTRAORDINAIRES POUR ATTAQUER LES JUGEMENTS.

(*Suite* du décret du 17 avril 1806.)

TITRE PREMIER.

De la tierce Opposition.

474. Une partie peut former tierce opposition à un jugement qui préjudicie à ses droits, et lors duquel, ni elle ni ceux qu'elle représente, n'ont été appelés. [Pr. 873. — C. 1351.]

475. La tierce opposition formée par action principale sera portée au tribunal qui aura rendu le jugement attaqué.

La tierce opposition incidente à une contestation dont un tribunal est saisi, sera formée par requête à ce tribunal, s'il est égal ou supérieur à celui qui a rendu le jugement. [Pr. 337. — T. 75.]

476. S'il n'est égal ou supérieur, la tierce opposition inci-

dente sera portée, par action principale, au tribunal qui aura rendu le jugement.

477. Le tribunal devant lequel le jugement attaqué aura été produit pourra, suivant les circonstances, passer outre ou surseoir.

478. Les jugements passés en force de chose jugée, portant condamnation à délaisser la possession d'un héritage, seront exécutés contre les parties condamnées, nonobstant la tierce opposition et sans y préjudicier. [C. 1351.]

Dans les autres cas, les juges pourront, suivant les circonstances, suspendre l'exécution du jugement.

479. La partie dont la tierce opposition sera rejetée, sera condamnée à une amende qui ne pourra être moindre de cinquante francs, sans préjudice des dommages et intérêts de la partie, s'il y a lieu. [Pr. 1029. — C. 1146 s.]

TITRE DEUXIÈME.

De la Requête civile.

480. Les jugements contradictoires rendus en dernier ressort par les tribunaux de première instance et les cours royales, et les jugements par défaut rendus aussi en dernier ressort, et qui ne sont plus susceptibles d'opposition, pourront être rétractés, sur la requête de ceux qui auront été parties ou dûment appelés, pour les causes ci-après : [Pr. 497, 503.]

1° S'il y a eu dol personnel ; [Pr. 488. — C. 1116.]

2° Si les formes prescrites à peine de nullité ont été violées, soit avant, soit lors des jugements, pourvu que la nullité n'ait pas été couverte par les parties ; [Pr. 173, 1029.]

3° S'il a été prononcé sur choses non demandées ;

4° S'il a été adjugé plus qu'il n'a été demandé ;

5° S'il a été omis de prononcer sur l'un des chefs de demande ;

6° S'il y a contrariété de jugements en dernier ressort, entre les mêmes parties et sur les mêmes moyens, dans les mêmes cours ou tribunaux ; [Pr. 489, 501, 504.]

7° Si, dans un même jugement, il y a des dispositions contraires ;

8° Si, dans les cas où la loi exige la communication au ministère public, cette communication n'a pas eu lieu, et que le jugement ait été rendu contre celui pour qui elle était ordonnée ; [Pr. 83.]

9° Si l'on a jugé sur pièces reconnues ou déclarées fausses depuis le jugement; [Pr. 488.]

10° Si, depuis le jugement, il a été recouvré des pièces décisives, et qui avaient été retenues par le fait de la partie. [Pr. 483. — C. 2057.]

481. L'État, les communes, les établissements publics et les mineurs, seront encore reçus à se pourvoir, s'ils n'ont été défendus, ou s'ils ne l'ont été valablement. [Pr. 83.]

482. S'il n'y a ouverture que contre un chef de jugement, il sera seul rétracté, à moins que les autres n'en soient dépendants.

483. La requête civile sera signifiée avec assignation, dans les trois mois, à l'égard des majeurs, du jour de la signification à personne ou domicile, du jugement attaqué. [Pr. 492, 1033.— T. 78.]

484. Le délai de trois mois ne courra contre les mineurs que du jour de la signification du jugement, faite depuis leur majorité, à personne ou domicile.

485. Lorsque le demandeur sera absent du territoire européen du royaume pour un service de terre ou de mer, ou employé dans les négociations extérieures pour le service de l'État, il aura, outre le délai ordinaire de trois mois depuis la signification du jugement, le délai d'une année. [Pr. 446.]

486. Ceux qui demeurent hors de la France continentale auront, outre le délai de trois mois depuis la signification du jugement, le délai des ajournements réglé par l'art. 73 ci-dessus.

487. Si la partie condamnée est décédée dans les délais ci-dessus fixés pour se pourvoir, ce qui en restera à courir ne commencera, contre la succession, que dans les délais et de la manière prescrits en l'art. 447 ci-dessus. [Pr. 344.]

488. Lorsque les ouvertures de requête civile seront le faux, le dol, ou la découverte de pièces nouvelles, les délais ne courront que du jour où, soit le faux, soit le dol, auront été reconnus, ou les pièces découvertes; pourvu que, dans ces deux derniers cas, il y ait preuve par écrit du jour, et non autrement. [Pr. 448. — C. 2057.]

489. S'il y a contrariété de jugements, le délai courra du jour de la signification du dernier jugement. [Pr. 501, 504.]

490. La requête civile sera portée au même tribunal où le jugement attaqué aura été rendu; il pourra y être statué par les mêmes juges. [P. 475, 493, 502.]

491. Si une partie veut attaquer par la requête civile un jugement produit dans une cause pendante en un tribunal autre que celui qui l'a rendu, elle se pourvoira devant le tribunal qui a rendu le jugement attaqué ; et le tribunal saisi de la cause dans laquelle il est produit, pourra, suivant les circonstances, passer outre ou surseoir. [Pr. 477.]

492. La requête civile sera formée par assignation au domicile de l'avoué de la partie qui a obtenu le jugement attaqué, si elle est formée dans les six mois de la date du jugement ; après ce délai, l'assignation sera donnée au domicile de la partie. [Pr. 344, 483.—T. 78.]

493. Si la requête civile est formée incidemment devant un tribunal compétent pour en connaître, elle le sera par requête d'avoué à avoué ; mais si elle est incidente à une contestation portée dans un autre tribunal que celui qui a rendu le jugement, elle sera formée par assignation devant les juges qui ont rendu le jugement. [Pr. 337 s. 475, 490 s. 496, 502, 1033. — T. 75.]

494. La requête civile d'aucune partie autre que celle qui stipule les intérêts de l'État, ne sera reçue, si, avant que cette requête ait été présentée, il n'a été consigné une somme de trois cents francs pour amende, et cent cinquante francs pour les dommages-intérêts de la partie, sans préjudice de plus amples dommages-intérêts, s'il y a lieu : la consignation sera de moitié, si le jugement est par défaut ou par forclusion, et du quart, s'il s'agit de jugements rendus par les tribunaux de première instance. [C. 1146 s. — T. 90.]

495. La quittance du receveur sera signifiée en tête de la demande, ainsi qu'une consultation de trois avocats exerçant depuis dix ans au moins près un des tribunaux du ressort de la cour royale dans lequel le jugement a été rendu.

La consultation contiendra déclaration qu'ils sont d'avis de la requête civile, et elle en énoncera aussi les ouvertures ; sinon la requête ne sera pas reçue. [Pr. 499.—T. 140.]

496. Si la requête civile est signifiée dans les six mois de la date du jugement, l'avoué de la partie qui a obtenu le jugement, sera constitué de droit sans nouveau pouvoir.

497. La requête civile n'empêchera pas l'exécution du jugement attaqué ; nulles défenses ne pourront être accordées : celui qui aura été condamné à délaisser un héritage ne sera reçu à plaider sur la requête civile qu'en rapportant la preuve de l'exécution du jugement au principal. [Pr. 460, 478.]

498. Toute requête civile sera communiquée au ministère public. [Pr. 83 s.]

499. Aucun moyen autre que les ouvertures de requête civile énoncées en la consultation, ne sera discuté à l'audience ni par écrit. [Pr. 495.]

500. Le jugement qui rejettera la requête civile condamnera le demandeur à l'amende et aux dommages-intérêts ci-dessus fixés, sans préjudice de plus amples dommages-intérêts, s'il y a lieu. [Pr. 494, 1029.—C. 1146 s.]

501. Si la requête civile est admise, le jugement sera rétracté, et les parties seront remises au même état où elles étaient avant ce jugement; les sommes consignées seront rendues, et les objets des condamnations qui auront été perçus en vertu du jugement rétracté, seront restitués.

Lorsque la requête civile aura été entérinée pour raison de contrariété de jugements, le jugement qui entérinera la requête civile ordonnera que le premier jugement sera exécuté selon sa forme et teneur. [Pr. 489.—T. 90.]

502. Le fond de la contestation sur laquelle le jugement rétracté aura été rendu sera porté au même tribunal qui aura statué sur la requête civile. [Pr. 490, 493.]

503. Aucune partie ne pourra se pourvoir en requête civile, soit contre le jugement déjà attaqué par cette voie, soit contre le jugement qui l'aura rejetée, soit contre celui rendu sur le rescisoire, à peine de nullité et de dommages-intérêts, même contre l'avoué qui, ayant occupé sur la première demande, occuperait sur la seconde. [Pr. 1029 s.]

504. La contrariété de jugements rendus en dernier ressort, entre les mêmes parties et sur les mêmes moyens en différents tribunaux, donne ouverture à cassation; et l'instance est formée et jugée conformément aux lois qui sont particulières à la cour de cassation.

TITRE TROISIÈME.

De la Prise à partie.

505. Les juges peuvent être pris à partie dans les cas suivants : [Pr. 49, n° 7, 83.]

1° S'il y a dol, fraude ou concussion, qu'on prétendrait avoir été commis, soit dans le cours de l'instruction, soit lors des jugements ;

2° Si la prise à partie est expressément prononcée par la loi; [I. 77, 112, 164, 271, 593.]

3° Si la loi déclare les juges responsables, à peine de dommages et intérêts; [Pr. 15.—C. 2063.]

4° S'il y a déni de justice. [C. 4.—P. 183, 185.]

506. Il y a déni de justice, lorsque les juges refusent de répondre les requêtes ou négligent de juger les affaires en état et en tour d'être jugées. [P. 185.]

507. Le déni de justice sera constaté par deux réquisitions faites aux juges en la personne des greffiers, et signifiées de trois en trois jours au moins pour les juges de paix et de commerce, et de huitaine en huitaine au moins pour les autres juges : tout huissier requis sera tenu de faire ces réquisitions, à peine d'interdiction. [T. 29.]

508. Après les deux réquisitions, le juge pourra être pris à partie. [I. 479 s. 483 s.]

509. La prise à partie contre les juges de paix, contre les tribunaux de commerce ou de première instance, ou contre quelqu'un de leurs membres, et la prise à partie contre un conseiller à une cour royale ou à une cour d'assises, seront portées à la cour royale du ressort.

La prise à partie contre les cours d'assises, contre les cours royales ou l'une de leurs sections, sera portée à la haute-cour, conformément à l'art. 101 de l'acte du 18 mai 1804. [I. 479 s. 483.]

510. Néanmoins aucun juge ne pourra être pris à partie sans permission préalable du tribunal devant lequel la prise à partie sera portée.

511. Il sera présenté, à cet effet, une requête signée de la partie ou de son fondé de procuration authentique et spéciale, laquelle procuration sera annexée à la requête, ainsi que les pièces justificatives, s'il y en a, à peine de nullité.

512. Il ne pourra être employé aucun terme injurieux contre les juges, à peine, contre la partie, de telle amende, et contre son avoué, de telle injonction ou suspension qu'il appartiendra. [Pr. 1036.—P. 377.]

513. Si la requête est rejetée, la partie sera condamnée à une amende qui ne pourra être moindre de trois cents francs,

sans préjudice des dommages et intérêts envers les parties, s'il y a lieu. [Pr. 516, 1029.—C. 1146 s.]

514. Si la requête est admise, elle sera signifiée dans trois jours au juge pris à partie, qui sera tenu de fournir ses défenses dans la huitaine.

Il s'abstiendra de la connaissance du différend; il s'abstiendra même, jusqu'au jugement définitif de la prise à partie, de toutes les causes que la partie, ou ses parents en ligne directe, ou son conjoint, pourront avoir dans son tribunal, à peine de nullité des jugements. [Pr. 378 s. —T. 29, 75.]

515. La prise à partie sera portée à l'audience sur un simple acte, et sera jugée par une autre section que celle qui l'aura admise; si la cour royale n'est composée que d'une section, le jugement de la prise à partie sera renvoyé à la cour royale la plus voisine par la cour de cassation. [Pr. 82, 168 s.]

516. Si le demandeur est débouté, il sera condamné à une amende qui ne pourra être moindre de trois cents francs, sans préjudice des dommages-intérêts envers les parties, s'il y a lieu. [Pr. 513, 1029.]

LIVRE CINQUIÈME.

DE L'EXÉCUTION DES JUGEMENTS.

(Décrété le 21 avril 1806. Promulgué le 1er mai.)

TITRE PREMIER.

Des Réceptions de Cautions.

517. Le jugement qui ordonnera de fournir caution fixera le délai dans lequel elle sera présentée, et celui dans lequel elle sera acceptée ou contestée. [Pr. 1035. — C. 2040 s.]

518. La caution sera présentée par exploit signifié à la partie, si elle n'a point d'avoué, et par acte d'avoué, si elle en a constitué, avec copie de l'acte de dépôt qui sera fait au greffe, des titres qui constatent la solvabilité de la caution, sauf le cas où la loi n'exige pas que la solvabilité soit établie par titres. [Pr. 440 s. 993. — T. 71, 91.]

519. La partie pourra prendre au greffe communication des

titres; si elle accepte la caution, elle le déclarera par un simple acte : dans ce cas, ou si la partie ne conteste pas dans le délai, la caution fera au greffe sa soumission, qui sera exécutoire sans jugement, même pour la contrainte par corps, s'il y a lieu à contrainte. [T. 71 , 91.]

520. Si la partie conteste la caution dans le délai fixé par le jugement, l'audience sera poursuivie sur un simple acte. [Pr. 82. — T. 71.]

521. Les réceptions de caution seront jugées sommairement, sans requête ni écritures; le jugement sera exécuté nonobstant appel. [Pr. 404 s.]

522. Si la caution est admise, elle fera sa soumission, conformément à l'art. 519 ci-dessus. [T. 91.]

TITRE DEUXIÈME.

De la Liquidation des Dommages-Intérêts.

523. Lorsque l'arrêt ou le jugement n'aura pas fixé les dommages-intérêts, la déclaration en sera signifiée à l'avoué du défendeur, s'il en a été constitué; et les pièces seront communiquées sur récépissé de l'avoué, ou par la voie du greffe. [Pr. 128. — C. 1146 s. — T. 91, 141.]

524. Le défendeur sera tenu, dans les délais fixés par les art. 97 et 98, et sous les peines y portées, de remettre lesdites pièces, et, huitaine après l'expiration desdits délais, de faire ses offres au demandeur, de la somme qu'il avisera pour les dommages-intérêts; sinon, la cause sera portée sur un simple acte à l'audience; et il sera condamné à payer le montant de la déclaration, si elle est trouvée juste et bien vérifiée. [Pr. 126, 812 s. — C. 1257 s. — T. 71, 142.]

525. Si les offres contestées sont jugées suffisantes, le demandeur sera condamné aux dépens, du jour des offres. [Pr. 130. — C. 1260.]

TITRE TROISIÈME.

De la Liquidation des Fruits.

526. Celui qui sera condamné à restituer des fruits, en rendra compte dans la forme ci-après, et il sera procédé comme sur les autres comptes rendus en justice. [Pr. 129, 527 s. 551.]

TITRE QUATRIÈME.

Des Redditions de Comptes.

527. Les comptables commis par justice seront poursuivis devant les juges qui les auront commis ; les tuteurs, devant les juges du lieu où la tutelle a été déférée ; tous autres comptables, devant les juges de leur domicile.

528. En cas d'appel d'un jugement qui aurait rejeté une demande en reddition de compte, l'arrêt infirmatif renverra, pour la reddition et le jugement du compte, au tribunal où la demande avait été formée, ou à tout autre tribunal de première instance que l'arrêt indiquera.

Si le compte a été rendu et jugé en première instance, l'exécution de l'arrêt infirmatif appartiendra à la cour qui l'aura rendu, ou à un autre tribunal qu'elle aura indiqué par le même arrêt. [Pr. 472 s.]

529. Les oyants qui auront le même intérêt, nommeront un seul avoué : faute de s'accorder sur le choix, le plus ancien occupera, et néanmoins chacun des oyants pourra en constituer un ; mais les frais occasionés par cette constitution particulière et faits tant activement que passivement, seront supportés par l'oyant. [Pr. 75, 536.]

530. Tout jugement portant condamnation de rendre compte fixera le délai dans lequel le compte sera rendu, et commettra un juge.

531. Si le préambule du compte, en y comprenant la mention de l'acte ou du jugement qui aura commis le rendant, et du jugement qui aura ordonné le compte, excède six rôles, l'excédant ne passera point en taxe. [T. 75.]

532. Le rendant n'emploiera pour dépenses communes que les frais de voyage, s'il y a lieu, les vacations de l'avoué qui aura mis en ordre les pièces du compte, les grosses et copies, les frais de présentation et affirmation. [T. 92.]

533. Le compte contiendra les recette et dépense effectives ; il sera terminé par la récapitulation de la balance desdites recette et dépense, sauf à faire un chapitre particulier des objets à recouvrer.

534. Le rendant présentera et affirmera son compte en personne ou par procureur spécial, dans le délai fixé, et au jour

indiqué par le juge-commissaire, les oyants présents, ou appelés à personne ou domicile, s'ils n'ont avoué, et par acte d'avoué, s'ils en ont constitué.

Le délai passé, le rendant y sera contraint par saisie et vente de ses biens jusqu'à concurrence d'une somme que le tribunal arbitrera; il pourra même y être contraint par corps, si le tribunal l'estime convenable.

535. Le compte présenté et affirmé, si la recette excède la dépense, l'oyant pourra requérir du juge-commissaire exécutoire de cet excédant, sans approbation du compte.

536. Après la présentation et affirmation, le compte sera signifié à l'avoué de l'oyant : les pièces justificatives seront cotées et paraphées par l'avoué du rendant; si elles sont communiquées sur récépissé, elles seront rétablies dans le délai qui sera fixé par le juge-commissaire, sous les peines portées par l'art. 107.

Si les oyants ont constitué avoués différents, la copie et la communication ci-dessus seront données à l'avoué plus ancien seulement, s'ils ont le même intérêt, et à chaque avoué, s'ils ont des intérêts différents.

S'il y a des créanciers intervenants, ils n'auront tous ensemble qu'une seule communication, tant du compte que des pièces justificatives, par les mains du plus ancien des avoués qu'ils auront constitués. [Pr. 339, 529. — T. 92.]

537. Les quittances de fournisseurs, ouvriers, maîtres de pension, et autres de même nature, produites comme pièces justificatives du compte, sont dispensées de l'enregistrement.

538. Aux jour et heure indiqués par le commissaire, les parties se présenteront devant lui pour fournir débats, soutènements et réponses sur son procès-verbal : si les parties ne se présentent pas, l'affaire sera portée à l'audience sur un simple acte. [T. 92.]

539. Si les parties ne s'accordent pas, le commissaire ordonnera qu'il en sera par lui fait rapport à l'audience, au jour qu'il indiquera; elles seront tenues de s'y trouver, sans aucune sommation. [Pr. 542.]

540. Le jugement qui interviendra sur l'instance de compte contiendra le calcul de la recette et des dépenses, et fixera le reliquat précis, s'il y en a aucun.

541. Il ne sera procédé à la révision d'aucun compte, sauf aux parties, s'il y a erreurs, omissions, faux ou doubles em-

plois, à en former leurs demandes devant les mêmes juges.
[C. 2058.]

542. Si l'oyant est défaillant, le commissaire fera son rapport au jour par lui indiqué : les articles seront alloués, s'ils sont justifiés; le rendant, s'il est reliquataire, gardera les fonds, sans intérêts; et s'il ne s'agit point d'un compte de tutelle, le comptable donnera caution, si mieux il n'aime consigner. [Pr. 517 s. 539, 816. — C. 474, 1257 s.]

TITRE CINQUIÈME.

De la Liquidation des Dépens et Frais.

543. La liquidation des dépens et frais sera faite, en matière sommaire, par le jugement qui les adjugera. [Pr. 130, 404 s.]

544. La manière de procéder à la liquidation des dépens et frais dans les autres matières sera déterminée par un ou plusieurs réglements d'administration publique, qui seront exécutoires le même jour que le présent Code, et qui, après trois ans au plus tard, seront présentés en forme de loi au corps législatif, avec les changements dont ils auront paru susceptibles.

TITRE SIXIÈME.

Règles générales sur l'Exécution forcée des Jugements et Actes.

545. Nul jugement ni acte ne pourront être mis à exécution, s'ils ne portent le même intitulé que les lois et ne sont terminés par un mandement aux officiers de justice, ainsi qu'il est dit art. 146. [*Charte*, 57.]

546. Les jugements rendus par les tribunaux étrangers, et les actes reçus par les officiers étrangers, ne seront susceptibles d'exécution en France, que de la manière et dans les cas prévus par les art. 2123 et 2128 du Code civil.

547. Les jugements rendus et les actes passés en France seront exécutoires dans tout le royaume, sans *visa* ni *pareatis*, encore que l'exécution ait lieu hors du ressort du tribunal par lequel les jugements ont été rendus ou dans le territoire duquel les actes ont été passés.

548. Les jugements qui prononceront une main-levée, une radiation d'inscription hypothécaire, un paiement, ou quelque autre chose à faire par un tiers ou à sa charge, ne seront exécutoires par les tiers ou contre eux, même après les délais de l'opposition ou de l'appel, que sur le certificat de l'avoué de la partie poursuivante, contenant la date de la signification du jugement faite au domicile de la partie condamnée, et sur l'attestation du greffier constatant qu'il n'existe contre le jugement ni opposition ni appel. [Pr. 147 s. 156, 163 s. — T. 90.]

549. A cet effet, l'avoué de l'appelant fera mention de l'appel, dans la forme et sur le registre prescrits par l'art. 163. [T. 90.]

550. Sur le certificat qu'il n'existe aucune opposition ni appel sur ce registre, les séquestres, conservateurs, et tous autres, seront tenus de satisfaire au jugement. [C. 1962, 2157 s.]

551. Il ne sera procédé à aucune saisie mobilière ou immobilière qu'en vertu d'un titre exécutoire, et pour choses liquides et certaines : si la dette exigible n'est pas d'une somme en argent, il sera sursis, après la saisie, à toutes poursuites ultérieures, jusqu'à ce que l'appréciation en ait été faite. [Pr. 543 s. 545 s. 559.]

552. La contrainte par corps, pour objet susceptible de liquidation, ne pourra être exécutée qu'après que la liquidation aura été faite en argent. [Pr. 126, 780 s. — C. 2059 s.]

553. Les contestations élevées sur l'exécution des jugements des tribunaux de commerce seront portées au tribunal de première instance du lieu où l'exécution se poursuivra. [Pr. 442.]

554. Si les difficultés élevées sur l'exécution des jugements ou actes requièrent célérité, le tribunal du lieu y statuera provisoirement, et renverra la connaissance du fond au tribunal d'exécution. [Pr. 72, 417, 794, 806 s.]

555. L'officier insulté dans l'exercice de ses fonctions dressera procès-verbal de rebellion; et il sera procédé suivant les règles établies par le Code d'instruction criminelle. [Pr. 785. — I. 554 s. — P. 209.]

556. La remise de l'acte ou du jugement à l'huissier vaudra pouvoir pour toutes exécutions autres que la saisie immobilière et l'emprisonnement, pour lesquels il sera besoin d'un pouvoir spécial. [Pr. 673 s. 780 s.]

TITRE SEPTIÈME.

Des Saisies - arrêts ou Oppositions.

557. Tout créancier peut, en vertu des titres authentiques ou privés, saisir - arrêter entre les mains d'un tiers les sommes et effets appartenant à son débiteur, ou s'opposer à leur remise. [T. 29.]

558. S'il n'y a pas de titres, le juge du domicile du débiteur, et même celui du domicile du tiers-saisi pourront, sur requête, permettre la saisie-arrêt et opposition. [T. 29, 77.]

559. Tout exploit de saisie-arrêt ou opposition, fait en vertu d'un titre, contiendra l'énonciation du titre et de la somme pour laquelle elle est faite : si l'exploit est fait en vertu de la permission du juge, l'ordonnance énoncera la somme pour laquelle la saisie - arrêt ou opposition est faite, et il sera donné copie de l'ordonnance en tête de l'exploit.

Si la créance pour laquelle on demande la permission de saisir-arrêter n'est pas liquide, l'évaluation provisoire en sera faite par le juge. [Pr. 551.]

L'exploit contiendra aussi élection de domicile dans le lieu où demeure le tiers-saisi, si le saisissant n'y demeure pas; le tout à peine de nullité. [T. 29.]

560. La saisie-arrêt ou opposition entre les mains de personnes non demeurant en France sur le continent, ne pourra point être faite au domicile des procureurs du Roi; elle devra être signifiée à personne ou à domicile.

561. La saisie-arrêt ou opposition formée entre les mains des receveurs, dépositaires ou administrateurs de caisses ou deniers publics, en cette qualité, ne sera point valable, si l'exploit n'est fait à la personne préposée pour le recevoir, et s'il n'est visé par elle sur l'original, ou en cas de refus, par le procureur du Roi. [Pr. 1039.]

562. L'huissier qui aura signé la saisie-arrêt ou opposition, sera tenu, s'il en est requis, de justifier de l'existence du saisissant à l'époque où le pouvoir de saisir a été donné, à peine d'interdiction, et des dommages et intérêts des parties. [Pr. 1029, 1031.]

563. Dans la huitaine de la saisie-arrêt ou opposition, outre un jour pour trois myriamètres de distance entre le domicile du

tiers-saisi et celui du saisissant, et un jour pour trois myriamètres de distance entre le domicile de ce dernier et celui du débiteur saisi, le saisissant sera tenu de dénoncer la saisie-arrêt ou opposition au débiteur saisi, et de l'assigner de validité. [Pr. 565 s. 1033. — T. 29.]

564. Dans un pareil délai, outre celui en raison des distances, à compter du jour de la demande en validité, cette demande sera dénoncée, à la requête du saisissant, au tiers-saisi, qui ne sera tenu de faire aucune déclaration avant que cette dénonciation lui ait été faite. [T. 29.]

565. Faute de demande en validité, la saisie ou opposition sera nulle : faute de dénonciation de cette demande au tiers-saisi, les paiements par lui faits jusqu'à la dénonciation seront valables.

566. En aucun cas il ne sera nécessaire de faire précéder la demande en validité par une citation en conciliation.

567. La demande en validité, et la demande en main-levée formée par la partie saisie, seront portées devant le tribunal du domicile de la partie saisie. [Pr. 59, 570.]

568. Le tiers-saisi ne pourra être assigné en déclaration, s'il n'y a titre authentique, ou jugement qui ait déclaré la saisie-arrêt ou l'opposition valable.

569. Les fonctionnaires publics dont il est parlé à l'art. 561, ne seront point assignés en déclaration; mais ils délivreront un certificat constatant s'il est dû à la partie saisie, et énonçant la somme, si elle est liquide. [Pr. 573. — T. 91.]

570. Le tiers-saisi sera assigné, sans citation préalable en conciliation, devant le tribunal qui doit connaître de la saisie; sauf à lui, si sa déclaration est contestée, à demander son renvoi devant son juge. [Pr. 567, 638. — T. 29, 75.]

571. Le tiers-saisi assigné fera sa déclaration, et l'affirmera au greffe, s'il est sur les lieux; sinon, devant le juge de paix de son domicile, sans qu'il soit besoin, dans ce cas, de réitérer l'affirmation au greffe. [Pr. 564, 577 s.]

572. La déclaration et l'affirmation pourront être faites par procuration spéciale.

573. La déclaration énoncera les causes et le montant de la dette; les paiements à compte, si aucuns ont été faits; l'acte ou les causes de libération, si le tiers-saisi n'est plus débiteur, et, dans tous les cas, les saisies-arrêts ou oppositions formées entre ses mains. [Pr. 569, 577 s. — T. 92.]

574. Les pièces justificatives de la déclaration seront annexées à cette déclaration ; le tout sera déposé au greffe, et l'acte de dépôt sera signifié par un seul acte contenant constitution d'avoué. [T. 70, 92.]

575. S'il survient de nouvelles saisies-arrêts ou oppositions, le tiers-saisi les dénoncera à l'avoué du premier saisissant, par extrait contenant les noms et élection de domicile des saisissants, et les causes des saisies-arrêts ou oppositions. [Pr. 569, 638, 817. — T. 70.]

576. Si la déclaration n'est pas contestée, il ne sera fait aucune autre procédure, ni de la part du tiers-saisi, ni contre lui.

577. Le tiers-saisi qui ne fera pas sa déclaration ou qui ne fera pas les justifications ordonnées par les articles ci-dessus, sera déclaré débiteur pur et simple des causes de la saisie.

578. Si la saisie-arrêt ou opposition est formée sur effets mobiliers, le tiers-saisi sera tenu de joindre à sa déclaration un état détaillé desdits effets. [T. 70.]

579. Si la saisie-arrêt ou opposition est déclarée valable, il sera procédé à la vente et distribution du prix, ainsi qu'il sera dit au titre *de la Distribution par contribution.* [Pr. 656 s.]

580. Les traitements et pensions dus par l'État ne pourront être saisis que pour la portion déterminée par les lois ou par les réglements et ordonnances royaux.

581. Seront insaisissables, 1° les choses déclarées insaisissables par la loi ; 2° les provisions alimentaires adjugées par justice ; 3° les sommes et objets disponibles déclarés insaisissables par le testateur ou donateur ; 4° les sommes et pensions pour aliments, encore que le testament ou l'acte de donation ne les déclare pas insaisissables. [Pr. 582, 592, 1004. — C. 203 s. 259, 268, 301, 1981.]

582. Les provisions alimentaires ne pourront être saisies que pour cause d'aliments ; les objets mentionnés aux nᵒˢ 3 et 4 du précédent article pourront être saisis par des créanciers postérieurs à l'acte de donation ou à l'ouverture du legs, et ce, en vertu de la permission du juge, et pour la portion qu'il déterminera. [T. 77.]

TITRE HUITIÈME.
Des Saisies-exécutions.

583. Toute saisie-exécution sera précédée d'un commandement à la personne ou au domicile du débiteur, fait au moins un jour avant la saisie, et contenant notification du titre, s'il n'a déjà été notifié. [Pr. 626, 819 s. — T. 29.]

584. Il contiendra élection de domicile jusqu'à la fin de la poursuite, dans la commune où doit se faire l'exécution, si le créancier n'y demeure ; et le débiteur pourra faire à ce domicile élu toutes significations, même d'offres réelles et d'appel. [Pr. 456. — C. 111, 1258. — T. 29.]

585. L'huissier sera assisté de deux témoins, Français, majeurs, non parents ni alliés des parties ou de l'huissier, jusqu'au degré de cousin issu de germain inclusivement, ni leurs domestiques ; il énoncera sur le procès-verbal leurs noms, professions et demeures : les témoins signeront l'original et les copies. La partie poursuivante ne pourra être présente à la saisie. [T. 31.]

586. Les formalités des exploits seront observées dans les procès-verbaux de saisie-exécution ; ils contiendront itératif commandement, si la saisie est faite en la demeure du saisi. [Pr. 61 s. — T. 31.]

587. Si les portes sont fermées, ou si l'ouverture en est refusée, l'huissier pourra établir gardien aux portes pour empêcher le divertissement ; il se retirera sur-le-champ, sans assignation, devant le juge de paix, ou, à son défaut, devant le commissaire de police, et dans les communes où il n'y en a pas, devant le maire, et à son défaut, devant l'adjoint, en présence desquels l'ouverture des portes, même celle des meubles fermants, sera faite au fur et à mesure de la saisie. L'officier qui se transportera, ne dressera point de procès-verbal ; mais il signera celui de l'huissier, lequel ne pourra dresser du tout qu'un seul et même procès-verbal : [Pr. 591. — T. 6, 31, 32.]

588. Le procès-verbal contiendra la désignation détaillée des objets saisis : s'il y a des marchandises, elles seront pesées, mesurées ou jaugées, suivant leur nature. [T. 31.]

589. L'argenterie sera spécifiée par pièces et poinçons, et elle sera pesée. [Pr. 621. — T. 31.]

590. S'il y a des deniers comptants, il sera fait mention du nombre et de la qualité des espèces : l'huissier les déposera au lieu établi pour les consignations ; à moins que le saisissant et la partie saisie, ensemble les opposants, s'il y en a, ne conviennent d'un autre dépositaire. [T. 31, 33.]

591. Si le saisi est absent, et qu'il y ait refus d'ouvrir aucune pièce ou meuble, l'huissier en requerra l'ouverture ; et s'il se trouve des papiers, il requerra l'apposition des scellés par l'officier appelé pour l'ouverture. [Pr. 587.]

592. Ne pourront être saisis, 1° les objets que la loi déclare immeubles par destination ; [C. 522 s.]

2° Le coucher nécessaire des saisis, ceux de leurs enfants vivant avec eux ; les habits dont les saisis sont vêtus et couverts ; [Pr. 593 *in fine.*]

3° Les livres relatifs à la profession du saisi, jusqu'à la somme de trois cents francs, à son choix ;

4° Les machines et instruments servant à l'enseignement, pratique ou exercice des sciences et arts, jusqu'à concurrence de la même somme, et au choix du saisi ;

5° Les équipements des militaires, suivant l'ordonnance et le grade ;

6° Les outils des artisans, nécessaires à leurs occupations personnelles ;

7° Les farines et menues denrées nécessaires à la consommation du saisi et de sa famille pendant un mois ;

8° Enfin, une vache, ou trois brebis, ou deux chèvres, au choix du saisi, avec les pailles, fourrages et grains nécessaires pour la litière et la nourriture desdits animaux pendant un mois.

593. Lesdits objets ne pourront être saisis pour aucune créance, même celle de l'État, si ce n'est pour aliments fournis à la partie saisie, ou sommes dues aux fabricants ou vendeurs desdits objets, ou à celui qui aura prêté pour les acheter, fabriquer ou réparer ; pour fermages et moissons des terres à la culture desquelles ils sont employés ; loyers des manufactures, moulins, pressoirs, usines dont ils dépendent, et loyers des lieux servant à l'habitation personnelle du débiteur. — Les objets spécifiés sous le n° 2 du précédent article ne pourront être saisis pour aucune créance. [C. 2102.]

594. En cas de saisie d'animaux et ustensiles servant à l'exploitation des terres, le juge de paix pourra, sur la demande du saisissant, le propriétaire et le saisi entendus ou appelés, établir un gérant à l'exploitation.

595. Le procès-verbal contiendra indication du jour de la vente. [Pr. 602, 613 s. 1034.]

596. Si la partie saisie offre un gardien solvable, et qui se charge volontairement et sur-le-champ, il sera établi par l'huissier. [Pr. 598, 603, 628. — T. 34.]

597. Si le saisi ne présente gardien solvable et de la qualité requise, il en sera établi un par l'huissier.

598. Ne pourront être établis gardiens, le saisissant, son conjoint, ses parents et alliés jusqu'au degré de cousin issu de germain inclusivement, et ses domestiques ; mais le saisi, son conjoint, ses parents, alliés et domestiques, pourront être établis gardiens, de leur consentement et de celui du saisissant.

599. Le procès-verbal sera fait sans déplacer ; il sera signé par le gardien en l'original et la copie : s'il ne sait signer, il en sera fait mention ; et il lui sera laissé copie du procès-verbal. [Pr. 601.]

600. Ceux qui, par voies de fait, empêcheraient l'établissement du gardien, ou qui enlèveraient et détourneraient des effets saisis, seront poursuivis conformément au Code criminel. [P. 209 s. 379 s.]

601. Si la saisie est faite au domicile de la partie, copie lui sera laissée sur-le-champ du procès-verbal, signée des personnes qui auront signé l'original ; si la partie est absente, copie sera remise au maire ou adjoint, ou au magistrat qui, en cas de refus de portes, aura fait faire ouverture, et qui visera l'original. [Pr. 599. — T. 31.]

602. Si la saisie est faite hors du domicile et en l'absence du saisi, copie lui sera notifiée dans le jour, outre un jour pour trois myriamètres ; sinon les frais de garde et le délai pour la vente ne courront que du jour de la notification. [Pr. 1033. — T. 29.]

603. Le gardien ne peut se servir des choses saisies, les louer ou prêter, à peine de privation des frais de garde, et de dommages-intérêts, au paiement desquels il sera contraignable par corps. [Pr. 126.]

604. Si les objets saisis ont produit quelques profits ou revenus, il est tenu d'en compter, même par corps. [Pr. 126.]

605. Il peut demander sa décharge, si la vente n'a pas été faite au jour indiqué par le procès-verbal, sans qu'elle ait été

empêchée par quelque obstacle ; et, en cas d'empêchement, la décharge peut être demandée deux mois après la saisie, sauf au saisissant à faire nommer un autre gardien.

606. La décharge sera demandée contre le saisissant et le saisi, par une assignation en référé devant le juge du lieu de la saisie : si elle est accordée, il sera préalablement procédé au récolement des effets saisis, parties appelées. [Pr. 806 s. — T. 29, 35.]

607. Il sera passé outre, nonobstant toutes réclamations de la part de la partie saisie, sur lesquelles il sera statué en référé. [Pr. 806 s.]

608. Celui qui se prétendra propriétaire des objets saisis ou de partie d'iceux, pourra s'opposer à la vente par exploit signifié au gardien, et dénoncé au saisissant et au saisi, contenant assignation libellée et l'énonciation des preuves de propriété, à peine de nullité : il y sera statué par le tribunal du lieu de la saisie, comme en matière sommaire.

Le réclamant qui succombera sera condamné, s'il y échet, aux dommages et intérêts du saisissant. [Pr. 404 s. 826. — C. 549 s. — T. 29.]

609. Les créanciers du saisi, pour quelque cause que ce soit, même pour loyers, ne pourront former opposition que sur le prix de la vente : leurs oppositions en contiendront les causes ; elles seront signifiées au saisissant et à l'huissier ou autre officier chargé de la vente, avec élection de domicile dans le lieu où la saisie est faite, si l'opposant n'y est pas domicilié : le tout à peine de nullité des oppositions, et des dommages-intérêts contre l'huissier, s'il y a lieu. [Pr. 71, 610, 615. — T. 29.]

610. Le créancier opposant ne pourra faire aucune poursuite, si ce n'est contre la partie saisie, et pour obtenir condamnation : il n'en sera fait aucune contre lui, sauf à discuter les causes de son opposition lors de la distribution des deniers.

611. L'huissier qui, se présentant pour saisir, trouverait une saisie déjà faite et un gardien établi, ne pourra pas saisir de nouveau ; mais il pourra procéder au récolement des meubles et effets sur le procès-verbal, que le gardien sera tenu de lui représenter : il saisira les effets omis, et fera sommation au premier saisissant de vendre le tout dans la huitaine ; le procès-verbal de récolement vaudra opposition sur les deniers de la vente. [T. 36.]

612. Faute par le saisissant de faire vendre dans le délai ci-après fixé, tout opposant ayant titre exécutoire pourra, sommation préalablement faite au saisissant, et sans former aucune demande en subrogation, faire procéder au récolement des effets saisis, sur la copie du procès-verbal de saisie, que le gardien sera tenu de représenter, et de suite à la vente. [Pr. 616.—T. 29.]

613. Il y aura au moins huit jours entre la signification de la saisie au débiteur et la vente. [Pr. 595, 602, 614.]

614. Si la vente se fait à un jour autre que celui indiqué par la signification, la partie saisie sera appelée, avec un jour d'intervalle, outre un jour pour trois myriamètres en raison de la distance du domicile du saisi, et du lieu où les effets seront vendus. [Pr. 1033.—T. 29.]

615. Les opposants ne seront point appelés. [Pr. 609.]

616. Le procès-verbal de récolement qui précèdera la vente ne contiendra aucune énonciation des effets saisis, mais seulement de ceux en déficit, s'il y en a. [T. 37.]

617. La vente sera faite au plus prochain marché public, aux jour et heure ordinaires des marchés, ou un jour de dimanche: pourra néanmoins le tribunal permettre de vendre les effets en un autre lieu plus avantageux. Dans tous les cas, elle sera annoncée un jour auparavant par quatre placards au moins, affichés, l'un au lieu où sont les effets, l'autre à la porte de la maison commune, le troisième au marché du lieu, et s'il n'y en a pas, au marché voisin, le quatrième à la porte de l'auditoire de la justice de paix; et si la vente se fait dans un lieu autre que le marché ou le lieu où sont les effets, un cinquième placard sera apposé au lieu où se fera la vente. La vente sera, en outre, annoncée, par la voie des journaux, dans les villes où il y en a. [Pr. 618. — T. 38, 76.]

618. Les placards indiqueront les lieu, jour et heure de la vente, et la nature des objets sans détail particulier.

619. L'apposition sera constatée par exploit, auquel sera annexé un exemplaire du placard.

620. S'il s'agit de barques, chaloupes et autres bâtiments de mer du port de dix tonneaux et au-dessous, bacs, galiotes, bateaux et autres bâtiments de rivière, moulins et autres édifices mobiles, assis sur bateaux ou autrement, il sera procédé à leur adjudication sur les ports, gares ou quais où ils se trouvent: il sera affiché quatre placards au moins, conformément à l'article précédent ; et il sera fait, à trois divers jours consécutifs , trois publications au lieu où sont lesdits objets : la première publication ne sera faite que huit jours au moins après la signification de la saisie. Dans les villes où il s'imprime des journaux, il sera suppléé à ces trois publications par l'insertion qui sera faite au journal, de l'annonce de ladite vente, laquelle annonce sera répétée trois fois dans le cours du mois précédant la vente. [Co. 207 s. — T. 41.]

621. La vaisselle d'argent, les bagues et joyaux de la valeur de trois cents francs au moins, ne pourront être vendus qu'après placards apposés en la forme ci-dessus, et trois expositions , soit au marché, soit dans l'endroit où sont lesdits effets ; sans que , néanmoins, dans aucun cas, lesdits objets puissent être vendus au-dessous de leur valeur réelle, s'il s'agit de vaisselle d'argent , ni au-dessous de l'estimation qui en aura été faite par des gens de l'art, s'il s'agit de bagues et joyaux.

Dans les villes où il s'imprime des journaux, les trois publications seront suppléées comme il est dit en l'article précédent. [Pr. 589. — Co. 554. — T. 41.]

622. Lorsque la valeur des effets saisis excèdera le montant des causes de la saisie et des oppositions, il ne sera procédé qu'à la vente des objets suffisant à fournir somme nécessaire pour le paiement des créances et frais.

623. Le procès-verbal constatera la présence ou le défaut de comparution de la partie saisie. [T. 40.]

624. L'adjudication sera faite au plus offrant, en payant comptant : faute de paiement, l'effet sera revendu sur-le-champ à la folle enchère de l'adjudicataire. [C. 1649. — P. 412.]

625. Les commissaires-priseurs et huissiers seront personnellement responsables du prix des adjudications, et feront mention , dans leurs procès-verbaux, des noms et domiciles des adjudicataires : ils ne pourront recevoir d'eux aucune somme au-dessus de l'enchère, à peine de concussion. [P. 169.]

TITRE NEUVIÈME.

De la Saisie des Fruits pendants par racine, ou de la Saisie-brandon.

626. La saisie-brandon ne pourra être faite que dans les six semaines qui précèderont l'époque ordinaire de la maturité des

fruits ; elle sera précédée d'un commandement, avec un jour d'intervalle. [Pr. 583 , 688. — T. 29.]

627. Le procès.-verbal de saisie contiendra l'indication de chaque pièce , sa contenance et sa situation , et deux au moins de ses tenants et aboutissants, et la nature des fruits. [T. 43.]

628. Le garde champêtre sera établi gardien, à moins qu'il ne soit compris dans l'exclusion portée par l'art. 598 ; s'il n'est présent, la saisie lui sera signifiée : il sera aussi laissé copie au maire de la commune de la situation, et l'original sera visé par lui.

Si les communes sur lesquelles les biens sont situés sont contiguës ou voisines, il sera établi un seul gardien, autre néanmoins qu'un garde champêtre : le visa sera donné par le maire de la commune du chef-lieu de l'exploitation ; et s'il n'y en a pas, par le maire de la commune où est située la majeure partie des biens. [Pr. 1039. — T. 29 , 44, 45.]

629. La vente sera annoncée par placards affichés, huitaine au moins avant la vente, à la porte du saisi , à celle de la maison commune, et s'il n'y en a pas, au lieu où s'apposent les actes de l'autorité publique ; au principal marché du lieu , et s'il n'y en a pas, au marché le plus voisin, et à la porte de l'auditoire de la justice de paix.

630. Les placards désigneront les jour, heure et lieu de la vente ; les noms et demeures du saisi et du saisissant ; la quantité d'hectares et la nature de chaque espèce de fruits, la commune où ils sont situés , sans autre désignation.

631. L'apposition des placards sera constatée ainsi qu'il est dit au titre *des Saisies-exécutions*. [Pr. 619.]

632. La vente sera faite un jour de dimanche ou de marché. [Pr. 613 , 617 s.]

633. Elle pourra être faite sur les lieux ou sur la place de la commune où est située la majeure partie des objets saisis.

La vente pourra aussi être faite sur le marché du lieu, et s'il n'y en a pas, sur le marché le plus voisin. [Pr. 617.]

634. Seront, au surplus, observées les formalités prescrites au titre *des Saisies-exécutions*. [Pr. 585 s.]

635. Il sera procédé à la distribution du prix de la vente ainsi qu'il sera dit au titre *de la Distribution par contribution.* [Pr. 656 s.]

TITRE DIXIÈME.

De la Saisie des Rentes constituées sur particuliers.

656. La saisie d'une rente constituée ne peut avoir lieu qu'en vertu d'un titre authentique et exécutoire.

Elle sera précédée d'un commandement fait à la personne ou au domicile de la partie obligée ou condamnée ; au moins un jour avant la saisie, et contenant notification du titre, si elle n'a déjà été faite. [Pr. 545 s. 583 s. — C. 1317 s. — T. 29, 128.]

657. La rente sera saisie entre les mains de celui qui la doit, par exploit contenant, outre les formalités ordinaires, l'énonciation du titre constitutif de la rente, de sa quotité et de son capital, et du titre de la créance du saisissant ; les noms, profession et demeure de la partie saisie, élection de domicile chez un avoué près le tribunal devant lequel la vente sera poursuivie, et assignation au tiers - saisi en déclaration devant le même tribunal : le tout à peine de nullité. [Pr. 61 , 640. — T. 46.]

658. Les dispositions contenues aux art. 570, 571, 572, 573, 574, 575 et 576, relatives aux formalités que doit remplir le tiers-saisi, seront observées par le débiteur de la rente.

Et si ce débiteur ne fait pas sa déclaration, ou s'il la fait tardivement, ou s'il ne fait pas les justifications ordonnées, il pourra, selon les cas, être condamné à servir la rente faute d'avoir justifié de sa libération, ou à des dommages - intérêts résultant soit de son silence, soit du retard apporté à faire sa déclaration, soit de la procédure à laquelle il aura donné lieu.

659. La saisie entre les mains de personnes non demeurant en France sur le continent, sera signifiée à personne ou domicile ; et seront observés, pour la citation, les délais prescrits par l'art. 73. [Pr. 560, 642.]

640. L'exploit de saisie vaudra toujours saisie-arrêt des arrérages échus et à échoir jusqu'à la distribution.

641. Dans les trois jours de la saisie, outre un jour pour trois myriamètres de distance entre le domicile du débiteur de la rente et celui du saisissant, et pareil délai en raison de la distance entre le domicile de ce dernier et celui de la partie saisie, le saisissant sera tenu, à peine de nullité de la saisie, de la dénoncer à la partie saisie, et de lui notifier le jour de la première publication. [Pr. 563, 1033. — T. 29.]

642. Lorsque le débiteur de la rente sera domicilié hors du continent du royaume, le délai pour la dénonciation ne courra que du jour de l'échéance de la citation au saisi. [Pr. 639.]

643. Quinzaine après la dénonciation à la partie saisie, le saisissant sera tenu de mettre au greffe du tribunal du domicile de la partie saisie le cahier des charges, contenant les noms, professions et demeures du saisissant, de la partie saisie et du débiteur de la rente; la nature de la rente, sa quotité, celle du capital, la date et l'énonciation du titre en vertu duquel elle est constituée; l'énonciation de l'inscription, si le titre contient hypothèque, et si aucune a été prise pour la sûreté de la rente: les noms et demeure de l'avoué du poursuivant, les conditions de l'adjudication, et la mise à prix : la première publication se fera à l'audience.

644. Extrait du cahier des charges, contenant les renseignements ci-dessus, sera remis au greffier huitaine avant la remise du cahier des charges au greffe, et par lui inséré dans un tableau placé à cet effet dans l'auditoire du tribunal devant lequel se poursuit la vente.

645. Huitaine avant la remise du cahier des charges au greffe, pareil extrait sera placardé, 1° à la porte de la maison de la partie saisie, 2° à celle du débiteur de la rente, 3° à la principale porte du tribunal, 4° et à la principale place du lieu où se poursuit la vente.

646. Pareil extrait sera inséré dans l'un des journaux imprimés dans la ville où se poursuit la vente; et s'il n'y en a pas, dans l'un de ceux imprimés dans le département, s'il y en a.

647. Sera observé, relativement auxdits placards et annonces, ce qui est prescrit au titre *de la Saisie immobilière.*

648. La seconde publication se fera huitaine après la première; et la rente saisie pourra, lors de ladite publication, être adjugée, sauf le délai qui sera prescrit par le tribunal.

649. Il sera fait une troisième publication, lors de laquelle l'adjudication définitive sera faite au plus offrant et dernier enchérisseur. [Pr. 705 s.]

650. Il sera affiché nouveaux placards et inséré nouvelles annonces dans les journaux, trois jours avant l'adjudication définitive. [Pr. 704 s.]

651. Les enchères seront reçues par le ministère d'avoués. [Pr. 707, 709, 713.]

652. Les formalités prescrites au titre *de la Saisie immobilière,* pour la rédaction du jugement d'adjudication, l'acquit des conditions et du prix, et la revente sur folle enchère, seront observées lors de l'adjudication des rentes. [Pr. 714 s.]

653. Si la rente a été saisie par deux créanciers, la poursuite appartiendra à celui qui le premier aura dénoncé; en cas de concurrence, au porteur du titre plus ancien; et si les titres sont de même date, à l'avoué le plus ancien. [Pr. 719 s.]

654. La partie saisie sera tenue de proposer ses moyens de nullité, si aucuns elle a, avant l'adjudication préparatoire, après laquelle elle ne pourra proposer que les moyens de nullité contre les procédures postérieures. [Pr. 717.]

655. La distribution du prix sera faite ainsi qu'il sera prescrit au titre *de la Distribution par contribution,* sans préjudice néanmoins des hypothèques établies antérieurement à la loi du 11 brumaire an VII (1er *novembre* 1798).

TITRE ONZIÈME.

De la Distribution par contribution.

656. Si les deniers arrêtés ou le prix des ventes ne suffisent pas pour payer les créanciers, le saisi et les créanciers seront tenus, dans le mois, de convenir de la distribution par contribution. [Pr. 579, 635, 659, 749, 990.]

657. Faute par le saisi et les créanciers de s'accorder dans ledit délai, l'officier qui aura fait la vente sera tenu de consigner, dans la huitaine suivante, et à la charge de toutes les oppositions, le montant de la vente, déduction faite de ses frais d'après la taxe qui aura été faite par le juge sur la minute du procès-verbal : il sera fait mention de cette taxe dans les expéditions. [T. 42.]

658. Il sera tenu au greffe un registre des contributions, sur lequel un juge sera commis par le président, sur la réquisition du saisissant, ou, à son défaut, de la partie la plus diligente; cette réquisition sera faite par simple note portée sur le registre. [T. 95.]

659. Après l'expiration des délais portés aux art. 656 et 657, et en vertu de l'ordonnance du juge commis, les créanciers seront sommés de produire, et la partie saisie de prendre communication des pièces produites, et de contredire s'il y échet. [T. 29, 96.]

660. Dans le mois de la sommation, les créanciers opposants, soit entre les mains du saisissant, soit en celles de l'officier qui aura procédé à la vente, produiront, à peine de forclusion, leurs titres ès mains du juge commis, avec acte contenant demande en collocation et constitution d'avoué. [T. 29, 97.]

661. Le même acte contiendra la demande à fin de privilége: néanmoins le propriétaire pourra appeler la partie saisie et l'avoué plus ancien en référé devant le juge-commissaire, pour faire statuer préliminairement sur son privilége pour raison des loyers à lui dus. [Pr. 806 s. — C. 2102. — T. 29, 97, 98.]

662. Les frais de poursuite seront prélevés, par privilége, avant toute créance autre que celle pour loyers dus au propriétaire. [Pr. 716. — C. 2101.]

663. Le délai ci-dessus fixé expiré, et même auparavant, si les créanciers ont produit, le commissaire dressera, ensuite de son procès-verbal, l'état de distribution sur les pièces produites; le poursuivant dénoncera, par acte d'avoué, la clôture du procès-verbal aux créanciers produisants et à la partie saisie, avec sommation d'en prendre communication, et de contredire sur le procès-verbal du commissaire dans la quinzaine. [T. 29, 99, 100.]

664. Faute par les créanciers et la partie saisie de prendre communication ès mains du juge-commissaire dans ledit délai, ils demeureront forclos, sans nouvelle sommation ni jugement; il ne sera fait aucun dire, s'il n'y a lieu à contester.

665. S'il n'y a point de contestation, le juge-commissaire clora son procès-verbal, arrêtera la distribution des deniers, et ordonnera que le greffier délivrera mandement aux créanciers, en affirmant par eux la sincérité de leurs créances. [Pr. 670. — T. 101.]

666. S'il s'élève des difficultés, le juge-commissaire renverra à l'audience; elle sera poursuivie par la partie la plus diligente, sur un simple acte d'avoué à avoué, sans autre procédure. [Pr. 82.]

667. Le créancier contestant, celui contesté, la partie saisie, et l'avoué le plus ancien des opposants, seront seuls en cause; le poursuivant ne pourra être appelé en cette qualité. [Pr. 669.]

668. Le jugement sera rendu sur le rapport du juge-commissaire et les conclusions du ministère public. [Pr. 83 s.]

669. L'appel de ce jugement sera interjeté dans les dix jours de la signification à avoué : l'acte de l'appel sera signifié au domicile de l'avoué ; il contiendra citation et énonciation des griefs ; il y sera statué comme en matière sommaire. [Pr. 404 s.]

Ne pourront être intimées sur ledit appel que les parties indiquées par l'art. 667. [Pr. 444 s.]

670. Après l'expiration du délai fixé pour l'appel, et en cas d'appel, après la signification de l'arrêt au domicile de l'avoué, le juge-commissaire clora son procès-verbal, ainsi qu'il est prescrit par l'art. 665.

671. Huitaine après la clôture du procès-verbal, le greffier délivrera les mandements aux créanciers, en affirmant par eux la sincérité de leur créance par-devant lui. [Pr. 665.—T. 101.]

672. Les intérêts des sommes admises en distribution cesseront du jour de la clôture du procès-verbal de distribution, s'il ne s'élève pas de contestation ; en cas de contestation, du jour de la signification du jugement qui aura statué ; en cas d'appel, quinzaine après la signification du jugement sur appel. [Pr. 665.]

TITRE DOUZIÈME.

De la Saisie immobilière. (V. *pag.* 153 *le décret du 2 février* 1811.)

673. La saisie immobilière sera précédée d'un commandement à personne ou domicile, en tête duquel sera donné copie entière du titre en vertu duquel elle est faite : ce commandement contiendra élection de domicile dans le lieu où siége le tribunal qui devra connaître de la saisie, si le créancier n'y demeure pas ; il énoncera que, faute de paiement, il sera procédé à la saisie des immeubles du débiteur. L'huissier ne se fera point assister de témoins ; il fera, dans le jour, viser l'original par le maire ou l'adjoint du domicile du débiteur, et il laissera une seconde copie à celui qui donnera le visa. [Pr. 545 s. 717. — C. 2204 s. 2213, 2217.—T. 29.]

674. La saisie immobilière ne pourra être faite que trente jours après le commandement : si le créancier laisse écouler plus de trois mois entre le commandement et la saisie, il sera tenu de le réitérer dans les formes et avec le délai ci-dessus. [Pr. 717, 1033.]

7*

675. Le procès-verbal de saisie contiendra, outre les formalités communes à tous les exploits, l'énonciation du jugement ou du titre exécutoire, le transport de l'huissier sur les biens saisis, la désignation de l'extérieur des objets saisis, si c'est une maison, et énoncera l'arrondissement, la commune et la rue où elle est située, et les tenants et aboutissants; si ce sont des biens ruraux, la désignation des bâtiments, s'il y en a, la nature et la contenance au moins approximative de chaque pièce, deux au moins de ses tenants et aboutissants, le nom du fermier ou colon s'il y en a, l'arrondissement et la commune où elle est située : quelle que soit la nature du bien, le procès-verbal contiendra en outre l'extrait de la matrice du rôle de contribution foncière pour tous les articles saisis, l'indication du tribunal où la saisie sera portée, et constitution d'avoué chez lequel le domicile du saisissant sera élu de droit. [Pr. 61 s. 717. — T. 47.]

676. Copie entière du procès-verbal de saisie sera, avant l'enregistrement, laissée aux greffiers des juges de paix, et aux maires ou adjoints des communes de la situation de l'immeuble saisi, si c'est une maison; si ce sont des biens ruraux, à ceux de la situation des bâtiments, s'il y en a, et s'il n'y en a pas, à ceux de la situation de la partie des biens à laquelle la matrice du rôle de la contribution foncière attribue le plus de revenus: les maires ou adjoints et greffiers viseront l'original du procès-verbal, lequel fera mention des copies qui auront été laissées. [Pr. 717, 1039. — C. 2210. — T. 48.]

677. La saisie immobilière sera transcrite dans un registre à ce destiné au bureau des hypothèques de la situation des biens, pour la partie des objets saisis qui se trouve dans l'arrondissement. [Pr. 680 s. 717, 719 s. — T. 102.]

678. Si le conservateur ne peut procéder à la transcription de la saisie à l'instant où elle lui est présentée, il fera mention sur l'original, qui lui sera laissé, des heure, jour, mois et an auxquels il aura été remis; et, en cas de concurrence, le premier présenté sera transcrit.

679. S'il y a eu précédente saisie, le conservateur constatera son refus en marge de la seconde; il énoncera la date de la précédente saisie, les noms, demeures et professions du saisissant et du saisi; l'indication du tribunal où la saisie est portée, le nom de l'avoué du saisissant, et la date de la transcription.

680. La saisie immobilière sera, en outre, transcrite au greffe du tribunal où doit se faire la vente, et ce dans la quinzaine du jour de la transcription au bureau des hypothèques, outre un jour pour trois myriamètres de distance entre le lieu de la situation des biens et le tribunal. [Pr. 682, 717, 1033. — T. 102.]

681. La saisie immobilière, enregistrée comme il est dit aux art. 677 et 680, sera dénoncée au saisi dans la quinzaine du jour du dernier enregistrement, outre un jour pour trois myriamètres de distance entre le domicile du saisi et la situation des biens : elle contiendra la date de la première publication. L'original de cette dénonciation sera visé dans les vingt-quatre heures par le maire du domicile du saisi, et enregistré dans la huitaine, outre un jour pour trois myriamètres, au bureau de la conservation des hypothèques de la situation des biens, et mention en sera faite en marge de l'enregistrement de la saisie réelle. [Pr. 689, 692 s. 717, 1033. — T. 49, 103.]

682. Le greffier du tribunal sera tenu, dans les trois jours de l'enregistrement mentionné en l'art. 680, d'insérer dans un tableau placé à cet effet dans l'auditoire, un extrait contenant,

1° La date de la saisie et des enregistrements;

2° Les noms, professions et demeures du saisi et du saisissant, et de l'avoué de ce dernier;

3° Les noms de l'arrondissement, de la commune, de la rue, des maisons saisies;

4° L'indication sommaire des biens ruraux, en autant d'articles qu'il y a de communes, lesquelles seront indiquées, ainsi que les arrondissements : chaque article contiendra seulement la nature et la quantité des objets, et les noms des fermiers ou colons, s'il y en a; si néanmoins les biens situés dans la même commune sont exploités par plusieurs personnes, ils seront divisés en autant d'articles qu'il y aura d'exploitants;

5° L'indication du jour de la première publication;

6° Les noms des maires, et greffiers des juges de paix, auxquels copies de la saisie auront été laissées. [Pr. 717.—T. 104.]

683. L'extrait prescrit par l'article précédent sera inséré, sur la poursuite du saisissant, dans un des journaux imprimés dans le lieu où siège le tribunal devant lequel la saisie se poursuit; et s'il n'y en a pas, dans l'un de ceux imprimés dans le département, s'il y en a : il sera justifié de cette insertion par la feuille

contenant ledit extrait, avec la signature de l'imprimeur, léga-
lisée par le maire. [Pr. 703, 717. — T. 105.]

684. Extrait pareil à celui prescrit par l'article précédent,
imprimé en forme de placard, sera affiché,

1° A la porte du domicile du saisi ;

2° A la principale porte des édifices saisis ;

3° A la principale place de la commune où le saisi est domicilié, de celle de la situation des biens, et de celle du tribunal où la vente se poursuit ;

4° Au principal marché desdites communes, et lorsqu'il n'y
en a pas, aux deux marchés les plus voisins ;

5° A la porte de l'auditoire du juge de paix de la situation
des bâtiments ; et s'il n'y a pas de bâtiments, à la porte de l'auditoire de la justice de paix où se trouve la majeure partie des
biens saisis ;

6° Aux portes extérieures des tribunaux du domicile du saisi,
de la situation des biens, et de la vente. [Pr. 695, 703, 717.—
T. 106.]

685. L'apposition des placards sera constatée par un acte auquel sera annexé un exemplaire du placard : par cet acte l'huissier attestera que l'apposition a été faite aux lieux désignés par
la loi, sans les détailler. [Pr. 717. — T. 50.]

686. Les originaux du placard et le procès-verbal d'apposition ne pourront être grossoyés sous aucun prétexte. [T. 50,
106.]

687. L'original dudit procès-verbal sera visé par le maire
de chacune des communes dans lesquelles l'apposition aura été
faite, et il sera notifié à la partie saisie, avec copie du placard.
[Pr. 700, 717. — T. 29.]

688. Si les immeubles saisis ne sont pas loués ou affermés, le
saisi en restera en possession jusqu'à la vente, comme séquestre
judiciaire ; à moins qu'il ne soit autrement ordonné par le juge,
sur la réclamation d'un ou plusieurs créanciers. Les créanciers
pourront néanmoins faire faire la coupe et la vente, en tout
ou en partie, des fruits pendants par les racines. [Pr. 690.—
C. 1961 s.]

689. Les fruits échus depuis la dénonciation au saisi seront
immobilisés, pour être distribués avec le prix de l'immeuble par
ordre d'hypothèques. [Pr. 681, 691.]

690. Le saisi ne pourra faire aucune coupe de bois ni dégradation, à peine de dommages et intérêts, auxquels il sera condamné par corps; il pourra même être poursuivi par la voie criminelle, suivant la gravité des circonstances. [Pr. 688. — C. 2060 s.]

691. Si les immeubles sont loués par bail dont la date ne soit pas certaine, avant le commandement, la nullité pourra en être prononcée, si les créanciers ou l'adjudicataire le demandent.

Si le bail a une date certaine, les créanciers pourront saisir et arrêter les loyers ou fermages; et, dans ce cas, il en sera des loyers ou fermages échus depuis la dénonciation faite au saisi, comme des fruits mentionnés en l'art. 689. [C. 1328, 1743 s.]

692. La partie saisie ne peut, à compter du jour de la dénonciation à elle faite de la saisie, aliéner les immeubles, à peine de nullité, et sans qu'il soit besoin de la faire prononcer. [Pr. 681, 689.]

693. Néanmoins l'aliénation ainsi faite aura son exécution, . si avant l'adjudication l'acquéreur consigne somme suffisante pour acquitter, en principal, intérêts et frais, les créances inscrites, et signifie l'acte de consignation aux créanciers inscrits. [Pr. 817 s. — C. 1257 s.]

Si les deniers ainsi déposés ont été empruntés, les prêteurs n'auront d'hypothèque que postérieurement aux créanciers inscrits lors de l'aliénation. [C. 2103. — T. 29.]

694. Faute d'avoir fait la consignation avant l'adjudication, il ne pourra y être sursis sous aucun prétexte.

695. Un exemplaire du placard imprimé prescrit par l'art. 684 sera notifié aux créanciers inscrits, aux domiciles élus par leurs inscriptions, huit jours au moins avant la première publication de l'enchère, outre un jour pour trois myriamètres de distance entre la commune du bureau de la conservation et celle où se fait la vente. [Pr. 717, 1033. — T. 29, 107.]

696. La notification prescrite par l'article précédent sera enregistrée en marge de la saisie, au bureau de la conservation : du jour de cet enregistrement, la saisie ne pourra plus être rayée que du consentement des créanciers, ou en vertu de jugements rendus contre eux. [Pr. 717. — T. 108.]

697. Quinzaine au moins avant la première publication, le poursuivant déposera au greffe le cahier des charges, contenant, 1° l'énonciation du titre en vertu duquel la saisie a été faite, du commandement, de l'exploit de saisie, et des actes et jugements

qui auront pu être faits ou rendus ; 2° la désignation des objets saisis, telle qu'elle a été insérée dans le procès-verbal ; 3° les conditions de la vente ; 4° et une mise à prix par le poursuivant. [Pr. 699. — T. 109, 110.]

698. Le poursuivant demeurera adjudicataire pour la mise à prix, s'il ne se présente pas de surenchérisseur. [Pr. 708.]

699. Les dires, publications et adjudications, seront mis sur le cahier des charges, à la suite de la mise à prix. [T. 111.]

700. Le cahier des charges sera publié, pour la première fois, un mois au moins après la notification du procès-verbal d'affiches à la partie saisie. [Pr. 687. — T. 111.]

701. Il ne pourra y avoir moins d'un mois ni plus de six semaines de délai entre ladite notification et la première publication. [Pr. 687, 717, 732.]

702. Le cahier des charges sera publié à l'audience successivement de quinzaine en quinzaine, trois fois au moins avant l'adjudication préparatoire. [Pr. 706, 717, 732, 741. — T. 112.]

703. Huit jours au moins avant cette adjudication, outre un jour pour trois myriamètres de distance entre le lieu de la situation de la majeure partie des biens saisis et celui où siége le tribunal, il sera inséré dans un journal, ainsi qu'il est dit en l'art. 683, de nouvelles annonces ; les mêmes placards seront apposés aux endroits désignés en l'art. 684 ; ils contiendront, en outre, la mise à prix et l'indication du jour où se fera l'adjudication préparatoire.

Cette addition sera manuscrite ; et si elle donnait lieu à une réimpression de placard, les frais n'entreront pas en taxe. [Pr. 705, 717, 732, 1033.]

704. Dans les quinze jours de cette adjudication, nouvelles annonces seront insérées dans les journaux, et nouveaux placards affichés dans la forme ci-dessus, contenant, en outre, la mention de l'adjudication préparatoire, du prix moyennant lequel elle a été faite, et indication du jour de l'adjudication définitive. [Pr. 683 s. 717, 732, 1033.]

705. L'insertion aux journaux, des seconde et troisième annonces, et les seconde et troisième appositions de placards, seront justifiées dans la même forme que les premières. [Pr. 685 s. 717, 732.]

706. Il sera procédé à l'adjudication définitive, au jour indiqué lors de l'adjudication préparatoire : le délai entre les deux adjudications ne pourra être moindre de six semaines. [Pr. 717, 732, 742. — C. 2215. — T. 113.]

707. Les enchères seront faites par le ministère d'avoués et à l'audience : aussitôt que les enchères seront ouvertes, il sera allumé successivement des bougies préparées de manière que chacune ait une durée d'environ une minute.

L'enchérisseur cesse d'être obligé, si son enchère est couverte par une autre, lors même que cette dernière serait déclarée nulle. [Pr. 717, 729, 742. — T. 114.]

708. Aucune adjudication ne pourra être faite qu'après l'extinction de trois bougies allumées successivement.

S'il y a eu enchérisseur lors de l'adjudication préparatoire, l'adjudication ne deviendra définitive qu'après l'extinction de trois feux sans nouvelle enchère.

Si, pendant la durée d'une des trois premières bougies, il survient des enchères, l'adjudication ne pourra être faite qu'après l'extinction de deux feux sans enchère survenue pendant leur durée. [Pr. 698, 717, 742. — P. 412.]

709. L'avoué dernier enchérisseur sera tenu, dans les trois jours de l'adjudication, de déclarer l'adjudicataire, et de fournir son acceptation; sinon, de représenter son pouvoir, lequel demeurera annexé à la minute de sa déclaration : faute de ce faire, il sera réputé adjudicataire en son nom. [Pr. 713.]

710. Toute personne pourra, dans la huitaine du jour où l'adjudication aura été prononcée, faire au greffe du tribunal, par elle-même ou par un fondé de procuration spéciale, une surenchère, pourvu qu'elle soit du quart au moins du prix principal de la vente. [Pr. 713. — T. 115.]

711. La surenchère permise par l'article précédent ne sera reçue qu'à la charge, par le surenchérisseur, d'en faire, à peine de nullité, la dénonciation, dans les vingt-quatre heures, aux avoués de l'adjudicataire, du poursuivant, et de la partie saisie, si elle a avoué constitué, sans néanmoins qu'il soit nécessaire de faire cette dénonciation à la personne ou au domicile de la partie saisie qui n'aurait pas d'avoué.

La dénonciation sera faite par un simple acte contenant avenir à la prochaine audience, sans autre procédure. [Pr. 82. — T. 116.]

712. Au jour indiqué, ne pourront être admis à concourir

que l'adjudicataire et celui qui aura enchéri du quart, lequel, en cas de folle enchère, sera tenu par corps de la différence de son prix d'avec celui de la vente. [Pr. 737 s. 744, 780 s.]

713. Les avoués ne pourront se rendre adjudicataires pour le saisi, les personnes notoirement insolvables, les juges, juges suppléants, procureurs généraux, avocats généraux, procureurs du Roi, substituts des procureurs généraux et du Roi, et greffiers du tribunal où se poursuit et se fait la vente, à peine de nullité de l'adjudication, et de tous dommages et intérêts. [Pr. 710.—C. 1596 s.]

714. Le jugement de l'adjudication ne sera autre que la copie du cahier des charges, rédigé ainsi qu'il est dit dans l'art. 697; il sera revêtu de l'intitulé des jugements et du mandement qui les termine, avec injonction à la partie saisie de délaisser la possession aussitôt la signification du jugement, sous peine d'y être contrainte, même par corps. [Pr. 731.—C. 2061, 2215.]

715. Le jugement d'adjudication ne sera délivré à l'adjudicataire, qu'en rapportant par lui au greffier quittance des frais ordinaires de poursuite, et la preuve qu'il a satisfait aux conditions de l'enchère, qui doivent être exécutées avant ladite délivrance; lesquelles quittances demeureront annexées à la minute du jugement, et seront copiées ensuite de l'adjudication: faute par l'adjudicataire de faire lesdites justifications dans les vingt jours de l'adjudication, il y sera contraint par la voie de la folle enchère, ainsi qu'il sera dit ci-après, sans préjudice des autres voies de droit. [Pr. 737 s.—C. 1634, 1649.]

716. Les frais extraordinaires de poursuite seront payés par privilége sur le prix, lorsqu'il en aura été ainsi ordonné par jugement. [Pr. 724.—C. 2101.]

717. Les formalités prescrites par les art. 673, 674, 675, 676, 677, 680, 681, 682, 683, 684, 685, 687, 695, 696, 697, 699, 700, 701, 702, premier alinéa de 703, 704, 705, 706, 707, 708, seront observées, à peine de nullité. [Pr. 733 s. 1029.—C. 2216.]

TITRE TREIZIÈME.

Des Incidents sur la Poursuite de Saisie immobilière.

718. Toute contestation incidente à une poursuite de saisie immobilière sera jugée sommairement dans les cours et dans les

tribunaux ; les demandes ne seront pas précédées de citation au bureau de conciliation. [Pr. 404 s. 733, 735.]

719. Si deux saisissants ont fait enregistrer deux saisies de biens différents, poursuivies dans le même tribunal, elles seront réunies, sur la requête de la partie la plus diligente, et seront continuées par le premier saisissant : la jonction sera ordonnée, encore que l'une des saisies soit plus ample que l'autre ; mais elle ne pourra, en aucun cas, être demandée après la mise de l'enchère au greffe : en cas de concurrence, la poursuite appartiendra à l'avoué porteur du titre plus ancien ; et si les titres sont de même date, à l'avoué le plus ancien. [Pr. 677. — T. 117.]

720. Si une seconde saisie présentée à l'enregistrement est plus ample que la première, elle sera enregistrée pour les objets non compris en la première saisie, et le second saisissant sera tenu de dénoncer sa saisie au premier saisissant, qui poursuivra sur les deux, si elles sont au même état, sinon surseoira à la première, et suivra sur la deuxième jusqu'à ce qu'elle soit au même degré ; et alors elles seront réunies en une seule poursuite, qui sera portée devant le tribunal de la première saisie. [Pr. 677, 680, 694. — T. 118.]

721. Faute par le premier saisissant d'avoir poursuivi sur la seconde saisie à lui dénoncée, conformément à l'article ci-dessus, le second saisissant pourra par un simple acte demander la subrogation. [Pr. 724 s. — T. 119.]

722. Elle pourra être également demandée en cas de collusion, fraude ou négligence de la part du poursuivant.

Il y a négligence, lorsque le poursuivant n'a pas rempli une formalité, ou n'a pas fait un acte de procédure, dans les délais prescrits ; sauf, dans le cas de collusion ou fraude, les dommages-intérêts envers qui il appartiendra. [T. 119.]

723. L'appel d'un jugement qui aura statué sur cette contestation incidente ne sera recevable que dans la quinzaine du jour de la signification à avoué. [Pr. 443.]

724. Le poursuivant contre qui la subrogation aura été prononcée sera tenu de remettre les pièces de la poursuite au subrogé, sur son récépissé ; et il ne sera payé de ses frais qu'après l'adjudication, soit sur le prix, soit par l'adjudicataire.

Si le poursuivant a contesté la subrogation, les frais de la contestation seront à sa charge, et ne pourront, en aucun cas, être employés en frais de poursuite et payés sur le prix. [Pr. 716.]

725. Lorsqu'une saisie immobilière aura été rayée, le plus diligent des saisissants postérieurs pourra poursuivre sur sa saisie, encore qu'il ne se soit pas présenté le premier à l'enregistrement.

726. Si le débiteur interjette appel du jugement en vertu duquel on procède à la saisie, il sera tenu d'intimer sur cet appel, et de dénoncer et faire viser l'intimation au greffier du tribunal devant lequel se poursuit la vente; et ce, trois jours au moins avant la mise du cahier des charges au greffe : sinon, l'appel ne sera pas reçu, et il sera passé outre à l'adjudication [Pr. 697. — T. 120.]

727. La demande en distraction de tout ou de partie de l'objet saisi sera formée par requête d'avoué, tant contre le saisissant que contre la partie saisie, le créancier premier inscrit et l'avoué adjudicataire provisoire. Cette action sera formée par exploit contre celle des parties qui n'aura pas avoué en cause, et, dans ce cas, contre le créancier au domicile élu par l'inscription. [Pr. 608. — C. 878 s. — T. 29, 122.]

728. La demande en distraction contiendra l'énonciation des titres justificatifs, qui seront déposés au greffe, et la copie de l'acte de ce dépôt. [Pr. 820 s. — T. 121.]

729. Si la distraction demandée n'est que d'une partie des objets saisis, il sera passé outre, nonobstant cette demande, à la vente du surplus des objets saisis : pourront néanmoins les juges, sur la demande des parties intéressées, ordonner le sursis pour le tout; l'adjudicataire provisoire peut, dans ce cas, demander la décharge de son adjudication. [Pr. 694, 732. — T. 123.]

730. L'appel du jugement rendu sur la demande en distraction sera interjeté avec assignation, dans la quinzaine du jour de la signification à personne ou domicile, outre un jour par trois myriamètres en raison de la distance du domicile réel des parties : ce délai passé, l'appel ne sera plus reçu.

731. L'adjudication définitive ne transmet à l'adjudicataire d'autres droits à la propriété que ceux qu'avait le saisi.

732. Lorsque l'une des publications de l'enchère aura été retardée par un incident, il ne pourra y être procédé qu'après une nouvelle apposition de placards et insertion de nouvelles annonces en la forme ci-dessus prescrite. [Pr. 683 s. 695.]

733. Les moyens de nullité contre la procédure qui précède l'adjudication préparatoire ne pourront être proposés après ladite adjudication : ils seront jugés avant ladite adjudication ; et si les moyens de nullité sont rejetés, l'adjudication préparatoire sera prononcée par le même jugement. [Pr. 714, 717, 735. — T. 124.]

734. L'appel du jugement qui aura statué sur ces nullités ne sera pas reçu, s'il n'a été interjeté avec intimation dans la quinzaine de la signification du jugement à avoué : l'appel sera notifié au greffier, et visé par lui. [T. 29.]

735. La partie saisie sera tenue de proposer par requête, avec avenir à jour indiqué, ses moyens de nullité, si aucuns elle a, contre les procédures postérieures à l'adjudication provisoire, vingt jours au moins avant celui indiqué pour l'adjudication définitive : les juges seront tenus de statuer sur les moyens de nullité, dix jours au moins avant ladite adjudication définitive. [Pr. 706. — T. 125.]

736. L'appel de ce jugement ne sera pas recevable après la huitaine de la prononciation ; il sera notifié au greffier, et visé par lui : la partie saisie ne pourra, sur l'appel, proposer autres moyens de nullité que ceux présentés en première instance. [Pr. 464. — T. 29.]

737. Faute par l'adjudicataire d'exécuter les clauses d'adjudication, le bien sera vendu à sa folle enchère. [Pr. 743 s.]

738. Le poursuivant la vente sur folle enchère se fera délivrer par le greffier un certificat constatant que l'adjudicataire n'a point justifié de l'acquit des conditions exigibles de l'adjudication. [T. 126.]

739. Sur ce certificat, et sans autre procédure ni jugement, il sera apposé nouveaux placards et inséré nouvelles annonces, dans la forme ci-dessus prescrite, lesquels porteront que l'enchère sera publiée de nouveau au jour indiqué ; cette publication ne pourra avoir lieu que quinzaine au moins après l'apposition des placards. [Pr. 683 s.]

740. Le placard sera signifié à l'avoué de l'adjudicataire, et à la partie saisie, au domicile de son avoué, et si elle n'en a pas, à son domicile, au moins huit jours avant la publication.

741. L'adjudication préparatoire pourra être faite à la seconde publication, qui aura lieu quinzaine après la première. [Pr. 702.]

742. A la quinzaine suivante, ou au jour plus éloigné qui aura été fixé par le tribunal, il sera procédé à une troisième publication, lors de laquelle les objets saisis pourront être vendus définitivement : chacune desdites publications sera précédée de placards et annonces, ainsi qu'il est dit ci-dessus; et seront observées, lors de l'adjudication, les formalités prescrites par les art. 707, 708 et 709.

743. Si néanmoins l'adjudicataire justifiait de l'acquit des conditions de l'adjudication, et consignait la somme réglée par le tribunal pour le paiement des frais de folle enchère, il ne serait pas procédé à l'adjudication définitive, et l'adjudicataire éventuel serait déchargé. [Pr. 692 s. 737.]

744. Le fol enchérisseur est tenu par corps de la différence de son prix d'avec celui de la revente sur folle enchère, sans pouvoir réclamer l'excédant s'il y en a ; cet excédant sera payé aux créanciers ou, si les créanciers sont désintéressés, à la partie saisie.

745. Les articles relatifs aux nullités et aux délais et formalités de l'appel sont communs à la poursuite de la folle enchère. [Pr. 717, 723, 726, 730, 734, 736.]

746. Les immeubles appartenant à des majeurs maîtres de disposer de leurs droits, ne pourront, à peine de nullité, être mis aux enchères en justice, lorsqu'il ne s'agira que de ventes volontaires. [Pr. 747, 953, 985. — C. 819, 1582 s.]

747. Néanmoins, lorsqu'un immeuble aura été saisi réellement, il sera libre aux intéressés, s'ils sont tous majeurs et maîtres de leurs droits de demander que l'adjudication soit faite aux enchères, devant notaires ou en justice, sans autres formalités que celles prescrites aux art. 957, 958, 959, 960, 961, 962, 964, sur *la Vente des biens immeubles*. [T. 127.]

748. Dans le cas de l'article précédent, si un mineur ou interdit est créancier, le tuteur pourra, sur un avis de parents, se joindre aux autres parties intéressées pour la même demande.

Si le mineur ou interdit est débiteur, les autres parties intéressées ne pourront faire cette demande qu'en se soumettant à observer toutes les formalités pour la vente des biens des mineurs. [Pr. 954. — C. 2206.]

TITRE QUATORZIÈME.

De l'Ordre.

749. Dans le mois de la signification du jugement d'adjudication, s'il n'est pas attaqué; en cas d'appel, dans le mois de la signification du jugement confirmatif, les créanciers et la partie saisie seront tenus de se régler entre eux sur la distribution du prix. [Pr. 714, 778.]

750. Le mois expiré, faute par les créanciers et la partie saisie de s'être réglés entre eux, le saisissant dans la huitaine, et, à son défaut, après ce délai, le créancier le plus diligent, ou l'adjudicataire, requerra la nomination d'un juge-commissaire, devant lequel il sera procédé à l'ordre. [Pr. 779. — T. 130.]

751. Il sera tenu au greffe, à cet effet, un registre des adjudications, sur lequel le requérant l'ordre fera son réquisitoire, à la suite duquel le président du tribunal nommera un juge-commissaire. [T. 130, 131.]

752. Le poursuivant prendra l'ordonnance du juge commis, qui ouvrira le procès-verbal d'ordre, auquel sera annexé un extrait délivré par le conservateur, de toutes les inscriptions existantes. [T. 131.]

753. En vertu de l'ordonnance du commissaire, les créanciers seront sommés de produire, par acte signifié aux domiciles élus par leurs inscriptions, ou à celui de leurs avoués, s'il y en a de constitués. [T. 29, 132.]

754. Dans le mois de cette sommation, chaque créancier sera tenu de produire ses titres avec acte de produit, signé de son avoué, et contenant demande en collocation. Le commissaire fera mention de la remise sur son procès-verbal.

755. Le mois expiré, et même auparavant, si les créanciers ont produit, le commissaire dressera, ensuite de son procès-verbal, un état de collocation sur les pièces produites. Le poursuivant dénoncera, par acte d'avoué à avoué, aux créanciers produisants et à la partie saisie, la confection de l'état de collocation, avec sommation d'en prendre communication, et de contredire, s'il y échet, sur le procès-verbal du commissaire, dans le délai d'un mois. [T. 134.]

756. Faute par les créanciers produisants de prendre communication des productions ès mains du commissaire dans ledit délai, ils demeureront forclos, sans nouvelle sommation ni juge-ment: il ne sera fait aucun dire, s'il n'y a contestation. [C. 513.]

757. Les créanciers qui n'auront produit qu'après le délai fixé, supporteront sans répétition, et sans pouvoir les employer dans aucun cas, les frais auxquels leur production tardive, et la déclaration d'icelle aux créanciers à l'effet d'en prendre con-naissance, auront donné lieu. Ils seront garants des intérêts qui auront couru, à compter du jour où ils auraient cessé si la pro-duction eût été faite dans le délai fixé. [T. 136.]

758. En cas de contestation, le commissaire renverra les contestants à l'audience, et néanmoins arrêtera l'ordre pour les créances antérieures à celles contestées, et ordonnera la délivrance des bordereaux de collocation de ces créanciers, qui ne seront tenus à aucun rapport à l'égard de ceux qui produiraient posté-rieurement. [Pr. 767, 771 s.]

759. S'il ne s'élève aucune contestation, le juge-commissaire fera la clôture de l'ordre; il liquidera les frais de radiation et de poursuite d'ordre, qui seront colloqués par préférence à toutes autres créances; il prononcera la déchéance des créanciers non produisants, ordonnera la délivrance des bordereaux de collocation aux créanciers utilement colloqués, et la radiation des inscriptions de ceux non utilement colloqués. Il sera fait distraction en faveur de l'adjudicataire, sur le montant de cha-que bordereau, des frais de radiation de l'inscription. [Pr. 767 s. 772, 777. — T. 137.]

760. Les créanciers postérieurs en ordre d'hypothèque aux collocations contestées seront tenus, dans la huitaine du mois accordé pour contredire, de s'accorder entre eux sur le choix d'un avoué; sinon ils seront représentés par l'avoué du dernier créancier colloqué. Le créancier qui contestera individuellement, supportera les frais auxquels sa contestation particulière aura donné lieu, sans pouvoir les répéter ni employer en aucun cas. L'avoué poursuivant ne pourra en cette qualité être appelé dans la contestation.

761. L'audience sera poursuivie par la partie la plus dili-gente, sur un simple acte d'avoué à avoué, sans autre procédure. [Pr. 82.]

762. Le jugement sera rendu sur le rapport du juge-com-missaire et les conclusions du ministère public; il contiendra liquidation des frais.

763. L'appel de ce jugement ne sera reçu, s'il n'est interjeté dans les dix jours de sa signification à avoué, outre un jour par trois myriamètres de distance du domicile réel de chaque partie ; il contiendra assignation, et l'énonciation des griefs. [Pr. 443 s. 2033.]

764. L'avoué du créancier dernier colloqué pourra être intimé s'il y a lieu.

765. Il ne sera signifié sur l'appel que des conclusions motivées de la part des intimés ; et l'audience sera poursuivie ainsi qu'il est dit en l'art. 761.

766. L'arrêt contiendra liquidation des frais : les parties qui succomberont sur l'appel seront condamnées aux dépens, sans pouvoir les répéter. [Pr. 768, 770.]

767. Quinzaine après le jugement des contestations, et, en cas d'appel, quinzaine après la signification de l'arrêt qui y aura statué, le commissaire arrêtera définitivement l'ordre des créances contestées et de celles postérieures, et ce, conformément à ce qui est prescrit par l'art. 759 : les intérêts et arrérages des créanciers utilement colloqués cesseront. [Pr. 770.]

768. Les frais de l'avoué qui aura représenté les créanciers contestants seront colloqués, par préférence à toutes autres créances, sur ce qui restera de deniers à distribuer, déduction faite de ceux qui auront été employés à acquitter les créances antérieures à celles contestées. [Pr. 759, 766, 777.]

769. L'arrêt qui autorisera l'emploi des frais prononcera la subrogation au profit du créancier sur lequel les fonds manqueront, ou de la partie saisie. L'exécutoire énoncera cette disposition et indiquera la partie qui devra en profiter.

770. La partie saisie et le créancier sur lequel les fonds manqueront auront leur recours contre ceux qui auront succombé dans la contestation, pour les intérêts et arrérages qui auront couru pendant le cours desdites contestations. [Pr. 766.]

771. Dans les dix jours après l'ordonnance du juge-commissaire, le greffier délivrera à chaque créancier utilement colloqué le bordereau de collocation, qui sera exécutoire contre l'acquéreur. [Pr. 758 s.]

772. Le créancier colloqué, en donnant quittance du montant de sa collocation, consentira la radiation de son inscription. [Pr. 759. — C. 2158.]

773. Au fur et à mesure du paiement des collocations, le

conservateur des hypothèques, sur la représentation du bordereau et de la quittance du créancier, déchargera d'office l'inscription, jusqu'à concurrence de la somme acquittée. [Pr. 759, 772.
—C. 2158.]

774. L'inscription d'office sera rayée définitivement, en justifiant, par l'adjudicataire, du paiement de la totalité de son prix,
soit aux créanciers utilement colloqués, soit à la partie saisie,
et de l'ordonnance du juge-commissaire qui prononce la radiation des inscriptions des créanciers non colloqués. [Pr. 772 s.]

775. En cas d'aliénation autre que celle par expropriation,
l'ordre ne pourra être provoqué s'il n'y a plus de trois créanciers
inscrits, et il le sera par le créancier le plus diligent ou l'acquéreur après l'expiration des trente jours qui suivront les délais
prescrits par les art. 2185 et 2194 du Code civil.

776. L'ordre sera introduit et réglé dans les formes prescrites
par le présent titre.

777. L'acquéreur sera employé par préférence pour le coût
de l'extrait des inscriptions et dénonciations aux créanciers
inscrits. [Pr. 759, 768.—C. 2101.]

778. Tout créancier pourra prendre inscription pour conser-
ver les droits de son débiteur; mais le montant de la collocation
du débiteur sera distribué, comme chose mobilière, entre tous
les créanciers inscrits ou opposants avant la clôture de l'ordre.
[C. 1166.]

779. En cas de retard ou de négligence dans la poursuite
d'ordre, la subrogation pourra être demandée. La demande en
sera formée par requête insérée au procès-verbal d'ordre, communiquée au poursuivant par acte d'avoué, jugée sommairement
en la chambre du conseil, sur le rapport du juge-commissaire.
[Pr. 750.—T. 138.]

TITRE QUINZIÈME.

De l'Emprisonnement.

780. Aucune contrainte par corps ne pourra être mise à
exécution qu'un jour après la signification, avec commandement, du jugement qui l'a prononcée.

Cette signification sera faite par un huissier commis par ledit
jugement ou par le président du tribunal de première instance
du lieu où se trouve le débiteur.

La signification contiendra aussi élection de domicile dans la commune où siége le tribunal qui a rendu ce jugement, si le créancier n'y demeure pas. [Pr. 126, 552, 784, 790, 794. — C. 2059 s. — P. 741. — T. 51, 76.]

781. Le débiteur ne pourra être arrêté, 1° avant le lever et après le coucher du soleil; [Pr. 1037.]

2° Les jours de fête légale;

3° Dans les édifices consacrés au culte, et pendant les exercices religieux seulement;

4° Dans le lieu et pendant la tenue des séances des autorités constituées;

5° Dans une maison quelconque, même dans son domicile, à moins qu'il eût été ainsi ordonné par le juge de paix du lieu, lequel juge de paix devra, dans ce cas, se transporter dans la maison avec l'officier ministériel. [Pr. 184. — T. 6, 52.]

782. Le débiteur ne pourra non plus être arrêté, lorsque appelé comme témoin devant un directeur du jury ou devant un tribunal de première instance, ou une cour royale ou d'assises, il sera porteur d'un sauf-conduit.

Le sauf-conduit pourra être accordé par le directeur du jury, par le président du tribunal ou de la cour où les témoins devront être entendus. Les conclusions du ministère public seront nécessaires.

Le sauf-conduit réglera la durée de son effet, à peine de nullité.

En vertu du sauf-conduit, le débiteur ne pourra être arrêté, ni le jour fixé pour sa comparution, ni pendant le temps nécessaire pour aller et pour revenir. [Pr. 794.]

783. Le procès-verbal d'emprisonnement contiendra, outre les formalités ordinaires des exploits, 1° itératif commandement; 2° élection de domicile dans la commune où le débiteur sera détenu, si le créancier n'y demeure pas : l'huissier sera assisté de deux recors. [Pr. 789, 794. — T. 53, 77.]

784. S'il s'est écoulé une année entière depuis le commandement, il sera fait un nouveau commandement par un huissier commis à cet effet. [Pr. 680, 804.]

785. En cas de rébellion, l'huissier pourra établir garnison aux portes pour empêcher l'évasion et requérir la force armée; et le débiteur sera poursuivi conformément aux dispositions du Code d'instruction criminelle. [Pr. 555.—I. 554.—P. 188, 209 s.]

786. Si le débiteur requiert qu'il en soit référé, il sera conduit sur-le-champ devant le président du tribunal de première instance du lieu où l'arrestation aura été faite, lequel statuera en état de référé : si l'arrestation est faite hors des heures de l'audience, le débiteur sera conduit chez le président. [Pr. 806 s. — T. 54.]

787. L'ordonnance sur référé sera consignée sur le procès-verbal de l'huissier, et sera exécutée sur-le-champ. [Pr. 794.]

788. Si le débiteur ne requiert pas qu'il en soit référé, ou si, en cas de référé, le président ordonne qu'il soit passé outre, le débiteur sera conduit dans la prison du lieu ; et s'il n'y en a pas, dans celle du lieu le plus voisin : l'huissier et tous autres qui conduiraient, recevraient ou retiendraient le débiteur dans un lieu de détention non légalement désigné comme tel, seront poursuivis comme coupables du crime de détention arbitraire. [Pr. 794. — I. 615. — P. 119.]

789. L'écrou du débiteur énoncera, 1° le jugement ; 2° les noms et domicile du créancier ; 3° l'élection de domicile, s'il ne demeure pas dans la commune ; 4° les noms, demeure et profession du débiteur ; 5° la consignation d'un mois d'aliments au moins ; 6° enfin, mention de la copie qui sera laissée au débiteur, parlant à sa personne, tant du procès-verbal d'emprisonnement que de l'écrou. Il sera signé de l'huissier. [Pr. 783, 791, 794 s. — T. 53, 55.]

790. Le gardien ou geolier transcrira sur son registre le jugement qui autorise l'arrestation : faute par l'huissier de représenter ce jugement, le geolier refusera de recevoir le débiteur et de l'écrouer. [Pr. 780, 794. — T. 56.]

791. Le créancier sera tenu de consigner les aliments d'avance. Les aliments ne pourront être retirés, lorsqu'il y aura recommandation, si ce n'est du consentement du recommandant. [Pr. 789, 793 s. 800, 803 s.]

792. Le débiteur pourra être recommandé par ceux qui auraient le droit d'exercer contre lui la contrainte par corps. Celui qui est arrêté comme prévenu d'un délit peut aussi être recommandé ; et il sera retenu par l'effet de la recommandation, encore que son élargissement ait été prononcé et qu'il ait été acquitté du délit. [Pr. 126 s. 552, 794, 796. — C. 2059 s. — T. 57.]

793. Seront observées, pour les recommandations, les formalités ci-dessus prescrites pour l'emprisonnement : néanmoins l'huissier ne sera pas assisté de recors ; et le recommandant sera dispensé de consigner les aliments, s'ils ont été consignés. [Pr. 780 s. 794, 796.]

Le créancier qui a fait emprisonner pourra se pourvoir contre le recommandant devant le tribunal du lieu où le débiteur est détenu, à l'effet de le faire contribuer au paiement des aliments par portion égale. [T. 57.]

794. A défaut d'observation des formalités ci-dessus prescrites, le débiteur pourra demander la nullité de l'emprisonnement, et la demande sera portée au tribunal du lieu où il est détenu : si la demande en nullité est fondée sur des moyens du fond, elle sera portée devant le tribunal de l'exécution du jugement. [Pr. 554.]

795. Dans tous les cas, la demande pourra être formée à bref délai, en vertu de permission de juge, et l'assignation donnée par huissier commis au domicile élu par l'écrou : la cause sera jugée sommairement, sur les conclusions du ministère public. [Pr. 49, 83 s. 404 s. 789, 802, 805. — T. 77.]

796. La nullité de l'emprisonnement, pour quelque cause qu'elle soit prononcée, n'emporte point la nullité des recommandations. [P. 792. — T. 58.]

797. Le débiteur dont l'emprisonnement est déclaré nul ne peut être arrêté pour la même dette qu'un jour au moins après sa sortie. [Pr. 804.]

798. Le débiteur sera mis en liberté, en consignant entre les mains du geolier de la prison les causes de son emprisonnement et les frais de la capture. [Pr. 800, 802.]

799. Si l'emprisonnement est déclaré nul, le créancier pourra être condamné en des dommages-intérêts envers le débiteur. [Pr. 128.]

800. Le débiteur légalement incarcéré obtiendra son élargissement,

1° Par le consentement du créancier qui l'a fait incarcérer, et des recommandants, s'il y en a ; [Pr. 801.]

2° Par le paiement ou la consignation des sommes dues tant au créancier qui a fait emprisonner qu'au recommandant, des intérêts échus, des frais liquidés, de ceux d'emprisonnement, et de la restitution des aliments consignés ; [Pr. 798, 802. — C. 1235 s. 1237 s.]

3° Par le bénéfice de cession ; [Pr. 898 s.]

4° A défaut par les créanciers d'avoir consigné d'avance les aliments; [Pr. 791 , 803 s.]

5° Et enfin, si le débiteur a commencé sa soixante-dixième année, et si, dans ce dernier cas, il n'est pas stellionataire. [C. 2066.]

801. Le consentement à la sortie du débiteur pourra être donné , soit devant notaire, soit sur le registre d'écrou.

802. La consignation de la dette sera faite entre les mains du geolier, sans qu'il soit besoin de la faire ordonner ; si le geolier refuse, il sera assigné à bref délai devant le tribunal du lieu, en vertu de permission : l'assignation sera donnée par huissier commis. [Pr. 554 , 798 s. 805. — T. 77.]

803. L'élargissement, faute de consignation d'aliments, sera ordonné sur le certificat de non-consignation , délivré par le geolier , et annexé à la requête présentée au président du tribunal , sans sommation préalable.

Si cependant le créancier en retard de consigner les aliments fait la consignation avant que le débiteur ait formé sa demande en élargissement , cette demande ne sera plus recevable. [Pr. 800. — T. 77.]

804. Lorsque l'élargissement aura été ordonné faute de consignation d'aliments , le créancier ne pourra de nouveau faire emprisonner le débiteur , qu'en lui remboursant les frais par lui faits pour obtenir son élargissement , ou les consignant , à son refus, ès mains du greffier , et en consignant aussi d'avance six mois d'aliments : on ne sera point tenu de recommencer les formalités préalables à l'emprisonnement, s'il a lieu dans l'année du commandement. [Pr. 784 , 797.]

805. Les demandes en élargissement seront portées au tribunal dans le ressort duquel le débiteur est détenu. Elles seront formées à bref délai, au domicile élu par l'écrou, en vertu de permission du juge, sur requête présentée à cet effet : elles seront communiquées au ministère public, et jugées, sans instruction, à la première audience, préférablement à toutes autres causes, sans remise ni tour de rôle. [Pr. 554, 786, 795.]

TITRE SEIZIÈME.

Des Référés.

806. Dans tous les cas d'urgence, ou lorsqu'il s'agira de statuer provisoirement sur les difficultés relatives à l'exécution d'un titre exécutoire ou d'un jugement, il sera procédé ainsi qu'il va être réglé ci-après. [Pr. 606 s. 661, 786 s. 829, 843, 845, 852, 921 s. 944, 948.—T. 93.]

807. La demande sera portée à une audience tenue à cet effet par le président du tribunal de première instance, ou par le juge qui le remplace, aux jour et heure indiqués par le tribunal. [Pr. 553.—T. 29.]

808. Si néanmoins le cas requiert célérité, le président, ou celui qui le représentera, pourra permettre d'assigner, soit à l'audience, soit à son hôtel, à heure indiquée, même les jours de fêtes ; et, dans ce cas, l'assignation ne pourra être donnée qu'en vertu de l'ordonnance du juge, qui commettra un huissier à cet effet. [Pr. 554.—T. 76.]

809. Les ordonnances sur référés ne feront aucun préjudice au principal ; elles seront exécutoires par provision, sans caution, si le juge n'a pas ordonné qu'il en serait fourni une.—Elles ne seront pas susceptibles d'opposition.

Dans les cas où la loi autorise l'appel, cet appel pourra être interjeté même avant le délai de huitaine, à dater du jugement ; et il ne sera point recevable s'il a été interjeté après la quinzaine, à dater du jour de la signification du jugement. [Pr. 449, 455, 811.]

L'appel sera jugé sommairement et sans procédure. [T. 29, 149.]

810. Les minutes des ordonnances sur référés seront déposées au greffe.

811. Dans les cas d'absolue nécessité, le juge pourra ordonner l'exécution de son ordonnance sur la minute.

DEUXIÈME PARTIE.

PROCÉDURES DIVERSES.

LIVRE PREMIER.

(Décrété le 22 avril 1806. Promulgué le 2 mai.)

TITRE PREMIER.

Des Offres de paiement, et de la Consignation.

812. Tout procès-verbal d'offres désignera l'objet offert, de manière qu'on ne puisse y en substituer un autre ; et si ce sont des espèces, il en contiendra l'énumération et la qualité. [C. 1257 s.]

813. Le procès-verbal fera mention de la réponse, du refus ou de l'acceptation du créancier, et s'il a signé, refusé ou déclaré ne pouvoir signer. [T. 59.]

814. Si le créancier refuse les offres, le débiteur peut, pour se libérer, consigner la chose ou la somme offerte, en observant les formalités prescrites par l'article 1259 du Code civil.

815. La demande qui pourra être intentée, soit en validité, soit en nullité des offres ou de la consignation, sera formée d'après les règles établies pour les demandes principales : si elle est incidente, elle le sera par requête. [Pr. 49, n° 7, 59 s. 337 s. — T. 75.]

816. Le jugement qui déclarera les offres valables, ordonnera, dans le cas où la consignation n'aurait pas encore eu lieu, que, faute par le créancier d'avoir reçu la somme ou la chose offerte, elle sera consignée ; il prononcera la cessation des intérêts, du jour de la réalisation. [C. 1259 s.]

817. La consignation volontaire ou ordonnée sera toujours à la charge des oppositions, s'il en existe, et en les dénonçant au créancier. [Pr. 557 s. 573, 575.]

818. Le surplus est réglé par les dispositions du Code civil, relatives aux offres de paiement et à la consignation. [C. 1257 s.]

TITRE DEUXIÈME.

Du Droit des Propriétaires sur les meubles, effets et fruits de leurs locataires et fermiers, ou de la Saisie-gagerie et de la Saisie-arrêt sur débiteurs forains.

819. Les propriétaires et principaux locataires de maisons ou biens ruraux, soit qu'il y ait bail, soit qu'il n'y en ait pas, peuvent, un jour après le commandement, et sans permission du juge, faire saisir-gager, pour loyers et fermages échus, les effets et fruits étant dans lesdites maisons ou bâtiments ruraux, et sur les terres. [C. 1728.]

Ils peuvent même faire saisir-gager à l'instant, en vertu de la permission qu'ils en auront obtenue, sur requête, du président du tribunal de première instance.

Ils peuvent aussi saisir les meubles qui garnissaient la maison ou la ferme, lorsqu'ils ont été déplacés sans leur consentement; et ils conservent sur eux leur privilége, pourvu qu'ils en aient fait la revendication, conformément à l'article 2102 du Code civil. [Pr. 821, 826 s. — T. 29, 61, 76.]

820. Peuvent les effets des sous-fermiers et sous-locataires, garnissant les lieux par eux occupés, et les fruits des terres qu'ils sous-louent, être saisis-gagés pour les loyers et fermages dus par le locataire ou fermier de qui ils tiennent : mais ils obtiendront main-levée, en justifiant qu'ils ont payé sans fraude, et sans qu'ils puissent opposer des paiements faits par anticipation. [C. 1753, 2102.]

821. La saisie-gagerie sera faite en la même forme que la saisie-exécution : le saisi pourra être constitué gardien ; et s'il y a des fruits, elle sera faite dans la forme établie par le titre IX du livre précédent. [Pr. 586 s. 598, 626 s.]

822. Tout créancier, même sans titre, peut, sans commandement préalable, mais avec permission du président du tribunal de première instance et même du juge de paix, faire saisir les effets trouvés dans la commune qu'il habite, appartenant à son débiteur forain. [T. 61, 63, 76.]

823. Le saisissant sera gardien des effets, s'ils sont en ses mains; sinon, il sera établi un gardien. [Pr. 598.]

824. Il ne pourra être procédé à la vente, sur les saisies énoncées au présent titre, qu'après qu'elles auront été déclarées

valables : le saisi, dans le cas de l'art. 821, le saisissant, dans le cas de l'art. 823, ou le gardien, s'il en a été établi, seront condamnés par corps à la représentation des effets. [Pr. 126, 780 s. — C. 2059 s.]

825. Seront, au surplus, observées les règles ci-devant prescrites pour la saisie-exécution, la vente et la distribution des deniers. [Pr. 586 s. 617 s. 656 s. — T. 61.]

TITRE TROISIÈME.

De la Saisie-revendication.

826. Il ne pourra être procédé à aucune saisie-revendication, qu'en vertu d'ordonnance du président du tribunal de première instance rendue sur requête ; et ce, à peine de dommages-intérêts tant contre la partie que contre l'huissier qui aura procédé à la saisie. [Pr. 608, 727 s. — C. 1926, 2102, 2279. — Co. 576. — T. 77.]

827. Toute requête à fin de saisie-revendication désignera sommairement les effets. [T. 77.]

828. Le juge pourra permettre la saisie-revendication, même les jours de fête légale. [Pr. 73, 1037.]

829. Si celui chez lequel sont les effets qu'on veut revendiquer refuse les portes ou s'oppose à la saisie, il en sera référé au juge ; et cependant il sera sursis à la saisie, sauf au requérant à établir garnison aux portes. [Pr. 806 s. — T. 62.]

830. La saisie-revendication sera faite en la même forme que la saisie-exécution, si ce n'est que celui chez qui elle est faite pourra être constitué gardien. [Pr. 586 s. 598.]

831. La demande en validité de la saisie sera portée devant le tribunal du domicile de celui sur qui elle est faite ; et si elle est connexe à une instance déjà pendante, elle le sera au tribunal saisi de cette instance.

TITRE QUATRIÈME.

De la Surenchère sur aliénation volontaire.

832. Les notifications et réquisitions prescrites par les articles 2183 et 2185 du Code civil seront faites par un huissier commis à cet effet, sur simple requête, par le président du tribunal de première instance de l'arrondissement où elles auront lieu ; elles contiendront constitution d'avoué près le tribunal où la surenchère et l'ordre devront être portés.

L'acte de réquisition de mise aux enchères contiendra , à peine de nullité de la surenchère, l'offre de la caution (1), avec assignation à trois jours devant le même tribunal, pour la réception de ladite caution , à laquelle il sera procédé sommairement. [Pr. 404 s. 517 s. — T. 76, 128.]

833. Si la caution est rejetée, la surenchère sera déclarée nulle et l'acquéreur maintenu, à moins qu'il n'ait été fait d'autres surenchères par d'autres créanciers.

834. Les créanciers qui, ayant une hypothèque aux termes des art. 2123, 2127 et 2128 du Code civil, n'auront pas fait inscrire leurs titres antérieurement aux aliénations qui seront faites à l'avenir des immeubles hypothéqués, ne seront reçus à requérir la mise aux enchères, conformément aux dispositions du chap. VIII, titre XVIII du livre III du Code civil, qu'en justifiant de l'inscription qu'ils auront prise depuis l'acte translatif de propriété, et au plus tard dans la quinzaine de la transcription de cet acte.

Il en sera de même à l'égard des créanciers ayant privilége sur des immeubles, sans préjudice des autres droits résultant au vendeur et aux héritiers, des art. 2108 et 2109 du Code civil.

835. Dans le cas de l'article précédent, le nouveau propriétaire n'est pas tenu de faire aux créanciers dont l'inscription n'est pas antérieure à la transcription de l'acte, les significations prescrites par les art. 2183 et 2184 du Code civil ; et dans tous les cas, faute par les créanciers d'avoir requis la mise aux enchères dans le délai et les formes prescrits, le nouveau propriétaire n'est tenu que du paiement du prix , conformément à l'art. 2186 du Code civil.

836. Pour parvenir à la revente sur enchère, prévue par l'article 2187 du Code civil, le poursuivant fera apposer des placards indicatifs de la première publication, laquelle sera faite quinzaine après cette apposition. [Pr. 684 s.]

837. Le procès-verbal d'apposition de placards sera notifié au nouveau propriétaire, si c'est le créancier qui poursuit ; et au créancier surenchérisseur, si c'est l'acquéreur.

(1)   (Loi du 21 février 1827.)

Art. unique. Dans le cas prévu par les articles 2185 du Code civil et 832 du Code de procédure civile, si la mise aux enchères est requise au nom de l'État, le trésor royal sera dispensé d'offrir et de donner caution.

838. L'acte d'aliénation tiendra lieu de minute d'enchère.

Le prix porté dans l'acte, et la somme de la surenchère, tiendront lieu d'enchère.

TITRE CINQUIÈME.

Des Voies à prendre pour avoir expédition ou copie d'un Acte, ou pour le faire réformer.

839. Le notaire ou autre dépositaire qui refusera de délivrer expédition ou copie d'un acte aux parties intéressées en nom direct, héritiers ou ayant-droit, y sera condamné, et par corps, sur assignation à bref délai, donnée en vertu de permission du président du tribunal de première instance sans préliminaire de conciliation. [Pr. 49, 780 s. 843 s. — T. 78.]

840. L'affaire sera jugée sommairement, et le jugement exécuté, nonobstant opposition ou appel. [Pr. 135 s. 404 s.]

841. La partie qui voudra obtenir copie d'un acte non enregistré, ou même resté imparfait, présentera sa requête au président du tribunal de première instance, sauf l'exécution des lois et réglements relatifs à l'enregistrement. [Pr. 844. — T. 29, 78.]

842. La délivrance sera faite, s'il y a lieu, en exécution de l'ordonnance mise ensuite de la requête; et il en sera fait mention au bas de la copie délivrée.

843. En cas de refus de la part du notaire ou dépositaire, il en sera référé au président du tribunal de première instance. [Pr. 806 s.]

844. La partie qui voudra se faire délivrer une seconde grosse, soit d'une minute d'acte, soit par forme d'ampliation sur une grosse déposée, présentera, à cet effet, requête au président du tribunal de première instance : en vertu de l'ordonnance qui interviendra, elle fera sommation au notaire pour faire la délivrance à jour et heure indiqués, et aux parties intéressées, pour y être présentes; mention sera faite de cette ordonnance au bas de la seconde grosse, ainsi que de la somme pour laquelle on pourra exécuter, si la créance est acquittée ou cédée en partie. [Pr. 854. — T. 29, 78.]

845. En cas de contestation, les parties se pourvoiront en référé. [Pr. 806 s.]

846. Celui qui, dans le cours d'une instance, voudra se faire délivrer expédition ou extrait d'un acte dans lequel il n'aura pas été partie, se pourvoira ainsi qu'il va être réglé. [Pr. 853.]

847. La demande à fin de compulsoire sera formée par requête d'avoué à avoué; elle sera portée à l'audience sur un simple acte, et jugée sommairement sans aucune procédure. [Pr. 404 s. — T. 75.]

848. Le jugement sera exécutoire, nonobstant appel ou opposition. [Pr. 135 s.]

849. Les procès-verbaux de compulsoire ou collation seront dressés et l'expédition ou copie délivrée par le notaire ou dépositaire, à moins que le tribunal qui l'aura ordonnée n'ait commis un de ses membres, ou tout autre juge du tribunal de première instance, ou un autre notaire. [T. 168.]

850. Dans tous les cas, les parties pourront assister au procès-verbal, et y insérer tels dires qu'elles aviseront. [T. 92.]

851. Si les frais et déboursés de la minute de l'acte sont dus au dépositaire, il pourra refuser expédition tant qu'il ne sera pas payé desdits frais, outre ceux d'expédition.

852. Les parties pourront collationner l'expédition ou copie à la minute, dont lecture sera faite par le dépositaire : si elles prétendent qu'elles ne sont pas conformes, il en sera référé, à jour indiqué par le procès-verbal, au président du tribunal, lequel fera la collation; à cet effet, le dépositaire sera tenu d'apporter la minute.

Les frais du procès-verbal, ainsi que ceux du transport du dépositaire, seront avancés par le requérant. [Pr. 301. — T. 168.]

853. Les greffiers et dépositaires des registres publics en délivreront, sans ordonnance de justice, expédition, copie ou extrait, à tous requérants, à la charge de leurs droits, à peine de dépens, dommages et intérêts.

854. Une seconde expédition exécutoire d'un jugement ne sera délivrée à la même partie qu'en vertu d'ordonnance du président du tribunal où il aura été rendu.

Seront observées les formalités prescrites pour la délivrance des secondes grosses des actes devant notaires. [Pr. 844. — T. 78.]

855. Celui qui voudra faire ordonner la rectification d'un acte de l'état civil présentera requête au président du tribunal de première instance. [C. 99 s. — T. 78.]

856. Il y sera statué sur rapport, et sur les conclusions du ministère public. Les juges ordonneront, s'ils l'estiment convenable, que les parties intéressées seront appelées, et que le conseil de famille sera préalablement convoqué. [Pr. 882 s.]

S'il y a lieu d'appeler les parties intéressées, la demande sera formée par exploit, sans préliminaire de conciliation. [Pr. 49.]

Elle le sera par acte d'avoué, si les parties sont en instance. [T. 29, 71.]

857. Aucune rectification, aucun changement, ne pourront être faits sur l'acte ; mais les jugements de rectification seront inscrits sur les registres par l'officier de l'état civil, aussitôt qu'ils lui auront été remis : mention en sera faite en marge de l'acte réformé ; et l'acte ne sera plus délivré qu'avec les rectifications ordonnées, à peine de tous dommages - intérêts contre l'officier qui l'aurait délivré. [C. 49, 99 s.]

858. Dans le cas où il n'y aurait d'autre partie que le demandeur en rectification, et où il croirait avoir à se plaindre du jugement, il pourra, dans les trois mois depuis la date de ce jugement, se pourvoir à la cour royale, en présentant au président une requête, sur laquelle sera indiqué un jour auquel il sera statué à l'audience sur les conclusions du ministère public. Pr. 443 s. — C. 54. — T. 150.]

TITRE SIXIÈME.

De quelques Dispositions relatives à l'Envoi en possession
des biens d'un Absent.

859. Dans le cas prévu par l'art. 112 du Code civil, et pour y faire statuer, il sera présenté requête au président du tribunal. Sur cette requête, à laquelle seront joints les pièces et documents, le président commettra un juge pour faire le rapport au jour indiqué ; et le jugement sera prononcé après avoir entendu le procureur du Roi. [C. 114 s. — T. 78.]

860. Il sera procédé de même dans le cas où il s'agirait de l'envoi en possession provisoire autorisé par l'art. 120 du Code civil. [T. 78.]

TITRE SEPTIÈME.

Autorisation de la Femme mariée.

861. La femme qui voudra se faire autoriser à la poursuite de ses droits, après avoir fait une sommation à son mari, et sur le refus par lui fait, présentera requête au président, qui rendra ordonnance portant permission de citer le mari, à jour indiqué, à la chambre du conseil, pour déduire les causes de son refus. [C. 25 s. 218 s. — T. 29, 78.]

862. Le mari entendu, ou faute par lui de se présenter, il sera rendu, sur les conclusions du ministère public, jugement qui statuera sur la demande de la femme.

863. Dans lo cas de l'absence présumée du mari, ou lorsqu'elle aura été déclarée, la femme qui voudra se faire autoriser à la poursuite de ses droits, présentera également requête au président du tribunal, qui ordonnera la communication au ministère public, et commettra un juge pour faire son rapport à jour indiqué. [Pr. 865. — C. 112, 115, 222. — T. 78.]

864. La femme de l'interdit se fera autoriser en la forme prescrite par l'article précédent ; elle joindra à sa requête le jugement d'interdiction. [C. 222, 224. — T. 78.]

TITRE HUITIÈME.

Des Séparations de Biens.

865. Aucune demande en séparation de biens ne pourra être formée sans une autorisation préalable, que le président du tribunal devra donner sur la requête qui lui sera présentée à cet effet. Pourra néanmoins le président, avant de donner l'autorisation, faire les observations qui lui paraîtront convenables. [Pr 49, 869. — C. 311, 1443 s. — Co. 65 s. — T. 78.]

866. Le greffier du tribunal inscrira, sans délai, dans un tableau placé à cet effet dans l'auditoire, un extrait de la demande en séparation, lequel contiendra,

1° La date de la demande ;

2° Les noms, prénoms, profession et demeure des époux ;

3° Les noms et demeure de l'avoué constitué, qui sera tenu de remettre, à cet effet, ledit extrait au greffier, dans les trois jours de la demande. [Pr. 869. — Co. 65 s. — T. 92.]

867. Pareil extrait sera inséré dans les tableaux placés, à cet effet, dans l'auditoire du tribunal de commerce, dans les chambres d'avoués de première instance et dans celles de notaires, le tout dans les lieux où il y en a : lesdites insertions seront certifiées par les greffiers et par les secrétaires des chambres. [Pr. 869. — T. 92.]

868. Le même extrait sera inséré, à la poursuite de la femme, dans l'un des journaux qui s'impriment dans le lieu où siége le tribunal ; et s'il n'y en a pas, dans l'un de ceux établis dans le département, s'il y en a. — Ladite insertion sera justifiée ainsi qu'il est dit au titre *de la Saisie immobilière,* art. 683. [T. 92.]

869. Il ne pourra être, sauf les actes conservatoires , prononcé, sur la demande en séparation, aucun jugement qu'un mois après l'observation des formalités ci-dessus prescrites, et qui seront observées à peine de nullité, laquelle pourra être opposée par le mari ou par ses créanciers.

870. L'aveu du mari ne fera pas preuve, lors même qu'il n'y aurait pas de créanciers. [C. 1443, 1447. — Co. 65.]

871. Les créanciers du mari pourront, jusqu'au jugement définitif, sommer l'avoué de la femme, par acte d'avoué à avoué, de leur communiquer la demande en séparation et les pièces justificatives, même intervenir pour la conservation de leurs droits, sans préliminaire de conciliation. [Pr. 49, 339. —C. 1447. — Co. 65. — T. 70, 75.]

872. Le jugement de séparation sera lu publiquement, l'audience tenante, au tribunal de commerce du lieu, s'il y en a : extrait de ce jugement, contenant la date, la désignation du tribunal où il a été rendu, les noms, prénoms, profession et demeure des époux, sera inséré sur un tableau à ce destiné, et exposé pendant un an dans l'auditoire des tribunaux de première instance et de commerce du domicile du mari, même lorsqu'il ne serait pas négociant, et s'il n'y a pas de tribunal de commerce, dans la principale salle de la maison commune du domicile du mari. Pareil extrait sera inséré au tableau exposé en la chambre des avoués et notaires, s'il y en a. La femme ne pourra commencer l'exécution du jugement que du jour où les formalités ci-dessus auront été remplies, sans que néanmoins il soit nécessaire d'attendre l'expiration du susdit délai d'un an.

Le tout, sans préjudice des dispositions portées en l'art. 1445 du Code civil. [Pr. 880. — Co. 66 s. — T. 92.]

873. Si les formalités prescrites au présent titre ont été observées, les créanciers du mari ne seront plus reçus, après l'expiration du délai dont il s'agit dans l'article précédent, à se pourvoir par tierce opposition contre le jugement de séparation. [Co. 65 , 67.]

874. La renonciation de la femme à la communauté sera faite au greffe du tribunal saisi de la demande en séparation. [Pr. 997. —C. 1457. — Co. 65, 67. — T. 91.]

TITRE NEUVIÈME.

De la Séparation de corps, et du Divorce.

875. L'époux qui voudra se pourvoir en séparation de corps sera tenu de présenter au président du tribunal de son domicile, requête contenant sommairement les faits ; il y joindra les pièces à l'appui, s'il y en a. [C. 306 s. 311. — T. 79.]

876. La requête sera répondue d'une ordonnance portant que les parties comparaîtront devant le président au jour qui sera indiqué par ladite ordonnance. [T. 29.]

877. Les parties seront tenues de comparaître en personne, sans pouvoir se faire assister d'avoués ni de conseils.

878. Le président fera aux deux époux les représentations qu'il croira propres à opérer un rapprochement : s'il ne peut y parvenir, il rendra ensuite de la première ordonnance, une seconde portant qu'attendu qu'il n'a pu concilier les parties, il les renvoie à se pourvoir, sans citation préalable au bureau de conciliation : il autorisera par la même ordonnance la femme à procéder sur la demande, et à se retirer provisoirement dans telle maison dont les parties seront convenues, ou qu'il indiquera d'office ; il ordonnera que les effets à l'usage journalier de la femme lui seront remis. Les demandes en provision seront portées à l'audience.

879. La cause sera instruite dans les formes établies pour les autres demandes, et jugée sur les conclusions du ministère public. [Pr. 83. — C. 307.]

880. Extrait du jugement qui prononcera la séparation sera inséré aux tableaux exposés tant dans l'auditoire des tribunaux que dans les chambres d'avoués et notaires, ainsi qu'il est dit art. 872. [T. 92.]

881. A l'égard du divorce, il sera procédé comme il est prescrit au Code civil. [C. 229.]

TITRE DIXIÈME.

Des Avis de Parents.

882. Lorsque la nomination d'un tuteur n'aura pas été faite en sa présence, elle lui sera notifiée, à la diligence du membre de l'assemblée qui aura été désigné par elle : ladite notification sera faite dans les trois jours de la délibération, outre un jour par trois myriamètres de distance entre le lieu où s'est tenue l'assemblée et le domicile du tuteur. [Pr. 968. — C. 405 s. 438 s.]

883. Toutes les fois que les délibérations du conseil de famille ne seront pas unanimes, l'avis de chacun des membres qui la composent sera mentionné dans le procès-verbal.

Le tuteur, subrogé tuteur ou curateur, même les membres de l'assemblée, pourront se pourvoir contre la délibération; ils formeront leur demande contre les membres qui auront été d'avis de la délibération, sans qu'il soit nécessaire d'appeler en conciliation. [Pr. 49, 888. — T. 29.]

884. La cause sera jugée sommairement. [Pr. 404 s.]

885. Dans tous les cas où il s'agit d'une délibération sujette à homologation, une expédition de la délibération sera présentée au président, lequel, par ordonnance au bas de ladite délibération, ordonnera la communication au ministère public, et commettra un juge pour en faire le rapport à jour indiqué. [C. 467.]

886. Le procureur du Roi donnera ses conclusions au bas de ladite ordonnance; la minute du jugement d'homologation sera mise à la suite desdites conclusions sur le même cahier.

887. Si le tuteur, ou autre chargé de poursuivre l'homologation, ne le fait dans le délai fixé par la délibération, ou, à défaut de fixation, dans le délai de quinzaine, un des membres de l'assemblée pourra poursuivre l'homologation contre le tuteur, et aux frais de celui-ci, sans répétition.

888. Ceux des membres de l'assemblée qui croiront devoir s'opposer à l'homologation, le déclareront, par acte extrajudiciaire, à celui qui est chargé de la poursuivre; et s'ils n'ont pas été appelés, ils pourront former opposition au jugement. [Pr. 883. — T. 29.]

889. Les jugements rendus sur délibération du conseil de famille seront sujets à l'appel. [C. 446 s.]

TITRE ONZIÈME.

De l'Interdiction.

890. Dans toute poursuite d'interdiction, les faits d'imbé-cillité, de démence ou de fureur, seront énoncés en la requête présentée au président du tribunal; on y joindra les pièces jus-tificatives, et l'on indiquera les témoins. [C. 489 s. 492 s. — T. 79. — T. C. 117 s.]

891. Le président du tribunal ordonnera la communication de la requête au ministère public, et commettra un juge pour faire rapport à jour indiqué. [Pr. 83.]

892. Sur le rapport du juge et les conclusions du procureur du Roi, le tribunal ordonnera que le conseil de famille, formé selon le mode déterminé par le Code civil, section IV du chapi-tre II, au titre *de la Minorité, de la Tutelle et de l'Émanci-pation,* donnera son avis sur l'état de la personne dont l'inter-diction est demandée. [C. 406 s. 494. — T. 92.]

893. La requête et l'avis du conseil de famille seront signifiés au défendeur avant qu'il soit procédé à son interrogatoire.

Si l'interrogatoire et les pièces produites sont insuffisants, et si les faits peuvent être justifiés par témoins, le tribunal or-donnera, s'il y a lieu, l'enquête, qui se fera en la forme ordi-naire.

Il pourra ordonner, si les circonstances l'exigent, que l'en-quête sera faite hors de la présence du défendeur; mais dans ce cas, son conseil pourra le représenter. [Pr. 252 s. 890, 892.]

894. L'appel interjeté par celui dont l'interdiction aura été prononcée, sera dirigé contre le provoquant.

L'appel interjeté par le provoquant, ou par un des membres de l'assemblée, le sera contre celui dont l'interdiction aura été provoquée.

En cas de nomination de conseil, l'appel de celui auquel il aura été donné, sera dirigé contre le provoquant. [Pr. 443 s.]

895. S'il n'y a pas d'appel du jugement d'interdiction, ou s'il est confirmé sur l'appel, il sera pourvu à la nomination d'un tuteur et d'un subrogé tuteur à l'interdit, suivant les règles pres-crites au titre *des Avis de Parents.* [Pr. 882 s. — C. 405 s. 420 s. 427 s.]

L'administrateur provisoire nommé en exécution de l'article 497 du Code civil cessera ses fonctions, et rendra compte au tuteur, s'il ne l'est pas lui-même. [Pr. 527 s.]

896. La demande en main-levée d'interdiction sera instruite et jugée dans la même forme que l'interdiction.

897. Le jugement qui prononcera défenses de plaider, transiger, emprunter, recevoir un capital mobilier, en donner décharge, aliéner ou hypothéquer sans assistance de conseil, sera affiché dans la forme prescrite par l'art. 501 du Code civil.

TITRE DOUZIÈME.

Du Bénéfice de cession.

898. Les débiteurs qui seront dans le cas de réclamer la cession judiciaire accordée par l'art. 1268 du Code civil, seront tenus, à cet effet, de déposer au greffe du tribunal où la demande sera portée, leur bilan, leurs livres, s'ils en ont, et leurs titres actifs. [Co. 566 s.—T. 92.]

899. Le débiteur se pourvoira devant le tribunal de son domicile.

900. La demande sera communiquée au ministère public; elle ne suspendra l'effet d'aucune poursuite, sauf aux juges à ordonner, parties appelées, qu'il sera sursis provisoirement. [Pr. 83.—Co. 570.]

901. Le débiteur admis au bénéfice de cession sera tenu de réitérer sa cession en personne, et non par procureur, ses créanciers appelés, à l'audience du tribunal de commerce de son domicile; et s'il n'y en a pas, à la maison commune, un jour de séance : la déclaration du débiteur sera constatée, dans ce dernier cas, par procès-verbal de l'huissier, qui sera signé par le maire. [Co. 635, n° 4.—T. 64.]

902. Si le débiteur est détenu, le jugement qui l'admettra au bénéfice de cession ordonnera son extraction, avec les précautions en tel cas requises et accoutumées, à l'effet de faire sa déclaration conformément à l'article précédent. [Pr. 800.—C. 1270.—T. 65.]

903. Les nom, prénoms, profession et demeure du débiteur, seront insérés dans un tableau public à ce destiné, placé dans l'auditoire du tribunal de commerce de son domicile, ou du tribunal de première instance qui en fait les fonctions, et dans le lieu des séances de la maison commune. [T. 92.]

904. Le jugement qui admettra au bénéfice de cession vaudra pouvoir aux créanciers, à l'effet de faire vendre les biens meubles et immeubles du débiteur; et il sera procédé à cette vente dans les formes prescrites pour les héritiers sous bénéfice d'inventaire. [Pr. 945 s. — C. 1269.]

905. Ne pourront être admis au bénéfice de cession les étrangers, les stellionataires, les banqueroutiers frauduleux, les personnes condamnées pour cause de vol ou d'escroquerie, ni les personnes comptables, tuteurs, administrateurs et dépositaires. [C. 11, 1945, 2059. — Co. 575, 596. — P. 379 s. 405.]

906. Il n'est au surplus rien préjugé, par les dispositions du présent titre, à l'égard du commerce, aux usages duquel il n'est, quant à présent, rien innové. [Co. 576 s.]

LIVRE DEUXIÈME.

PROCÉDURES RELATIVES A L'OUVERTURE D'UNE SUCCESSION.

(Décrété le 28 avril 1806. Promulgué le 8 mai suivant.)

TITRE PREMIER.

De l'Apposition des Scellés après Décès.

907. Lorsqu'il y aura lieu à l'apposition des scellés après décès, elle sera faite par les juges de paix, et, à leur défaut, par leurs suppléants. [Pr. 911 s. 924. — C. 810, 1035. — Co. 449 s. — P. 249.]

908. Les juges de paix et leurs suppléants se serviront d'un sceau particulier, qui restera entre leurs mains, et dont l'empreinte sera déposée au greffe du tribunal de première instance.

909. L'apposition des scellés pourra être requise,

1° Par tous ceux qui prétendront droit dans la succession ou dans la communauté ; [C. 819 s.]

2° Par tous créanciers fondés en titre exécutoire, ou autorisés par une permission, soit du président du tribunal de première instance, soit du juge de paix du canton où le scellé doit être apposé ;

3° Et en cas d'absence, soit du conjoint, soit des héritiers ou de l'un d'eux, par les personnes qui demeuraient avec le défunt, et par ses serviteurs et domestiques. [Pr. 911, 930.—T. 1, 16, 78.]

910. Les prétendant-droit et les créanciers mineurs émancipés pourront requérir l'apposition des scellés sans l'assistance de leur curateur.

S'ils sont mineurs non émancipés, et s'ils n'ont pas de tuteur, ou s'il est absent, elle pourra être requise par un de leurs parents.

911. Le scellé sera apposé, soit à la diligence du ministère public, soit sur la déclaration du maire ou adjoint de la commune, et même d'office par le juge de paix,

1° Si le mineur est sans tuteur, et que le scellé ne soit pas requis par un parent;

2° Si le conjoint, ou si les héritiers ou l'un d'eux, sont absents;

3° Si le défunt était dépositaire public; auquel cas le scellé ne sera apposé que pour raison de ce dépôt et sur les objets qui le composent. [Pr. 914.—T. 94.]

912. Le scellé ne pourra être apposé que par le juge de paix des lieux ou par ses suppléants. [Pr. 907.]

913. Si le scellé n'a pas été apposé avant l'inhumation, le juge constatera, par son procès-verbal, le moment où il a été requis de l'apposer, et les causes qui ont retardé soit la réquisition soit l'apposition.

914. Le procès-verbal d'apposition contiendra,

1° La date des an, mois, jour et heure;

2° Les motifs de l'apposition;

3° Les noms, profession et demeure du requérant, s'il y en a, et son élection de domicile dans la commune où le scellé est apposé, s'il n'y demeure;

4° S'il n'y a pas de partie requérante, le procès-verbal énoncera que le scellé a été apposé d'office ou sur le réquisitoire ou sur la déclaration de l'un des fonctionnaires dénommés dans l'article 911;

5° L'ordonnance qui permet le scellé, s'il en a été rendu;

6° Les comparution et dires des parties;

7° La désignation des lieux, bureaux, coffres, armoires, sur les ouvertures desquels le scellé a été apposé;

8° Une description sommaire des effets qui ne sont pas mis sous les scellés; [Pr. 924.]

9° Le serment, lors de la clôture de l'apposition, par ceux

qui demeurent dans le lieu, qu'ils n'ont rien détourné, vu ni su qu'il ait été rien détourné directement ni indirectement;.

10° L'établissement du gardien présenté, s'il a les qualités requises; sauf, s'il ne les a pas, ou s'il n'en est pas présenté, à en établir un d'office par le juge de paix.

915. Les clefs des serrures sur lesquelles le scellé a été apposé resteront, jusqu'à sa levée, entre les mains du greffier de la justice de paix, lequel fera mention, sur le procès-verbal, de la remise qui lui en aura été faite; et ne pourront le juge ni le greffier aller, jusqu'à la levée, dans la maison où est le scellé, à peine d'interdiction, à moins qu'ils n'en soient requis, ou que leur transport n'ait été précédé d'une ordonnance motivée.

916. Si, lors de l'apposition, il est trouvé un testament ou autres papiers cachetés, le juge de paix en constatera la forme extérieure, le sceau et la suscription, s'il y en a; paraphera l'enveloppe avec les parties présentes, si elles le savent ou le peuvent, et indiquera les jour et heure où le paquet sera par lui présenté au président du tribunal de première instance : il fera mention du tout sur son procès-verbal, lequel sera signé des parties, sinon mention sera faite de leur refus. [Pr. 920. —C. 976, 1607.—T. 2, 3, 16, 94.]

917. Sur la réquisition de toute partie intéressée, le juge de paix fera, avant l'apposition du scellé, la perquisition du testament dont l'existence sera annoncée; et s'il le trouve, il procédera ainsi qu'il est dit ci-dessus.

918. Aux jour et heure indiqués, sans qu'il soit besoin d'aucune assignation, les paquets trouvés cachetés seront présentés par le juge de paix au président du tribunal de première instance, lequel en fera l'ouverture, en constatera l'état, et en ordonnera le dépôt si le contenu concerne la succession. [C. 1007.—T. 94.]

919. Si les paquets cachetés paraissent, par leur suscription, ou par quelque autre preuve écrite, appartenir à des tiers, le président du tribunal ordonnera que ces tiers seront appelés dans un délai qu'il fixera, pour qu'ils puissent assister à l'ouverture : il la fera au jour indiqué, en leur présence ou à leur défaut; et si les paquets sont étrangers à la succession, il les leur remettra sans en faire connaître le contenu, ou les cachètera de nouveau pour leur être remis à leur première réquisition.

920. Si un testament est trouvé ouvert, le juge de paix en constatera l'état, et observera ce qui est prescrit en l'article 916. [T. 94.]

921. Si les portes sont fermées, s'il se rencontre des obstacles à l'apposition des scellés, s'il s'élève, soit avant, soit pendant le scellé, des difficultés, il y sera statué en référé par le président du tribunal. A cet effet, il sera sursis, et établi par le juge de paix garnison extérieure, même intérieure si le cas y échet; et il en référera sur-le-champ au président du tribunal.

Pourra néanmoins le juge de paix, s'il y a péril dans le retard, statuer par provision, sauf à en référer ensuite au président du tribunal. [Pr. 806 s. — T. 2, 3, 16, 94.]

922. Dans tous les cas où il sera référé par le juge de paix au président du tribunal, soit en matière de scellé, soit en autre matière, ce qui sera fait et ordonné sera constaté sur le procès-verbal dressé par le juge de paix; le président signera ses ordonnances sur ledit procès-verbal. [Pr. 809, 811. — T. 94.]

923. Lorsque l'inventaire sera parachevé, les scellés ne pourront être apposés, à moins que l'inventaire ne soit attaqué, et qu'il ne soit ainsi ordonné par le président du tribunal.

Si l'apposition des scellés est requise pendant le cours de l'inventaire, les scellés ne seront apposés que sur les objets non inventoriés.

924. S'il n'y a aucun effet mobilier, le juge de paix dressera un procès-verbal de carence.

S'il y a des effets mobiliers qui soient nécessaires à l'usage des personnes qui restent dans la maison, ou sur lesquels le scellé ne puisse être mis, le juge de paix fera un procès-verbal contenant description sommaire desdits effets. [Pr. 914, n° 8.]

925. Dans les communes où la population est de vingt mille âmes et au-dessus, il sera tenu, au greffe du tribunal de première instance, un registre d'ordre pour les scellés, sur lequel seront inscrits, d'après la déclaration que les juges de paix de l'arrondissement seront tenus d'y faire parvenir dans les vingt-quatre heures de l'apposition, 1° les noms et demeures des personnes sur les effets desquelles le scellé aura été apposé, 2° le nom et la demeure du juge qui a fait l'apposition, 3° le jour où elle a été faite. [T. 17.]

TITRE DEUXIÈME.

Des Oppositions aux Scellés.

926. Les oppositions aux scellés pourront être faites, soit par une déclaration sur le procès-verbal de scellé, soit par exploit signifié au greffier du juge de paix. [Pr. 1039. — T. 18, 20, 21.]

927. Toutes oppositions à scellé contiendront, à peine de nullité, outre les formalités communes à tout exploit,

1° Élection de domicile dans la commune ou dans l'arrondissement de la justice de paix où le scellé est apposé, si l'opposant n'y demeure pas ;

2° L'énonciation précise de la cause de l'opposition.

TITRE TROISIÈME.

De la Levée du Scellé.

928. Le scellé ne pourra être levé et l'inventaire fait que trois jours après l'inhumation s'il a été apposé auparavant, et trois jours après l'apposition si elle a été faite depuis l'inhumation, à peine de nullité des procès-verbaux de levée de scellés et inventaire, et des dommages et intérêts contre ceux qui les auront faits et requis : le tout, à moins que, pour des causes urgentes et dont il sera fait mention dans son ordonnance, il n'en soit autrement ordonné par le président du tribunal de première instance. Dans ce cas, si les parties qui ont droit d'assister à la levée ne sont pas présentes, il sera appelé pour elles, tant à la levée qu'à l'inventaire, un notaire nommé d'office par le président. [Pr. 135, 936. — T. 77.]

929. Si les héritiers ou quelques-uns d'eux sont mineurs non émancipés, il ne sera pas procédé à la levée des scellés, qu'ils n'aient été, ou préalablement pourvus de tuteurs, ou émancipés. [C. 404 s. 476 s.]

930. Tous ceux qui ont droit de faire apposer les scellés, pourront en requérir la levée, excepté ceux qui ne les ont fait apposer qu'en exécution de l'art. 909, n° 3 ci-dessus. [Pr. 940. — Co. 486.]

931. Les formalités pour parvenir à la levée des scellés seront,

1° Une réquisition à cet effet, consignée sur le procès-verbal du juge de paix;

2° Une ordonnance du juge, indicative des jour et heure où la levée sera faite;

3° Une sommation d'assister à cette levée, faite au conjoint survivant, aux présomptifs héritiers, à l'exécuteur testamentaire, aux légataires universels et à titre universel s'ils sont connus, et aux opposants.

Il ne sera pas besoin d'appeler les intéressés demeurant hors de la distance de cinq myriamètres; mais on appellera pour eux, à la levée et à l'inventaire, un notaire nommé d'office par le président du tribunal de première instance.

Les opposants seront appelés aux domiciles par eux élus. [Pr. 928, 936, 942.—T. 77, 94.]

932. Le conjoint, l'exécuteur testamentaire, les héritiers, les légataires universels et ceux à titre universel, pourront assister à toutes les vacations de la levée du scellé et de l'inventaire, en personne ou par un mandataire.

Les opposants ne pourront assister, soit en personne, soit par un mandataire, qu'à la première vacation : ils seront tenus de se faire représenter, aux vacations suivantes, par un seul mandataire pour tous, dont ils conviendront; sinon il sera nommé d'office par le juge.

Si parmi ces mandataires se trouvent des avoués près le tribunal de première instance du ressort, ils justifieront de leurs pouvoirs par la représentation du titre de leurs parties; et l'avoué le plus ancien, suivant l'ordre du tableau, des créanciers fondés en titre authentique, assistera de droit pour tous les opposants : si aucun des créanciers n'est fondé en titre authentique, l'avoué le plus ancien des opposants fondés en titre privé assistera. L'ancienneté sera définitivement réglée à la première vacation. [Pr. 934.—T. 1, 16, 94.]

933. Si l'un des opposants avait des intérêts différents de ceux des autres, ou des intérêts contraires, il pourra assister en personne, ou par un mandataire particulier, à ses frais. [T. 94.]

934. Les opposants pour la conservation des droits de leur débiteur ne pourront assister à la première vacation, ni concourir au choix d'un mandataire commun pour les autres vacations. [C. 1166.]

935. Le conjoint commun en biens, les héritiers, l'exécu-

leur testamentaire, et les légataires universels ou à titre universel, pourront convenir du choix d'un ou deux notaires, et d'un ou deux commissaires-priseurs ou experts ; s'ils n'en conviennent pas, il sera procédé, suivant la nature des objets, par un ou deux notaires, commissaires-priseurs ou experts, nommés d'office par le président du tribunal de première instance. Les experts prêteront serment devant le juge de paix. [T. 2 , 3 , 16.]

936. Le procès-verbal de levée contiendra, 1° la date ; 2° les noms, profession, demeure et élection de domicile du requérant ; 3° l'énonciation de l'ordonnance délivrée pour la levée ; 4° l'énonciation de la sommation prescrite par l'art. 931 ci-dessus ; 5° les comparution et dires des parties ; 6° la nomination des notaires, commissaires-priseurs et experts qui doivent opérer ; 7° la reconnaissance des scellés, s'ils sont sains et entiers ; s'ils ne le sont pas, l'état des altérations, sauf à se pourvoir ainsi qu'il appartiendra pour raison desdites altérations ; 8° les réquisitions à fin de perquisitions, le résultat desdites perquisitions, et toutes autres demandes sur lesquelles il y aura lieu de statuer. [Pr. 917, 930 s. 935.—P. 249 s.]

937. Les scellés seront levés successivement, et à fur et mesure de la confection de l'inventaire : ils seront réapposés à la fin de chaque vacation. [Co. 486.—T. 94.]

938. On pourra réunir les objets de même nature, pour être inventoriés successivement suivant leur ordre ; ils seront, dans ce cas, replacés sous les scellés.

939. S'il est trouvé des objets et papiers étrangers à la succession et réclamés par des tiers, ils seront remis à qui il appartiendra ; s'ils ne peuvent être remis à l'instant, et qu'il soit nécessaire d'en faire la description, elle sera faite sur le procès-verbal des scellés, et non sur l'inventaire.

940. Si la cause de l'apposition des scellés cesse avant qu'ils soient levés, ou pendant le cours de leur levée, ils seront levés sans description. [T. 94.]

TITRE QUATRIÈME.

De l'Inventaire.

941. L'inventaire peut être requis par ceux qui ont droit de requérir la levée du scellé. [Pr. 909 s. 930. — Co. 486. — T. 168.]

942. Il doit être fait en présence, 1° du conjoint survivant, 2° des héritiers présomptifs, 3° de l'exécuteur testamentaire si le testament est connu, 4° des donataires, et légataires universels ou à titre universel, soit en propriété, soit en usufruit, ou eux dûment appelés, s'ils demeurent dans la distance de cinq myriamètres; s'ils demeurent au-delà, il sera appelé, pour tous les absents, un seul notaire, nommé par le président du tribunal de première instance, pour représenter les parties appelées et défaillantes.

943. Outre les formalités communes à tous les actes devant notaires, l'inventaire contiendra,

1° Les noms, professions et demeures des requérants, des comparants, des défaillants et des absents, s'ils sont connus, du notaire appelé pour les représenter, des commissaires-priseurs et experts; et la mention de l'ordonnance qui commet le notaire pour les absents et défaillants;

2° L'indication des lieux où l'inventaire est fait;

3° La description et estimation des effets, laquelle sera faite à juste valeur et sans crue;

4° La désignation des qualité, poids et titre de l'argenterie;

5° La désignation des espèces en numéraire;

6° Les papiers seront cotés par première et dernière; ils seront paraphés de la main d'un des notaires; s'il y a des livres et registres de commerce, l'état en sera constaté, les feuillets en seront pareillement cotés et paraphés, s'ils ne le sont; s'il y a des blancs dans les pages écrites, ils seront bâtonnés;

7° La déclaration des titres actifs et passifs;

8° La mention du serment prêté, lors de la clôture de l'inventaire, par ceux qui ont été en possession des objets avant l'inventaire ou qui ont habité la maison dans laquelle sont lesdits objets, qu'ils n'en ont détourné, vu détourner, ni su qu'il en ait été détourné aucun;

9° La remise des effets et papiers, s'il y a lieu, entre les mains de la personne dont on conviendra, ou qui à défaut sera nommée par le président du tribunal. [Pr. 588 s. —C. 825, 842.]

944. Si, lors de l'inventaire, il s'élève des difficultés, ou s'il est formé des réquisitions pour l'administration de la communauté ou de la succession, ou pour autres objets, et qu'il n'y soit déféré par les autres parties, les notaires délaisseront les parties à se pourvoir en référé devant le président du tribunal de première instance ; ils pourront en référer eux-mêmes , s'ils résident dans le canton où siége le tribunal : dans ce cas, le président mettra son ordonnance sur la minute du procès-verbal. [Pr. 806 s. — T. 168.]

TITRE CINQUIÈME

De la Vente du Mobilier.

945. Lorsque la vente des meubles dépendant d'une succession aura lieu en exécution de l'art. 826 du Code civil, cette vente sera faite dans les formes prescrites au titre *des Saisies-exécutions.* [Pr. 617 s. 949 s. — C. 796 , 806.]

946. Il y sera procédé sur la réquisition de l'une des parties intéressées , en vertu de l'ordonnance du président du tribunal de première instance , et par un officier public. [T. 77.]

947. On appellera les parties ayant droit d'assister à l'inventaire, et qui demeureront ou auront élu domicile dans la distance de cinq myriamètres : l'acte sera signifié au domicile élu. [Pr. 942, 950. — T. 29.]

948. S'il s'élève des difficultés, il pourra être statué provisoirement en référé par le président du tribunal de première instance. [Pr. 806 s.]

949. La vente se fera dans le lieu où sont les effets , s'il n'en est autrement ordonné. [Pr. 945 , 617.]

950. La vente sera faite tant en absence que présence , sans appeler personne pour les non-comparants. [Pr. 947.]

951. Le procès-verbal fera mention de la présence ou de l'absence du requérant.

952. Si toutes les parties sont majeures, présentes et d'accord , et qu'il n'y ait aucun tiers intéressé , elles ne seront obligées à aucune des formalités ci-dessus. [Pr. 985.]

TITRE SIXIÈME.

De la Vente des Biens immeubles.

953. Si les immeubles n'appartiennent qu'à des majeurs, ils seront vendus , s'il y a lieu , de la manière dont les majeurs conviendront.

S'il y a lieu à licitation , elle sera faite conformément à ce qui est prescrit au titre *des Partages et Licitations*. [Pr. 966 s. 987 s. — C. 806.]

954. Si les immeubles n'appartiennent qu'à des mineurs, la vente ne pourra en être ordonnée que d'après un avis de parents. [Pr. 882. — C. 457 s.]

Cet avis ne sera point nécessaire lorsque les immeubles appartiendront en partie à des majeurs et à des mineurs, et lorsque la licitation sera ordonnée sur la demande des majeurs.

Il sera procédé à cette licitation ainsi qu'il est prescrit au titre *des Partages et Licitations*. [Pr. 966. — T. 128.]

955. Lorsque le tribunal civil homologuera les délibérations du conseil de famille relatives à l'aliénation des biens immeubles des mineurs, il nommera, par le même jugement, un ou trois experts, suivant que l'importance des biens paraîtra l'exiger, et ordonnera que, sur leur estimation, les enchères seront publiquement ouvertes devant un membre du tribunal ou devant un notaire à ce commis aussi par le même jugement. [Pr. 302 s. 969. — T. 78.]

956. Les experts, après avoir prêté serment, rédigeront leur rapport en un seul avis, à la pluralité des voix; il présentera les bases de l'estimation qu'ils auront faite. [Pr. 318 s.]

957. Ils remettront la minute de leur rapport ou au greffe ou chez le notaire, suivant qu'un membre du tribunal ou un notaire aura été commis pour recevoir les enchères. [Pr. 319 s.]

958. Les enchères seront ouvertes sur un cahier de charges, déposé au greffe ou chez le notaire commis, et contenant,

1° L'énonciation du jugement homologatif de l'avis des parents;

2° Celle du titre de propriété;

3° La désignation sommaire des biens à vendre, et le prix de leur estimation;

4° Les conditions de la vente. [Pr. 747.]

959. Ce cahier sera lu à l'audience, si la vente se fait en justice. Lors de sa lecture, le jour auquel il sera procédé à la première adjudication, ou adjudication préparatoire, sera annoncé. Ce jour sera éloigné de six semaines au moins.

960. L'adjudication préparatoire, soit devant le tribunal, soit devant le notaire, sera indiquée par des affiches. Ces affiches ou placards ne contiendront que la désignation sommaire des biens, les noms, professions et domiciles du mineur, de

son tuteur et de son subrogé tuteur, et la demeure du notaire, si c'est devant un notaire que la vente doit être faite. [C. 459.]

961. Ces placards seront apposés, par trois dimanches consécutifs,

1° A la principale porte de chacun des bâtiments dont la vente sera poursuivie;

2° A la principale porte des communes de la situation des biens; et à Paris, à la principale porte seulement de la municipalité dans l'arrondissement de laquelle les biens sont situés;

3° A la porte extérieure du tribunal qui aura permis la vente; et à celle du notaire, si c'est un notaire qui doit y procéder.

Les maires des communes où ces placards auront été apposés, les viseront et certifieront sans frais, sur un exemplaire qui restera joint au dossier. [Pr. 684 s. — T. 65.]

962. Copie desdits placards sera insérée dans un journal, conformément à l'art. 683 ci-dessus. Cette insertion sera constatée ainsi qu'il est dit au titre *de la Saisie immobilière;* elle sera faite huit jours au moins avant le jour indiqué pour l'adjudication préparatoire.

963. L'apposition des placards et l'insertion aux journaux seront réitérées huit jours au moins avant l'adjudication définitive.

964. Au jour indiqué pour l'adjudication définitive, si les enchères ne s'élèvent pas au prix de l'estimation, le tribunal pourra ordonner, sur un nouvel avis de parents, que l'immeuble sera adjugé au plus offrant, même au-dessous de l'estimation; à l'effet de quoi l'adjudication sera remise à un délai fixé par le jugement, et qui ne pourra être moindre de quinzaine.

Cette adjudication sera encore indiquée par des placards apposés dans les communes et lieux, visés, certifiés, et insérés dans les journaux, comme il est dit ci-dessus, huit jours au moins avant l'adjudication. [Pr. 960 s. —P. 412.—T. 78.]

965. Seront observées, au surplus, relativement à la réception des enchères, à la forme de l'adjudication et à ses suites, les dispositions contenues dans les art. 707 et suivants du titre *de la Saisie immobilière :* néanmoins, si les enchères sont reçues par un notaire, elles pourront être faites par toutes personnes, sans ministère d'avoué.

TITRE SEPTIÈME.

Des Partages et Licitations.

966. Dans les cas des art. 823 et 838 du Code civil, lorsque le partage doit être fait en justice, la partie la plus diligente se pourvoira.

967. Entre deux demandeurs, la poursuite appartiendra à celui qui aura fait viser le premier l'original de son exploit par le greffier du tribunal : ce visa sera daté du jour et de l'heure. [T. 90.]

968. Le tuteur spécial et particulier qui doit être donné à chaque mineur ayant des intérêts opposés, sera nommé suivant les règles contenues au titre *des Avis de Parents.* [Pr. 882 s. 954 s.]

969. Le même jugement qui prononcera sur la demande en partage commettra, s'il y a lieu, un juge, conformément à l'art. 823 du Code civil, et ordonnera que les immeubles, s'il y en a, seront estimés par experts, de la manière prescrite en l'art. 824 du même Code. [Pr. 955 s. — C. 459.]

970. En prononçant sur cette demande, le tribunal ordonnera par le même jugement le partage, s'il peut avoir lieu, ou la vente par licitation, qui sera faite soit devant un membre du tribunal, soit devant un notaire. [Pr. 955 s. 977, 982.]

971. Il sera procédé aux nominations, prestations de serment et rapports d'experts, suivant les formalités prescrites au titre *des Rapports d'experts :* néanmoins, lorsque toutes les parties seront majeures, il pourra n'être nommé qu'un expert, si elles y consentent. [Pr. 302 s.]

972. Le poursuivant demandera l'entérinement du rapport, par requête de simples conclusions d'avoué à avoué. On se conformera pour la vente aux formalités prescrites dans le titre *de la Vente des Biens immeubles,* en ajoutant dans le cahier des charges, [Pr. 953 s.]

Les noms, demeure et profession du poursuivant, les noms et demeure de son avoué ;

Les noms, demeures et professions des colicitants.

Copie du cahier des charges sera signifiée aux avoués des colicitants, par un simple acte, dans la huitaine du dépôt au greffe ou chez le notaire. [Pr. 958 s. — T. 70, 75, 128, 129.]

973. S'il s'élève des difficultés sur le cahier des charges, elles seront vidées à l'audience, sans aucune requête, et sur un simple acte d'avoué à avoué. [**Pr.** 82. — **C.** 822 s.]

974. Lorsque la situation des immeubles aura exigé plusieurs expertises distinctes, et que chaque immeuble aura été déclaré impartageable, il n'y aura cependant pas lieu à licitation, s'il résulte du rapprochement des rapports que la totalité des immeubles peut se partager commodément. [**C.** 827.]

975. Si la demande en partage n'a pour objet que la division d'un ou de plusieurs immeubles sur lesquels les droits des intéressés soient déjà liquides, les experts, en procédant à l'estimation, composeront les lots ainsi qu'il est prescrit par l'art. 466 du Code civil; et après que leur rapport aura été entériné, les lots seront tirés au sort, soit devant le juge-commissaire, soit devant un notaire commis par le tribunal. [**Pr.** 978. — **C.** 831 s.]

976. Dans les autres cas, le poursuivant fera sommer les copartageants de comparaître, au jour indiqué, devant le juge-commissaire, qui renverra les parties devant un notaire dont elles conviendront, si elles peuvent et veulent convenir, ou qui, à défaut, sera nommé d'office par le tribunal, à l'effet de procéder aux comptes, rapports, formation de masses, prélèvements, composition de lots, et fournissements, ainsi qu'il est ordonné par le Code civil, art. 828.

Il en sera de même après qu'il aura été procédé à la licitation, si le prix de l'adjudication doit être confondu avec d'autres objets dans une masse commune de partage pour former la balance entre les divers lots. [**T.** 29, 76, 92.]

977. Le notaire commis procédera seul et sans l'assistance d'un second notaire ou de témoins : si les parties se font assister auprès de lui d'un conseil, les honoraires de ce conseil n'entreront point dans les frais de partage, et seront à leur charge. [**Pr.** 970.]

Au cas de l'art. 837 du Code civil, le notaire rédigera en un procès-verbal séparé les difficultés et dires des parties : ce procès-verbal sera, par lui, remis au greffe, et y sera retenu.

Si le juge-commissaire renvoie les parties à l'audience, l'indication du jour où elles devront comparaître leur tiendra lieu d'ajournement. [**Pr.** 973.]

Il ne sera fait aucune sommation pour comparaître, soit devant le juge, soit à l'audience. [**T.** 92, 168.]

978. Lorsque la masse du partage, les rapports et prélèvements à faire par chacune des parties intéressées, auront été établis par le notaire, suivant les art. 829, 830 et 831 du Code civil, les lots seront faits par l'un des cohéritiers, s'ils sont tous majeurs, s'ils s'accordent sur le choix, et si celui qu'ils auront choisi accepte la commission : dans le cas contraire, le notaire, sans qu'il soit besoin d'aucune autre procédure, renverra les parties devant le juge-commissaire, et celui-ci nommera un expert. [Pr. 975. — T. 168.]

979. Le cohéritier choisi par les parties, ou l'expert nommé pour la formation des lots, en établira la composition par un rapport qui sera reçu et rédigé par le notaire à la suite des opérations précédentes.

980. Lorsque les lots auront été fixés, et que les contestations sur leur formation, s'il y en a eu, auront été jugées, le poursuivant fera sommer les copartageants à l'effet de se trouver, à jour indiqué, en l'étude du notaire, pour assister à la clôture de son procès-verbal, en entendre lecture, et le signer avec lui, s'ils le peuvent et le veulent. [C. 835. — T. 29.]

981. Le notaire remettra l'expédition du procès-verbal de partage à la partie la plus diligente pour en poursuivre l'homologation par le tribunal ; sur le rapport du juge-commissaire, le tribunal homologuera le partage, s'il y a lieu, les parties présentes, ou appelées si toutes n'ont pas comparu à la clôture du procès-verbal, et sur les conclusions du procureur du Roi, dans le cas où la qualité des parties requerra son ministère.

982. Le jugement d'homologation ordonnera le tirage des lots, soit devant le juge-commissaire, soit devant le notaire, lequel en fera la délivrance aussitôt après le tirage. [Pr. 970. — T. 92.]

983. Soit le greffier, soit le notaire, seront tenus de délivrer tels extraits, en tout ou en partie, du procès-verbal de partage que les parties intéressées requerront. [Pr. 839 s.]

984. Les formalités ci-dessus seront suivies dans les licitations et partages tendant à faire cesser l'indivision, lorsque des mineurs ou autres personnes non jouissant de leurs droits civils y auront intérêt. [C. 819 s. 838 s.]

985. Au surplus, lorsque tous les copropriétaires ou cohéritiers seront majeurs, jouissant de leurs droits civils, présents ou dûment représentés, ils pourront s'abstenir des voies judiciaires, ou les abandonner en tout état de cause, et s'accorder pour procéder de telle manière qu'ils aviseront. [Pr. 952. — C. 819.]

TITRE HUITIÈME.

Du Bénéfice d'inventaire.

986. Si l'héritier veut, avant de prendre qualité, et conformément au Code civil, se faire autoriser à procéder à la vente d'effets mobiliers dépendants de la succession, il présentera, à cet effet, requête au président du tribunal de première instance dans le ressort duquel la succession est ouverte. [C. 793 s.]

La vente en sera faite par un officier public, après les affiches et publications ci-dessus prescrites pour la vente du mobilier. [Pr. 617 s. 945 s. 989. — C. 805. — T. 77.]

987. S'il y a lieu à vendre des immeubles dépendants de la succession, l'héritier bénéficiaire présentera au président du tribunal de première instance une requête où ils seront désignés : cette requête sera communiquée au ministère public ; sur ses conclusions et le rapport d'un juge nommé à cet effet, il sera rendu jugement qui ordonnera préalablement que les immeubles seront vus et estimés par un expert nommé d'office. [Pr. 965, 969. — C. 806. — T. 78.]

988. Si le rapport est régulier, il sera entériné sur requête par le même tribunal ; et, sur les conclusions du ministère public, le jugement ordonnera la vente. [Pr. 972.]

Il sera procédé à ladite vente suivant les formalités prescrites au titre *des Partages et Licitations.* [Pr. 966 s.]

L'héritier bénéficiaire sera réputé héritier pur et simple, s'il a vendu des immeubles sans se conformer aux règles prescrites dans le présent titre. [C. 792, 801. — T. 78, 128.]

989. S'il y a lieu à faire procéder à la vente du mobilier et des rentes dépendants de la succession, la vente sera faite suivant les formes prescrites pour la vente de ces sortes de biens, à peine contre l'héritier bénéficiaire d'être réputé héritier pur et simple. [Pr. 643 s. 945 s. —C. 796, 805.]

990. Le prix de la vente du mobilier sera distribué par contribution entre les créanciers opposants, suivant les formalités indiquées au titre *de la Distribution par contribution.* [Pr. 656 s. —C. 808 s.]

991. Le prix de la vente des immeubles sera distribué suivant l'ordre des priviléges et hypothèques. [Pr. 749 s.]

992. Le créancier, ou autre partie intéressée, qui voudra obliger l'héritier bénéficiaire à donner caution , lui fera faire sommation, à cet effet, par acte extrajudiciaire signifié à per-sonne ou domicile. [Pr. 517 s. — C. 807. — T. 29.]

993. Dans les trois jours de cette sommation, outre un jour par trois myriamètres de distance entre le domicile de l'héritier et la commune où, siége le tribunal, il sera tenu de présenter caution au greffe du tribunal de l'ouverture de la succession, dans la forme prescrite pour les réceptions de caution. [Pr. 518 s.]

994. S'il s'élève des difficultés relativement à la réception de la caution, les créanciers provoquants seront représentés par l'avoué le plus ancien. [Pr. 520 s.]

995. Seront observées, pour la reddition du compte du bénéfice d'inventaire, les formes prescrites au titre *des Reddi-tions de comptes.* [Pr. 527 s. — C. 803 s. 809 s.]

996. Les actions à intenter par l'héritier bénéficiaire contre la succession, seront intentées contre les autres héritiers ; et s'il n'y en a pas, ou qu'elles soient intentées par tous , elles le seront contre un curateur au bénéfice d'inventaire, nommé en la même forme que le curateur à la succession vacante. [Pr. 998 s. — C. 802, 812.]

TITRE NEUVIÈME.

De la Renonciation à la Communauté ou à la Succession.

997. Les renonciations à communauté ou à succession seront faites au greffe du tribunal dans l'arrondissement duquel la disso-lution de la communauté ou l'ouverture de la succession se sera opérée, sur le registre presc . par l'art. 784 du Code civil, et en conformité de l'article 1457 du même Code, sans qu'il soit besoin d'autre formalité. [Pr. 874. — C. 1453 s. 1461, 1463. — T. 91.]

TITRE DIXIÈME.

Du Curateur à une Succession vacante.

998. Lorsque après l'expiration des délais pour faire inven-taire et pour délibérer, il ne se présente personne qui réclame une succession, qu'il n'y a pas d'héritier connu, ou que les héritiers connus y ont renoncé, cette succession est réputée vacante ; elle est pourvue d'un curateur, conformément à l'ar-ticle 812 du Code civil. [C. 795. — T. 77.]

999. En cas de concurrence entre deux ou plusieurs curateurs, le premier nommé sera préféré, sans qu'il soit besoin de jugement.

1000. Le curateur est tenu, avant tout, de faire constater l'état de la succession par un inventaire, si fait n'a été, et de faire vendre les meubles suivant les formalités prescrites aux titres *de l'Inventaire et de la Vente du mobilier.* [Pr. 941 s. 945 s. — C. 813 s.]

1001. Il ne pourra être procédé à la vente des immeubles et rentes que suivant les formes qui ont été prescrites au titre *du Bénéfice d'inventaire.* [Pr. 986 s. — C. 813 s. — T. 128.]

1002. Les formalités prescrites pour l'héritier bénéficiaire s'appliqueront également au mode d'administration et au compte à rendre par le curateur à la succession vacante. [Pr. 986 s. — C. 814.]

LIVRE TROISIÈME.

(Décrété le 29 avril 1806. Promulgué le 9 mai.)

TITRE UNIQUE.

Des Arbitrages.

1003. Toutes personnes peuvent compromettre sur les droits dont elles ont la libre disposition. [C. 1123 s. 1989. —Co. 51 s.]

1004. On ne peut compromettre sur les dons et legs d'aliments, logement et vêtements ; sur les séparations d'entre mari et femme, divorces, questions d'état, ni sur aucune des contestations qui seraient sujettes à communication au ministère public. [Pr. 83, 581. — C. 229.]

1005. Le compromis pourra être fait par procès-verbal devant les arbitres choisis, ou par acte devant notaire, ou sous signature privée. [C. 1010.]

1006. Le compromis désignera les objets en litige et les noms des arbitres, à peine de nullité. [Pr. 1028.]

1007. Le compromis sera valable, encore qu'il ne fixe pas de délai ; et, en ce cas, la mission des arbitres ne durera que trois mois, du jour du compromis. [Pr. 1012 s. 1018, 1028.]

1008. Pendant le délai de l'arbitrage, les arbitres ne pourront être révoqués que du consentement unanime des parties.

1009. Les parties et les arbitres suiv: dans la procédure, les délais et les formes établis pour les tribunaux, si les parties n'en sont autrement convenues. [Pr. 1011, 1027.]

1010. Les parties pourront, lors et depuis le compromis, renoncer à l'appel. [Pr. 1023 s.]

Lorsque l'arbitrage sera sur appel ou sur requête civile, le jugement arbitral sera définitif et sans appel. [Pr. 1028.]

1011. Les actes de l'instruction, et les procès-verbaux du ministère des arbitres, seront faits par tous les arbitres, si le compromis ne les autorise à commettre l'un d'eux.

1012. Le compromis finit, 1° par le décès, refus, défaut ou empêchement d'un des arbitres, s'il n'y a clause qu'il sera passé outre, ou que le remplacement sera au choix des parties ou au choix de l'arbitre ou des arbitres restants; 2° par l'expiration du délai stipulé, ou de celui de trois mois s'il n'en a pas été réglé; 3° par le partage, si les arbitres n'ont pas le pouvoir de prendre un tiers-arbitre. [Pr. 1007, 1014, 1017.]

1013. Le décès, lorsque tous les héritiers sont majeurs, ne mettra pas fin au compromis : le délai pour instruire et juger sera suspendu pendant celui pour faire inventaire et délibérer.

1014. Les arbitres ne pourront se déporter, si leurs opérations sont commencées : ils ne pourront être récusés, si ce n'est pour cause survenue depuis le compromis.

1015. S'il est formé inscription de faux, même purement civile, ou s'il s'élève quelque incident criminel, les arbitres délaisseront les parties à se pourvoir, et les délais de l'arbitrage continueront à courir du jour du jugement de l'incident. [Pr. 1007.]

1016. Chacune des parties sera tenue de produire ses défenses et pièces, quinzaine au moins avant l'expiration du délai du compromis; et seront tenus les arbitres de juger sur ce qui aura été produit.

Le jugement sera signé par chacun des arbitres; et dans le cas où il y aurait plus de deux arbitres, si la minorité refusait de le signer, les autres arbitres en feraient mention, et le jugement aura le même effet que s'il avait été signé par chacun des arbitres. — Un jugement arbitral ne sera, dans aucun cas, sujet à l'opposition. [Pr. 1007, 1028.]

1017. En cas de partage, les arbitres autorisés à nommer un tiers seront tenus de le faire par la décision qui prononce le partage : s'ils ne peuvent en convenir, ils le déclareront sur le procès-verbal, et le tiers sera nommé par le président du tribunal qui doit ordonner l'exécution de la décision arbitrale. [Pr. 1012, 1020. — T. 77.]

Il sera, à cet effet, présenté requête par la partie la plus diligente.

Dans les deux cas, les arbitres divisés seront tenus de rédiger leur avis distinct et motivé, soit dans le même procès-verbal, soit dans des procès-verbaux séparés.

1018. Le tiers-arbitre sera tenu de juger dans le mois du jour de son acceptation, à moins que ce délai n'ait été prolongé par l'acte de la nomination : il ne pourra prononcer qu'après avoir conféré avec les arbitres divisés, qui seront sommés de se réunir à cet effet.

Si tous les arbitres ne se réunissent pas, le tiers-arbitre prononcera seul ; et néanmoins il sera tenu de se conformer à l'un des avis des autres arbitres. [Pr. 1007. — T. 29.]

1019. Les arbitres et tiers-arbitre décideront d'après les règles du droit, à moins que le compromis ne leur donne pouvoir de prononcer comme amiables compositeurs.

1020. Le jugement arbitral sera rendu exécutoire par une ordonnance du président du tribunal de première instance dans le ressort duquel il a été rendu : à cet effet, la minute du jugement sera déposée dans les trois jours, par l'un des arbitres, au greffe du tribunal.

S'il avait été compromis sur l'appel d'un jugement, la décision arbitrale sera déposée au greffe de la cour royale, et l'ordonnance rendue par le président de cette cour.

Les poursuites pour les frais du dépôt et les droits d'enregistrement ne pourront être faites que contre les parties. [Pr. 1023, 1028. — C. 2123. — T. 91.]

1021. Les jugements arbitraux, même ceux préparatoires, ne pourront être exécutés qu'après l'ordonnance qui sera accordée, à cet effet, par le président du tribunal, au bas ou en marge de la minute, sans qu'il soit besoin d'en communiquer au ministère public ; et sera ladite ordonnance expédiée ensuite de l'expédition de la décision.

La connaissance de l'exécution du jugement appartient au tribunal qui a rendu l'ordonnance.

1022. Les jugements arbitraux ne pourront, en aucun cas, être opposés à des tiers. [C. 1165 s.]

1023. L'appel des jugements arbitraux sera porté, savoir : devant les tribunaux de première instance, pour les matières qui, s'il n'y eût point eu d'arbitrage, eussent été, soit en premier soit en dernier ressort, de la compétence des juges de paix, et devant les cours royales, pour les matières qui eussent été, soit en premier soit en dernier ressort, de la compétence des tribunaux de première instance. [Pr. 1010, 1026, 1028.]

1024. Les règles sur l'exécution provisoire des jugements des tribunaux sont applicables aux jugements arbitraux. [Pr. 135 s.]

1025. Si l'appel est rejeté, l'appelant sera condamné à la même amende que s'il s'agissait d'un jugement des tribunaux ordinaires.

1026. La requête civile pourra être prise contre les jugements arbitraux, dans les délais, formes et cas ci-devant désignés pour les jugements des tribunaux ordinaires.

Elle sera portée devant le tribunal qui eût été compétent pour connaître de l'appel. [Pr. 480 s. 1028.]

1027. Ne pourront cependant être proposés pour ouvertures,

1° L'inobservation des formes ordinaires, si les parties n'en étaient autrement convenues, ainsi qu'il est dit dans l'art. 1009;

2° Le moyen résultant de ce qu'il aura été prononcé sur choses non demandées, sauf à se pourvoir en nullité, suivant l'art. ci-après.

1028. Il ne sera besoin de se pourvoir par appel ni requête civile dans les cas suivants :

1° Si le jugement a été rendu sans compromis, ou hors des termes du compromis ; [Pr. 1006.]

2° S'il l'a été sur compromis nul ou expiré ; [Pr. 1012.]

3° S'il n'a été rendu que par quelques arbitres non autorisés à juger en l'absence des autres ; [Pr. 1012.]

4° S'il l'a été par un tiers sans en avoir conféré avec les arbitres partagés ; [Pr. 1018.]

5° Enfin s'il a été prononcé sur choses non demandées.

Dans tous ces cas, les parties se pourvoiront par opposition à l'ordonnance d'exécution, devant le tribunal qui l'aura rendue, et demanderont la nullité de l'acte qualifié *jugement arbitral*. [Pr. 1020.]

Il ne pourra y avoir recours en cassation que contre les jugements des tribunaux, rendus soit sur requête civile, soit sur appel d'un jugement arbitral.

DISPOSITIONS GÉNÉRALES.

1029. Aucune des nullités, amendes et déchéances prononcées dans le présent Code, n'est comminatoire.

1030. Aucun exploit ou acte de procédure ne pourra être déclaré nul, si la nullité n'en est pas formellement prononcée par la loi.

Dans les cas où la loi n'aurait pas prononcé la nullité, l'officier ministériel pourra, soit pour omission, soit pour contravention, être condamné à une amende, qui ne sera pas moindre de cinq francs, et n'excèdera pas cent francs.

1031. Les procédures et les actes nuls ou frustratoires, et les actes qui auront donné lieu à une condamnation d'amende, seront à la charge des officiers ministériels qui les auront faits, lesquels, suivant l'exigence des cas, seront en outre passibles des dommages et intérêts de la partie, et pourront même être suspendus de leurs fonctions. [C. 1146 s.]

1032. Les communes et les établissements publics seront tenus, pour former une demande en justice, de se conformer aux lois administratives.

1033. Le jour de la signification ni celui de l'échéance ne sont jamais comptés pour le délai général fixé pour les ajournements, les citations, sommations et autres actes faits à personne ou domicile : ce délai sera augmenté d'un jour à raison de trois myriamètres de distance; et quand il y aura lieu à voyage ou envoi et retour, l'augmentation sera du double.

1034. Les sommations pour être présent aux rapports d'experts, ainsi que les assignations données en vertu de jugement de jonction, indiqueront seulement le lieu, le jour et l'heure de la première vacation ou de la première audience; elles n'auront pas besoin d'être réitérées, quoique la vacation ou l'audience ait été continuée à un autre jour.

1035. Quand il s'agira de recevoir un serment, une caution, de procéder à une enquête, à un interrogatoire sur faits et articles, de nommer des experts, et généralement de faire une opération quelconque en vertu d'un jugement, et que les parties ou les lieux contentieux seront trop éloignés, les juges pourront commettre un tribunal voisin, un juge, ou même un juge de paix, suivant l'exigence des cas; ils pourront même autoriser un tribunal à nommer, soit un de ses membres, soit un juge de paix, pour procéder aux opérations ordonnées. [Pr. 255, 305, 326, 517 s.]

1036. Les tribunaux, suivant la gravité des circonstances, pourront, dans les causes dont ils seront saisis, prononcer, même d'office, des injonctions, supprimer des écrits, les déclarer ca-

lomnieux, et ordonner l'impression et l'affiche de leurs jugements.
[Pr. 88 s. — I. 504 s. — P. 377.]

1037. Aucune signification ni exécution ne pourra être faite, depuis le 1er octobre jusqu'au 31 mars, avant six heures du matin et après six heures du soir; et depuis le 1er avril jusqu'au 30 septembre, avant quatre heures du matin et après neuf heures du soir; non plus que les jours de fête légale, si ce n'est en vertu de permission du juge, dans le cas où il y aurait péril en la demeure. [Pr. 63, 781, 828.]

1038. Les avoués qui ont occupé dans les causes où il est intervenu des jugements définitifs, seront tenus d'occuper sur l'exécution de ces jugements, sans nouveaux pouvoirs, pourvu qu'elle ait lieu dans l'année de la prononciation des jugements. [Pr. 75, 148, 342 s.]

1039. Toutes significations faites à des personnes publiques préposées pour les recevoir, seront visées par elles sans frais sur l'original.

En cas de refus, l'original sera visé par le procureur du Roi près le tribunal de première instance de leur domicile. Les refusants pourront être condamnés, sur les conclusions du ministère public, à une amende qui ne pourra être moindre de cinq francs. [Pr. 1029. — T. 19.]

1040. Tous actes et procès-verbaux du ministère du juge seront faits au lieu où siége le tribunal; le juge y sera toujours assisté du greffier, qui gardera les minutes et délivrera les expéditions : en cas d'urgence, le juge pourra répondre en sa demeure les requêtes qui lui seront présentées; le tout, sauf l'exécution des dispositions portées au titre *des Référés.* [Pr. 806.]

1041. Le présent Code sera exécuté à dater du 1er janvier 1807 : en conséquence, tous procès qui seront intentés depuis cette époque, seront instruits conformément à ses dispositions. Toutes lois, coutumes, usages et réglements relatifs à la procédure civile, seront abrogés.

1042. Avant cette époque, il sera fait, tant pour la taxe des frais que pour la police et la discipline des tribunaux, des réglements d'administration publique.

Dans trois ans au plus tard, les dispositions de ces réglements qui contiendraient des mesures législatives, seront présentées au Corps législatif en forme de loi.

FIN DU CODE DE PROCÉDURE CIVILE.

APPENDICE.

DÉCRET

CONTENANT DES DISPOSITIONS RELATIVES A LA PROCÉDURE EN MATIÈRE DE SAISIE IMMOBILIÈRE.

(Du 2 février 1811.)

Art. 1er. En cas de saisie immobilière, le délai entre l'adjudication préparatoire et l'adjudication définitive sera au moins de deux mois.

2. Aucune demande en nullité de procédures postérieures à l'adjudication préparatoire ne sera reçue ,

1º Si le demandeur ne donne caution suffisante pour le paiement des frais résultant de l'incident ;

2º Si ladite demande n'est proposée quarante jours au moins avant le jour fixé pour l'adjudication définitive.

3. Nous enjoignons à nos juges de statuer sur ladite demande , trente jours au plus tard avant l'adjudication définitive ; si leur jugement est par défaut, la partie condamnée ne pourra l'attaquer que par la voie de l'appel.

4. Il sera statué sur l'appel, dans la quinzaine au plus tard , à dater de la notification qui en aura été faite, aux termes de l'article 736 de notre Code de procédure civile ; si l'arrêt est rendu par défaut, la voie de l'opposition est interdite à la partie condamnée.

5. Notre grand-juge ministre de la justice est chargé de l'exécution du présent décret, qui sera inséré au Bulletin des Lois.

LOIS

SUR LA CONTRAINTE PAR CORPS

EN MATIÈRE CIVILE ET EN MATIÈRE DE COMMERCE.

(Loi du 24 ventôse an 5. — 24 mars 1797.)

Art. 1er. La loi du 9 mars 1793 , qui abroge la contrainte par corps en matière civile , est rapportée.

2. Les obligations qui seront contractées postérieurement à la promulgation de la présente loi, et pour le défaut de l'acquittement desquelles les lois antérieures prononçaient la contrainte par corps , y seront assujetties comme par le passé.

(Loi du 15 germinal an 6. — 4 avril 1798.)

TITRE I.

DE LA CONTRAINTE PAR CORPS EN MATIÈRE CIVILE.

Art. 1er. La contrainte par corps ne peut être prononcée qu'en vertu d'une loi formelle.

2. Toute stipulation de contrainte par corps énoncée dans des actes, contrats et transactions quelconques, toute condamnation volontaire qui prononcerait cette peine hors les cas où la loi l'a permis, sont essentiellement nulles.

3. La contrainte par corps aura lieu pour versement de deniers publics et nationaux, stellionat, dépôt nécessaire , consignation par ordonnance de justice ou entre les mains de personnes publiques, et représentation de biens par les séquestres, commissaires et gardiens.

4. Les juges pourront aussi la prononcer contre tout fermier de biens ruraux , faute de représentation, à la fin de son bail, du cheptel de bétail , des semences, des charrues et outils aratoires qui lui seront confiés pour l'exploitation à lui affermée , à moins qu'il ne justifie que le déficit de ces objets ou de quelques-uns d'eux ne procède pas de son fait, et qu'il n'a rien détourné au préjudice du propriétaire.

5. La contrainte par corps ne peut être décernée, en matière civile, contre les septuagénaires, les mineurs, les femmes et les filles, si ce n'est pour stellionat procédant de leur fait.

6. Tout jugement rendu en contravention aux articles précédents , emportera nullité, et donnera lieu à prise à partie , dépens, dommages et intérêts contre les juges qui le prononceraient.

TITRE II.

DE LA CONTRAINTE PAR CORPS EN MATIÈRE DE COMMERCE.

Art. 1er. A dater de la publication de la présente loi, la contrainte par corps aura lieu dans toute l'étendue de la république française.

1° Contre les banquiers, agents de change , courtiers , facteurs ou commissionnaires dont la profession est de faire vendre ou acheter les marchandises moyennant rétribution , pour la restitution de ces marchandises, ou du prix qu'ils en toucheront ;

2° De marchand à marchand , pour fait de marchandises dont ils se mêlent respectivement ;

3° Contre tous négociants ou marchands qui signeront des billets pour valeur, reçue comptant ou en marchandises , soit qu'ils doivent être payés sur l'acquit d'un particulier y nommé , ou à son ordre , ou au porteur ;

4° Contre toutes personnes qui signeront des lettres ou billets de change, celles qui y mettront leur aval, qui promettront d'en fournir avec remise de place en place , et qui feront des promesses pour lettres de change à elles fournies ou qui devront l'être.

2. Sont exceptés des dispositions énoncées au paragraphe 4 de l'article précédent, les femmes, les filles et les mineurs non commerçants.

3. Les femmes et les filles qui seront marchandes publiques, ou celles mariées qui feront un commerce distinct et séparé de celui de leurs maris, seront soumises à la contrainte par corps pour le fait de leur commerce quand elles seraient mineures, mais seulement pour exécution d'engagements de marchand à marchand, et à raison des marchandises dont les parties feront respectivement négoce.

Cette disposition est applicable aux négociants, banquiers, agents de change, courtiers, facteurs et commissionnaires, quoique mineurs, à raison de leur commerce.

4. La contrainte par corps aura lieu également pour l'exécution de tous contrats maritimes, tels que grosses aventures, chartes-parties, assurances, engagements ou loyers de gens de mer, ventes et achats de vaisseaux, pour le fret et le halage, et autres concernant le commerce et la pêche de la mer.

TITRE III.

DU MODE D'EXÉCUTION DES JUGEMENTS EMPORTANT CONTRAINTE PAR CORPS.

Art. 1er. Tous jugements emportant contrainte par corps, pourront, s'ils sont définitifs, être exécutés nonobstant l'appel, en donnant caution.

2. Les jugements emportant contrainte par corps seront mis à exécution par tout huissier qui aura le droit d'instrumenter dans le ressort du département où résidera la personne contre laquelle ils seront exécutés; et dans le département de la Seine, concurremment avec tout individu qui a ci-devant exercé les fonctions de garde de commerce; à la charge par ces derniers de se faire enregistrer au greffe du tribunal de commerce du même département.

Ces agents sont, dans ce cas, autorisés à requérir, conformément aux lois sur sa disposition, la force armée, qui ne pourra leur être refusée, à peine de responsabilité des fonctionnaires publics auxquels ils s'adresseront à cet effet.

3. Nulle contrainte par corps ne pourra être exercée contre aucun individu, qu'elle n'ait été précédée de la notification au contraignable, visée par le juge de paix du canton où s'exerce la contrainte, 1° du titre qui a servi de base à la condamnation, s'il en

existe un; 2° des jugements prononcés contre le contraignable, s'il en est intervenu plusieurs contre lui pour le fait de la contrainte; 3° d'un commandement au contraignable de satisfaire à l'objet de la contrainte; 4° qu'il ne se soit écoulé au moins une décade entre le commandement et l'exécution.

Cette suspension n'aura pas lieu à l'égard du débiteur qui aurait joui d'un délai semblable ou plus long pour s'acquitter, en vertu du jugement qu'on voudrait exécuter contre lui; l'exécution pourra être faite dans ce cas vingt-quatre heures après la signification du jugement dans la forme ci-dessus énoncée, à personne ou à domicile du condamné, avec commandement d'y satisfaire.

4. Aucun jugement de contrainte par corps ne pourra être mis à exécution, 1° avant le lever et après le coucher du soleil; 2° les jours de décadi; 3° pendant la durée de ceux indiqués par la loi pour la célébration des fêtes républicaines; 4° pendant le temps des assemblées primaires; 5° contre aucun électeur durant le cours des assemblées électorales, ainsi que pendant les trois jours qui auront précédé leur tenue, et les trois jours qui l'auront suivie; 6° en aucun temps, dans un lieu public destiné aux cultes, dans l'enceinte du Corps législatif, du Directoire exécutif, d'un tribunal ou d'une administration publique quelconque.

5. Hors les cas et les lieux ci-dessus indiqués, la contrainte par corps peut être mise à exécution partout et même à domicile, en se conformant à l'art. 359 de la constitution.

6. Toute exécution faite en contravention aux articles précédents, emportera nullité, et donnera lieu à des dommages-intérêts vers la partie lésée.

7. La contrainte par corps ne préjudicie à l'exercice d'aucun autre moyen légal assuré au créancier pour recouvrer sa dette, tel que la saisie-exécution, réelle ou autre, des biens de son débiteur.

8. Aucune condamnation par corps, en matière civile ou de commerce, ne peut être exécutée contre un individu, si, appelé comme témoin en matière civile, de police ou criminelle, il est porteur d'un sauf-conduit du président du tribunal, du directeur du jury, ou du juge de paix devant lequel il doit paraître.

Le sauf-conduit sera motivé dans ce cas, et réglera la durée de son effet, à peine de nullité.

9. Il sera laissé à toute personne incarcérée copie de son écrou, ainsi que du jugement en vertu duquel l'incarcération aura eu lieu, à peine de nullité.

10. Tout individu à la requête duquel se fait un emprisonnement, est tenu, sous la même peine, d'élire domicile dans le lieu de la maison d'arrêt où est détenu son débiteur.

11. Les formalités ci-dessus prescrites à l'égard du créancier à la requête duquel on fait une incarcération, doivent être observées par celui qui recommande l'incarcéré, à peine de nullité.

12. La nullité d'un emprisonnement emporte celle de tous écrous et recommandations qui en sont la suite : mais cette nullité ne peut être prononcée qu'avec tous les recommandataires, parties présentes ou dûment appelées.

13. Toute personne incarcérée qui pourra établir par la représentation du procès-verbal de son écrou, que l'une des formalités ci-dessus indiquées n'a pas été observée, obtiendra son élargissement, sur une simple requête adressée à cet effet au tribunal civil de département dans le ressort duquel le jugement de contrainte aura été exécuté.

La requête sera préalablement communiquée au commissaire du pouvoir exécutif, et notifiée aux créanciers poursuivants et recommandataires.

Si cette demande en élargissement donnait lieu à un incident, la connaissance en serait attribuée au tribunal qui aurait connu de la requête.

14. Le créancier qui aura fait emprisonner son débiteur, sera tenu de consigner d'avance et par chaque mois, la somme de vingt livres, entre les mains du gardien de la maison d'arrêt, pour la subsistance de l'incarcéré ; sinon, ce dernier obtiendra son élargissement, sur la représentation du certificat du gardien que la somme destinée à pourvoir aux aliments du détenu n'a point été consignée, et dans la forme prescrite par l'article précédent.

Tout débiteur ainsi élargi ne pourra plus être incarcéré pour la même dette.

15. Si le débiteur est recommandé par un créancier autre que celui à la requête duquel s'est fait l'emprisonnement, il sera tenu de contribuer à l'acquit des aliments du détenu, du jour de sa recommandation.

Le contingent de la contribution pour ces aliments se partage par égales portions entre les différents créanciers d'un détenu.

Néanmoins celui qui aura fait exécuter un emprisonnement, sera personnellement tenu d'effectuer la consignation prescrite par l'article 14 ci-dessus, sauf son recours contre les autres créanciers, à peine de nullité de l'écrou.

16. L'énonciation faite dans le procès-verbal de l'huissier, que le prisonnier a refusé des aliments, ne sera d'aucune considération, si son refus n'est confirmé par sa déclaration inscrite sur le registre de la maison d'arrêt.

17. Le détenu qui aura refusé de recevoir des aliments, pourra changer de volonté par une simple sommation faite au créancier de lui en fournir ; et dans le cas où celui-ci refuserait d'y satisfaire, ou n'y satisferait pas dans les trois jours de la sommation, le détenu sera fondé à provoquer, conformément à l'article 14, son élargissement qui ne pourra lui être refusé.

Néanmoins tout créancier qui a fait incarcérer ou recommander un débiteur, peut, nonobstant le refus de celui-ci de recevoir des aliments de son créancier, en consigner le montant pour un mois, conformément à l'article 14 ci-dessus.

18. Toute personne légalement incarcérée pourra obtenir son élargissement,

1° Par le consentement authentique du créancier ou des créanciers qui l'ont fait incarcérer ;

2° Par le paiement ou la consignation légale des sommes pour lesquelles on l'a constituée prisonnière ou recommandée, et des frais d'exécution ;

3° Par le paiement du tiers de la dette, et une caution pour le surplus, consentie par le créancier, ou régulièrement reçue par le tribunal qui a rendu le jugement d'exécution ;

4° Par le bénéfice de cession ;

5° Par la réunion des trois quarts des créances en sommes, pourvu que les créanciers ne soient que chirographaires ;

6° De plein droit par le laps de cinq années consécutives de détention.

19. Tous réglements, lois et ordonnances précédemment rendus sur l'exercice de la contrainte par corps en matière civile et de commerce, sont abrogés.

LOI

RELATIVE A LA CONTRAINTE PAR CORPS POUR ENGAGEMENTS DE COMMERCE
ENTRE LES FRANÇAIS ET LES ÉTRANGERS.

(Du 4 floréal an 6.)

Art. 1er. Tout étranger résidant en France, y est soumis à la contrainte par corps pour tous engagements qu'il contractera dans toute l'étendue de la république avec des Français, s'il n'y possède pas des propriétés foncières ou un établissement de commerce.

2. S'il y possède des propriétés foncières ou un établissement de commerce, il ne sera contraignable par corps pour l'exécution des engagements énoncés au précédent article, que dans les cas où les Français peuvent être contraints par cette voie, pour des stipulations de même nature.

3. La contrainte par corps aura lieu contre lui pour tous engagements qu'il contractera en pays étrangers, et dont l'exécution réclamée en France emportait la contrainte par corps dans le lieu où ils auront été formés.

4. Tout Français qui s'est soumis à la contrainte par corps en pays étrangers pour un engagement qu'il y a contracté, y est également contraignable en France.

5. Tout jugement rendu dans les cas ci-dessus mentionnés, ne pourra être exécuté qu'en conformité du titre III de la loi générale sur la contrainte par corps.

LOI

RELATIVE A LA CONTRAINTE PAR CORPS CONTRE LES ÉTRANGERS
NON DOMICILIÉS EN FRANCE.

(Du 10 septembre 1807.)

Art. 1er. Tout jugement de condamnation qui interviendra au profit d'un Français contre un étranger non domicilié en France, emportera la contrainte par corps.

2. Avant le jugement de condamnation, mais après l'échéance ou l'exigibilité de la dette, le président du tribunal de première instance dans l'arrondissement duquel se trouvera l'étranger non domicilié, pourra, s'il y a de suffisants motifs, ordonner son arrestation provisoire sur la requête du créancier français.

3. L'arrestation provisoire n'aura pas lieu, ou cessera, si l'étranger justifie qu'il possède sur le territoire français un établissement de commerce ou des immeubles, le tout d'une valeur suffisante pour assurer le paiement de la dette, ou s'il fournit pour caution une personne domiciliée en France et reconnue valable.

TARIF

DES FRAIS ET DÉPENS

LE RESSORT DE LA COUR ROYALE DE PARIS.

LIVRE PREMIER.

DES JUSTICES DE PAIX.

CHAPITRE I.

TAXE DES ACTES ET VACATIONS DES JUGES DE PAIX.

Art. 1er. Code de P. c., art. 909, 932. Il est accordé au juge de paix, pour chaque vacation d'apposition, reconnaissance et levée de scellés, qui sera de trois heures au moins, — Paris, 5 fr. — Villes où il y a tribunal de première instance, 3 fr. 75 c. — Autres villes et cantons ruraux, 2 fr. 50 c. — Dans la première vacation seront compris les temps du transport et du retour du juge de paix : s'il n'y a qu'une seule vacation, elle sera payée comme complète, encore qu'elle n'ait pas été de trois heures. — Si le nombre des vacations d'apposition, reconnaissance et levée de scellés paraît excessif, le président du tribunal de première instance, en procédant à la taxe, pourra le réduire.

2. P. c., art. 921, 935, 956. S'il y a lieu à référé, lors de l'apposition des scellés, — Ou dans le cours de leur levée, — Ou pour présenter un testament ou autre papier cacheté, au président du tribunal de première instance, — Les vacations du juge de paix lui seront allouées comme celles pour l'apposition, la reconnaissance et la levée de ces scellés.

3. En cas de transport du juge de paix devant le président du tribunal de première instance, il lui est accordé, par chaque myriamètre, 2 fr. — Autant pour le retour, 2 fr. — Et par journée de cinq myriamètres, 10 fr. — Il ne lui est accordé qu'une seule journée quand la distance ne sera pas de plus de deux myriamètres et demi, y compris sa vacation devant le président du tribunal. — Si la distance est de plus de deux myriamètres et demi, il lui sera payé deux journées pour l'aller, le retour et la vacation devant le président du tribunal.

4. C., art. 406. Pour l'assistance du juge de paix à tout conseil de famille, — Paris, 5 fr. — Villes où il y a tribunal de première instance, 3 fr. 75 c. — Autres villes et cantons ruraux, 2 fr. 50 c.

Nota. Le juge de paix ne pourra jamais prendre plus de deux vacations.

5. C., art. 70 et 71. Pour l'acte de notoriété sur la déclaration de sept témoins, pour constater, autant que possible, l'époque de la naissance d'un individu de l'un ou de l'autre sexe qui se propose de contracter mariage, et les causes qui empêchent de représenter son acte de naissance, — Paris, 5 fr. — Villes où il y a tribunal de première instance, 3 fr. 75 c. — Autres villes et cantons ruraux, 2 fr. 50 c. — Et pour la délivrance de tout autre acte de notoriété qui doit être donné par le juge de paix, — Paris, 1 fr. — Villes où il y a tribunal de première instance, 75 c. — Autres villes et cantons ruraux, 50 c.

6. P. c., art. 587, 781. Pour le transport du juge de paix, à l'effet d'être présent à l'ouverture des portes en cas de saisie-exécution, par chaque vacation de trois heures, — Paris, 5 fr. — Villes où il y a tribunal de première instance, 3 fr. 75 c. —

Autres villes et cantons ruraux, 2 fr. 5o c. —Et à l'arrestation d'un débiteur condamné par corps, dans le domicile où ce dernier se trouve,—Paris, 10 fr.—Villes où il y a tribunal de première instance, 7 fr. 5o c.—Autres villes et cantons ruraux, 5 fr.

7. P. c., art. 4, 6, 29. Il n'est rien alloué au juge de paix, 1° pour toute cédule qu'il pourra délivrer;—14. 2° Pour le paraphe des pièces en cas de dénégation d'écriture, et de déclaration qu'on entend s'inscrire en faux incident.

8. P. c., art. 38. Il lui est alloué pour transport, soit à l'effet de visiter des lieux contentieux, soit à l'effet d'entendre des témoins, lorsque le transport aura été expressément requis par l'une des parties, et que le juge l'aura trouvé nécessaire; par chaque vacation,—Paris, 5 fr.—Villes où il y a tribunal de première instance, 3 fr. 75 c.—Autres villes et cantons ruraux, 2 fr. 5o c.

Nota. Le procès-verbal du juge doit faire mention de la réquisition de la partie, et il n'est rien alloué à défaut de cette mention.

CHAPITRE II.

TAXE DES GREFFIERS DES JUGES DE PAIX.

9. P. c., art. 8. Il sera taxé aux greffiers des justices de paix, par chaque rôle d'expédition qu'ils délivreront, et qui contiendra vingt lignes à la page et dix syllabes à la ligne,—Paris, 5o c.—Villes où il y a tribunal de première instance, 4o c.—Autres villes et cantons ruraux, 4o c.

10. P. c., art. 54. Pour l'expédition du procès-verbal qui constatera que les parties n'ont pu être conciliées, et qui ne doit contenir qu'une mention sommaire qu'elles n'ont pu s'accorder, il sera alloué,—Paris, 1 fr.—Villes et cantons ruraux, 8o c.

11. P. c., art. 7. La déclaration des parties qui demandent à être jugées par le juge de paix, sera insérée dans le jugement, et il ne sera rien taxé au greffier pour l'avoir reçue, non plus que pour tout autre acte du greffe.

12. P. c., art. 3o. Pour transport sur les lieux contentieux, quand il sera ordonné, il sera alloué au greffier les deux tiers de la taxe du juge de paix.

13. P. c., art. 58. Il n'est rien alloué pour la mention sur le registre du greffe, et sur l'original ou copie de la citation en conciliation, quand l'une des parties ne comparaît pas.

14. P. c., art. 45, 47. Pour la transmission au procureur du Roi, de la récusation et de la réponse du juge, tous frais de port compris,—Paris, 5 fr.—Villes où il y a tri-

bunal de première instance, 5 fr. — Autres villes et cantons ruraux, 5 fr.

15. P. c., art. 317. Il sera taxé au greffier du juge de paix qui aura assisté aux opérations des experts, et qui aura écrit la minute de leur rapport, dans le cas où tous, ou l'un d'eux, ne sauraient écrire, les deux tiers des vacations allouées à un expert.

16. Il lui est alloué les deux tiers des vacations du juge de paix pour assistance, — C., art. 4o6.—Aux conseils de famille;—P. c., art. 909. Aux appositions des scellés;—932. Aux reconnaissances et levées de scellés;—921 et 935. Aux référés;—C., art. 70 et 71. Aux actes de notoriété.—Il est encore alloué au greffier les deux tiers des frais de transport dans les mêmes cas où ils sont alloués aux juges de paix.—Les greffiers des juges de paix ne pourront délivrer d'expéditions entières des procès-verbaux d'apposition, reconnaissance et levée des scellés, qu'autant qu'ils en seront expressément requis par écrit.—Ils seront tenus de délivrer les extraits qui leur seront demandés, quoique l'expédition entière n'ait été ni demandée ni délivrée.

17. P. c., art. 925. Il sera taxé au greffier du juge de paix,—Pour sa vacation, à l'effet de faire la déclaration de l'apposition des scellés sur le registre du greffe du tribunal de première instance, dans les villes où elle est prescrite, les deux tiers d'une vacation du juge de paix.

18. P. c., art. 926. Il lui sera alloué pour chaque opposition aux scellés qui sera formée par déclaration sur le procès-verbal de scellés,—Paris, 5o c.—Villes où il y a tribunal de première instance, 4o c. Autres villes et cantons ruraux, 4o c.

19. P. c., art. 1039. Il ne lui sera rien alloué pour les oppositions formées par le ministère des huissiers et visées par lui.

20. P. c., art. 926. Il est alloué pour chaque extrait des oppositions aux scellés, à raison, par chaque opposition, de,—Paris, 5o c.—Villes où il y a tribunal de première instance, 4o c.—Autres villes et cantons ruraux, 4o c.

CHAPITRE III.

TAXE DES HUISSIERS DES JUGES DE PAIX.

21. Pour l'original — De chaque citation contenant demande, — Paris, 1 fr. 5o c. — Villes où il y a tribunal de première instance, 1 fr. 25 c. — Autres villes et cantons ruraux, 1 fr. 25 c. — P. c., art. 16 et 19. De signification de jugement, *id.*—17. De sommation de fournir caution, ou d'être présent à la réception et soumission de la cau-

tion ordonnée, 1 fr. 25 c. — 20. D'opposition au jugement par défaut, contenant assignation à la prochaine audience, 1 fr. 50 c. — 32. De demande en garantie, *id.*—34. De citation aux témoins, *id.* — 42. De citation aux gens de l'art et experts, *id.*—52. De citation en conciliation, *id.* — C., art. 406. De citation aux membres qui doivent composer le conseil de famille, 1 fr. 50 c. — De notification de l'avis du conseil de famille, *id.* — 926. D'opposition aux scellés, *id.* — De sommation à la levée de scellés, *id.* — Et, pour chaque copie des actes ci-dessus énoncés, le quart de l'original.

22. Pour la copie des pièces qui pourra être donnée avec les actes, par chaque rôle d'expédition de vingt lignes à la page et de dix syllabes à la ligne, — Paris, 25 c. — Villes où il y a tribunal de première instance, 20 c. — Autres villes et cantons ruraux, 20 c.

23. Pour transport qui ne pourra être alloué qu'autant qu'il y aura plus d'un demi-myriamètre (une lieue ancienne) de distance entre la demeure de l'huissier et le lieu où l'exploit devra être posé, aller et retour, par myriamètre, 2 fr. — Il ne sera rien alloué aux huissiers des juges de paix pour *visa* par le greffier de la justice de paix ou par les maires et adjoints des communes du canton, dans les différents cas prévus par le Code de procédure.

CHAPITRE IV.

TAXE DES TÉMOINS, EXPERTS ET GARDIENS DES SCELLÉS.

24. P. c., art. 29 et 34. Il sera taxé au témoin entendu par le juge de paix, une somme équivalente à une journée de travail, même à une double journée, si le témoin a été obligé de se faire remplacer dans sa profession, ce qui est laissé à la prudence du juge. — Il sera taxé au témoin qui n'a pas de profession, 2 fr. — Il ne sera point passé de frais de voyage, si le témoin est domicilié dans le canton où il est entendu.—S'il est domicilié hors du canton, et à une distance de plus de deux myriamètres et demi du lieu où il fera sa déposition, il lui sera alloué autant de fois une somme double de journée de travail, ou une somme de 4 fr., qu'il y aura de fois cinq myriamètres de distance entre son domicile et le lieu où il aura déposé.

25. P. c., art. 29 et 42. La taxe des experts en justice de paix sera la même que celle des témoins, et il ne leur sera alloué de frais de voyage que dans les mêmes cas.

26. Les frais de garde seront taxés par chaque jour, pendant les douze premiers jours, — Paris, 2 fr. 50 c. — Villes où il y a tribunal de première instance, 2 fr. — Autres villes et cantons ruraux, 1 fr. 50 c. — Ensuite seulement à raison de, — Paris, 1 fr. — Villes où il y a tribunal de première instance, 80 c. — Autres villes et cantons ruraux, 60 c.

LIVRE DEUXIÈME.

DE LA TAXE DES FRAIS DANS LES TRIBUNAUX INFÉRIEURS ET DANS LES COURS.

TITRE I.

DE LA TAXE DES ACTES DES HUISSIERS ORDINAIRES.

§ I. *Actes de première classe.*

27. P. c., art. 16, 59, 61 et 69, n° 8. Pour l'original d'un exploit d'appel du jugement de la justice de paix, — D'un exploit d'ajournement, même en cas de domicile inconnu en France, et d'affiche à la porte de l'auditoire, — Paris, 2 fr. — Partout ailleurs, 1 fr. 50 c.

28. P. c., art. 65. Pour les copies de pièces qui doivent être données avec l'exploit d'ajournement et autres actes, par rôle contenant vingt lignes à la page, et dix syllabes à la ligne, ou évaluées sur ce pied,—Paris,25c. — Partout ailleurs, 20 c. — Le droit de copie de toute espèce de pièces et de jugements appartiendra à l'avoué, quand les copies de pièces seront faites par lui ; l'avoué sera tenu de signer les copies de pièces et de jugements, et sera garant de leur exactitude. Les copies seront correctes et lisibles, à peine de rejet de la taxe.

29. P. c., art. 121. Pour l'original d'une sommation d'être présent à la prestation d'un serment ordonné. — 147. D'une signification de jugement à domicile. — 153. De signification d'un jugement de jonction par

saisie de l'acte d'apposition de placards en saisie immobilière. — 693. De la signification aux créanciers inscrits de l'acte de consignation faite par l'acquéreur en cas d'aliénation, qui peut avoir lieu après la saisie immobilière, sous la condition de consigner. —695. De la notification d'un exemplaire du placard aux créanciers inscrits. — P. c., art. 727. De la demande en distraction d'objets saisis immobilièrement contre la partie qui n'a pas avoué en cause. —734 et 736. De la notification au greffier de l'appel du jugement qui aura statué sur les nullités proposées en saisie mobilière. — 753. De sommation aux créanciers inscrits de produire dans les ordres. — 807. D'assignation en référé, dans le cas d'urgence, ou lorsqu'il s'agit de statuer sur les difficultés relatives à l'exécution d'un titre exécutoire ou d'un jugement.—809. De signification d'une ordonnance sur référé. — C., art. 1259. D'une sommation d'être présent à la consignation de la somme offerte.—De dénonciation du procès-verbal de dépôt de la chose ou de la somme consignée, au créancier qui n'était pas présent à la consignation. —1264. De sommation aux créanciers d'enlever le corps certain, qui doit être livré au lieu où il se trouve. —P. c., art. 819. D'un commandement à la requête des propriétaires et principaux locataires de maisons ou biens ruraux, à leurs locataires, sous-locataires et fermiers pour paiement de loyers ou fermages échus.—C., art. 2183. De la notification aux créanciers inscrits de l'extrait du titre du nouveau propriétaire, de la transcription et du tableau prescrit par l'art. 2183 du Code civil.—P. c., art. 839. D'une assignation et sommation à un notaire, et aux parties intéressées, s'il y a lieu, pour avoir expédition d'un acte parfait. — 841. D'un acte non enregistré, ou resté imparfait.—844. Ou une seconde grosse. — 861. D'une sommation à la requête de la femme à son mari, de l'autoriser.—856. D'une demande à domicile, à fin de rectification d'un acte de l'état civil. —876. D'une demande en séparation de corps.—C., art. 241. D'une demande en divorce pour cause déterminée.—P. c., art. 883. D'ajournement, pour demander la réformation d'un avis du conseil de famille qui n'a pas été unanime.— 888. De l'opposition formée à la requête des membres d'un conseil de famille à l'homologation de la délibération.—947. De sommation aux parties qui doivent être appelées à la vente des meubles dépendants d'une succession. — 976. De sommation aux copartageants de comparaître devant le juge-commissaire. — 980. De sommation aux parties pour assister à la clôture du procès-verbal de partage chez le notaire. —992. De sommation, à la requête d'un créancier, à l'héritier bénéficiaire de donner caution. — 1018. De sommation aux arbitres de se réunir au tiers-arbitre pour vider le partage.—De tout exploit contenant sommation de faire une chose, ou opposition à ce qu'une chose soit faite, protestation de nullité, et généralement de tous actes simples du ministère des huissiers non compris dans la seconde partie du présent tarif, — Paris, 2 fr. — Partout ailleurs, 1 fr. 50 c.— Pour chaque copie, le quart de l'original.—Indépendamment des copies de pièces qui n'auront pas été faites par les avoués, et qui seront taxées comme il a été dit ci-dessus.

§ II. *Actes de seconde classe et Procès-verbaux.*

30. P. c., art. 43. Pour l'original de la récusation du juge de paix, qui en contiendra les motifs, et qui sera signé par la partie ou son fondé de pouvoir spécial, ainsi que la copie, — Paris, 3 fr. —Villes où il y a tribunal de première instance, 2 fr. 25 c. — Autres villes et cantons ruraux, 2 fr. 25 c. — Et pour la copie, le quart.

31. P. c., art. 585, 586, 587, 588, 589, 590 et 601. Pour un procès-verbal de saisie-exécution, qui durera trois heures, y compris le temps nécessaire pour requérir, soit le juge de paix, soit le commissaire de police ou les maires et adjoints, en cas de refus d'ouverture de porte, — Paris, y compris 1 fr. 50 c. pour chaque témoin, 8 fr.—Villes où il y a tribunal de première instance,— Et autres villes et cantons ruraux, y compris 1 fr. pour chaque témoin, 6 fr. —Si la saisie dure plus de trois heures par chacune des vacations subséquentes aussi de trois heures, — Paris, y compris 80 c. pour chaque témoin, 5 fr.—Villes où il y a tribunal de première instance, — Et autres villes et cantons ruraux, y compris 60 c. pour chaque témoin, 3 fr. 75 c. — Dans les taxes ci-dessus se trouvent comprises les copies pour la partie saisie et pour le gardien.

32. P. c., art. 587. Vacation du commissaire de police qui aura été requis pour être présent à l'ouverture des portes et des meubles fermant à clef, ou aux maires et adjoints, si ces derniers le requièrent, — Paris, 5 fr. —Villes où il y a tribunal de première instance, 3 fr. 75 c. — Autres villes et cantons ruraux, 2 fr. 50 c.

33. P. c., art. 590. Vacation de l'huissier pour déposer au lieu établi pour les consignations ou entre les mains du dépositaire

qui sera convenu , les deniers comptants qui pourraient avoir été trouvés , — Paris , 2 fr. — Villes où il y a tribunal de première instance , 1 fr. 50 c. — Autres villes et cantons ruraux , 1 fr. 50 c.

34. P. c., art. 596. Les frais de garde seront taxés par chaque jour , pendant les douze premiers jours , — Paris , 2 fr. 50 c. — Villes où il y a tribunal de première instance , 2 fr. — Autres villes et cantons ruraux , 1 fr. 50 c. — Ensuite, seulement à raison de , — Paris , 1 fr. — Villes où il y a tribunal de première instance , 80 c. — Autres villes et cantons ruraux , 60 c.

35. P. c., art. 606. Pour un procès-verbal de récolement des effets saisis, quand le gardien a obtenu sa décharge, — Paris , 3 fr. — Villes où il y a tribunal de première instance , 2 fr. 25 c. — Autres villes et cantons ruraux , 2 fr. 25 c. — Ce procès-verbal ne contiendra aucun détail, si ce n'est pour constater les effets qui pourraient se trouver en déficit, et l'huissier ne sera point assisté de témoins. — Il sera laissé copie du procès-verbal de récolement au gardien qui aura obtenu sa décharge : il remettra la copie de la saisie qu'il avait entre les mains au nouveau gardien, qui se chargera du contenu sur le procès-verbal de récolement. — Pour chacune des copies à donner du procès-verbal de récolement, le quart de l'original.

36. P. c., art. 611. Dans le cas de saisie antérieure et d'établissement de gardien pour le procès-verbal de récolement sur le premier procès-verbal que le gardien sera tenu de représenter, et qui , sans entrer dans aucun détail, et contenant seulement la saisie des effets omis, et sommation au premier saisissant de vendre, témoins compris et deux copies, sera taxé, — Paris, 6 fr. — Villes où il y a tribunal de première instance, 4 fr. 50 c. — Autres villes et cantons ruraux, 4 fr. 50 c. — Et pour une troisième copie, s'il y a lieu, le quart de l'original.

37. P. c., art. 616. Pour le procès-verbal de récolement qui précédera la vente , et qui ne contiendra aucune énonciation des effets saisis, mais seulement de ceux en déficit, s'il y en a, y compris les témoins, — Paris, 6 fr. — Villes où il y a tribunal de première instance, 4 fr. 50 c. — Autres villes et cantons ruraux, 4 fr. 50 c. Il n'en sera point donné de copie.

38. P. c., art. 617. S'il y a lieu au transport des effets saisis, l'huissier sera remboursé de ses frais sur les quittances qu'il en représentera, ou sur sa simple déclaration, si les voituriers et gens de peine ne savent écrire, ce qu'il constatera par son procès-verbal de vente. — Il sera alloué à l'huissier ou autre officier qui procédera à la vente, pour la rédaction de l'original du placard qui doit être affiché, — Paris, 1 fr. — Villes où il y a tribunal de première instance, 1 fr. — Autres villes et cantons ruraux, 1 fr. — Pour chacun des placards , s'ils sont manuscrits, — Paris , 50 c. — Villes où il y a tribunal de première instance, 50 c. — Autres villes et cantons ruraux, 50 c. — Et, s'ils sont imprimés, l'officier qui procédera à la vente, en sera remboursé sur les quittances de l'imprimeur et de l'afficheur.

39. Pour l'original de l'exploit qui constatera l'apposition des placards, dont il ne sera point donné de copie, — Paris, 3 fr. — Villes où il y a tribunal de première instance, 2 fr. 25 c. — Autres villes et cantons ruraux, 2 fr. 25 c. — Il sera passé en outre la somme qui aura été payée pour l'insertion de l'annonce de la vente dans un journal, si la vente est faite dans une ville où il s'en imprime. — Pour chaque vacation de trois heures à la vente , le procès-verbal compris , il sera taxé à l'huissier , dans les lieux où ils sont autorisés à la faire, — Paris , 8 fr. — Villes où il y a tribunal de première instance, 5 fr. — Autres villes et cantons ruraux, 4 fr. — Et à Paris, où les ventes sont faites par les commissaires-priseurs, il sera alloué à l'huissier, pour requérir le commissaire-priseur, une vacation de 2 fr.

40. P. c., art. 623. En cas d'absence de la partie saisie, son absence sera constatée, et il ne sera nommé aucun officier pour la représenter.

41. P. c., art. 620 et 621. Dans le cas de publication sur les lieux où se trouvent les barques, chaloupes et autres bâtiments, prescrite par l'art. 620 du Code, et dans le cas d'exposition de la vaisselle d'argent, bagues et joyaux , ordonnée par l'art. 621 , il sera alloué à l'huissier, pour chacune des deux premières publications ou expositions, — Paris, 6 fr. — Villes où il y a tribunal de première instance , 4 fr. — Autres villes et cantons ruraux , 3 fr. — La troisième publication ou exposition est comprise dans la vacation de vente. — A Paris et dans les villes où il s'imprime des journaux, les vacations pour publications et expositions ne pourront être allouées aux huissiers, attendu qu'il doit y être suppléé par l'insertion dans un journal. — Si l'expédition du procès-verbal de vente est requise par l'une des parties, il sera alloué à l'huissier ou autre officier qui aura procédé à la vente, par chaque rôle d'expédition, contenant vingt-cinq lignes à la page, et dix à douze syllabes à la ligne, — Paris, 1 fr. — Villes où il y a tri-

bunal de première instance, 5o c.—Autres villes et cantons ruraux, 4o c.

42. P. c., art. 657. Pour la vacation de l'huissier ou autre officier qui aura procédé à la vente, pour faire taxer ses frais par le juge, sur la minute de son procès-verbal, — Paris, 3 fr. — Villes où il y a tribunal de première instance, 2 fr. — Autres villes et cantons ruraux, 1 fr. 5o c. Et pour consigner les deniers provenant de la vente, — Paris, 3 fr. — Villes où il y a tribunal de première instance, 2 fr. — Autres villes et cantons ruraux, 1 fr. 5o c.

43. P. c., art. 627. Pour un procès-verbal de saisie-brandon, contenant l'indication de chaque pièce, sa contenance et sa situation, deux au moins de ses tenants et aboutissants, et la nature des fruits, quand il n'y sera pas employé plus de trois heures, — Paris, 6 fr. — Villes où il y a tribunal de première instance, 5 fr. — Autres villes et cantons ruraux, 4 fr.— Et quand il sera employé plus de trois heures pour chacune des autres vacations aussi de trois heures, — Paris, 5 fr. — Villes où il y a tribunal de première instance, 4 fr. — Autres villes et cantons ruraux, 3 fr.—L'huissier ne sera point assisté de témoins.

44. P. c., art. 628. Pour les copies à délivrer à la partie saisie, au maire de la commune et au garde champêtre ou autre gardien, par chacune, le quart de l'original.

Nota. Le surplus des actes sera taxé comme en saisie-exécution.

45. Il sera alloué pour frais de garde, soit au garde champêtre, soit à tout autre gardien qui pourrait être établi, aux termes de l'art. 628, par chaque jour, savoir : — Au garde champêtre, — Paris, 75 c. — Villes où il y a tribunal de première instance, 75 c. — Autres villes et cantons ruraux, 75 c. — Et à tout autre que le garde champêtre, — Paris, 1 fr. 25 c. — Villes où il y a tribunal de première instance, 1 fr. 25 c. — Autres villes et cantons ruraux, 1 fr. 25 c.

46. P. c., art. 637. Pour un exploit de saisie du fonds d'une rente constituée sur particulier, contenant assignation au tiers-saisi en déclaration affirmative devant le tribunal, — Paris, 4 fr. — Villes où il y a tribunal de première instance, 3 fr. — Autres villes et cantons ruraux, 3 fr.—Pour la copie, le quart.

Nota. La dénonciation des placards et tous les autres actes seront taxés comme en saisie immobilière.

47. P. c., art. 675. Pour un procès-verbal de saisie immobilière auquel il n'aura été employé que trois heures, — Paris, 6 fr. — Villes où il y a tribunal de première instance,

5 fr. —Autres villes et cantons ruraux, 5 fr. — Et cette somme sera augmentée par chacune des vacations subséquentes qui auront pu être employées, de — Paris, 5 fr. - Villes où il y a tribunal de première instance, 4 fr. — Autres villes et cantons ruraux, 4 fr. — L'huissier ne se fera point assister de témoins.

48. P. c., art. 676. Pour chaque copie de ladite saisie qui sera laissée au greffier des juges de paix et aux maires ou adjoints des communes de la situation, le quart de l'original.

49. P. c., art. 681. Pour la dénonciation de la saisie immobilière et des enregistrements à la partie saisie, —Paris, 2 fr. 5o c. —Villes où il y a tribunal de première instance, 2 fr. — Autres villes et cantons ruraux, 2 fr. — Pour la copie de ladite dénonciation, le quart.

50. P. c., art. 685 et 686. Pour l'original de l'acte d'apposition de placards en saisie immobilière, lequel ne contiendra pas la désignation des lieux où ils ont été apposés, —Paris, 4 fr. — Villes où il y a tribunal de première instance, 3 fr. — Autres villes et cantons ruraux, 3 fr.

51. P. c., art. 780. Pour l'original de la signification du jugement qui prononce la contrainte par corps, avec commandement, —Paris, 3 fr. — Villes où il y a tribunal de première instance, 2 fr. — Autres villes et cantons ruraux, 1 fr. 25 c.—Et pour la copie, le quart.

52. P. c., art. 781. Vacation pour obtenir l'ordonnance du juge de paix, à l'effet, par ce dernier, de se transporter dans le lieu où se trouve le débiteur condamné par corps, et requérir son transport, —Paris, 2 fr. 5o c. —Villes où il y a tribunal de première instance, 2 fr. — Autres villes et cantons ruraux, 2 fr.

53. P. c., art. 783 et 789. Pour le procès-verbal d'emprisonnement d'un débiteur, y compris l'assistance de deux recors et l'écrou, —Paris, 60 fr. 25 c. — Villes où il y a tribunal de première instance, 4o fr.— Autres villes et cantons ruraux, 3o fr.— Il ne pourra être passé aucun procès-verbal de perquisition, pour lequel l'huissier n'aura point de recours, même contre sa partie ; la somme ci-dessus lui étant allouée en considération de toutes les démarches qu'il pourrait faire.

54. P. c., art. 786. Vacation de l'huissier en référé, si le débiteur arrêté le requiert, —Paris, 8 fr. — Villes où il y a tribunal de première instance, 6 fr. —Autres villes et cantons ruraux, 6 fr.

55. P. c., art. 789. Pour la copie du procès - verbal d'emprisonnement et de

l'écrou, le tout ensemble, — Paris, 3 fr. — Villes où il y a tribunal de première instance, 2 fr. 25 c. — Autres villes et cantons ruraux, 2 fr. 25 c.

56. P. c., art. 790. Il sera taxé au gardien ou geolier qui transcrira sur son registre le jugement, portant la contrainte par corps par chaque rôle d'expédition, — Paris, 25 c. — Villes où il y a tribunal de première instance, 20 c. — Autres villes et cantons ruraux, 20 c.

57. P. c., art. 792 et 793. Pour un acte de recommandation d'un débiteur emprisonné sans assistance de recors, — Paris, 4 fr. — Villes où il y a tribunal de première instance, 3 fr. — Autres villes et cantons ruraux, 3 fr. — Pour chaque copie à donner au débiteur et au geolier, le quart.

58. P. c., art. 796. Pour la signification du jugement qui déclare un emprisonnement nul, et la mise en liberté du débiteur, — Paris, 4 fr. — Villes où il y a tribunal de première instance, 3 fr. — Autres villes et cantons ruraux, 3 fr. — Pour la copie à laisser au gardien ou geolier, le quart.

59. P. c., art. 813. Pour l'original d'un procès-verbal d'offres, contenant le refus ou l'acceptation du créancier, — Paris, 3 fr. — Villes où il y a tribunal de première instance, 2 fr. 25 c. — Autres villes et cantons ruraux, 2 fr. 25 c. — Pour la copie, le quart.

60. C., art. 1259. D'un procès-verbal de consignation, de la somme ou de la chose offerte, — Paris, 5 fr. — Villes où il y a tribunal de première instance, 4 fr. — Autres villes et cantons ruraux, 4 fr. — Pour chaque copie à laisser au créancier, s'il est présent, et au dépositaire, le quart.

61. P. c., art. 819, 822 et 825. Les procès-verbaux de saisie-gagerie sur locataires et fermiers, — Et ceux de saisie des effets du débiteur forain, — Seront taxés comme ceux de saisie-exécution, ainsi que tout le reste de la poursuite.

62. P. c., art. 829. Pour un procès-verbal tendant à saisie-revendication, s'il y a refus de portes ou opposition à la saisie, contenant assignation en référé devant le juge, y compris les témoins, — Paris, 5 fr. — Villes où il y a tribunal de première instance, 4 fr. — Autres villes et cantons ruraux, 4 fr. — Pour la copie, le quart. — Le procès-verbal de saisie-revendication sera taxé comme celui de saisie-exécution.

63. P. c., art. 822 ; C., art. 2185. Pour l'original de l'acte, contenant réquisition d'un créancier inscrit, à fin de mises aux enchères et adjudications publiques de l'immeuble aliéné par son débiteur, — Paris,

5 fr. — Villes où il y a tribunal de première instance, 4 fr. — Autres villes et cantons ruraux, 4 fr. — Et pour la copie, le quart. — L'original et la copie de cette réquisition seront signés par le requérant ou par son fondé de procuration spéciale. — Il contiendra la soumission de porter ou faire porter le prix à un dixième en sus de celui qui aura été stipulé dans le contrat, et l'offre d'une caution avec assignation devant le tribunal pour la réception de la caution.

64. P. c., art. 901. Pour un procès-verbal de réitération de la cession par le débiteur failli à la maison commune, s'il n'y a pas de tribunal de commerce, — Paris, 4 fr. — Villes où il y a tribunal de première instance, 3 fr. — Autres villes et cantons ruraux, 3 fr.

65. P. c., art. 902. Pour un procès-verbal d'extraction de la prison du débiteur failli, à l'effet de faire la réitération de sa cession de biens, indépendamment du procès-verbal de ladite réitération, — Paris, 6 fr. — Villes où il y a tribunal de première instance, 5 fr. — Autres villes et cantons ruraux, 5 fr. — Le procès-verbal d'apposition de placards, en vente de biens immeubles de mineurs, ou dépendants d'une succession bénéficiaire ou vacante, ou abandonnés par un débiteur failli, sera taxé comme en saisie immobilière. — Pour chaque original de protêt, intervention à protêt, et sommation d'intervenir, assistants et copie compris, — Paris, 2 fr. — Villes où il y a tribunal de première instance, 1 fr. 50 c. — Autres villes et cantons ruraux, 1 fr. 50 c. — Pour l'original d'un protêt avec perquisition, assistants et copie compris, — Paris, 5 fr. — Villes où il y a tribunal de première instance, 4 fr. — Autres villes et cantons ruraux, 4 fr.

§ III. *Dispositions générales relatives aux Huissiers.*

66. P. c., art. 62. Il ne sera rien alloué aux huissiers pour transport jusqu'à un demi-myriamètre. — Il leur sera alloué au-delà d'un demi-myriamètre, pour frais de voyage, qui ne pourra excéder une journée de cinq myriamètres (dix lieues anciennes), savoir : au-delà d'un demi-myriamètre et jusqu'à un myriamètre, pour aller et retour, — Paris, 4 fr. — Villes et cantons ruraux, 4 fr. — Au-delà d'un myriamètre, il sera alloué par chaque demi-myriamètre, sans distinction, 2 fr. — Il sera taxé pour *visa* de chacun des actes qui y sont assujettis, — Paris, 1 fr. — Villes où il y a tribunal de première instance, 75 c. — Autres villes et cantons ruraux, 75 c. — En cas de refus

de la part du fonctionnaire public qui doit donner le *visa*, et dans le cas où l'huissier sera obligé, à raison de ce refus, de requérir le *visa* du procureur du Roi, le droit sera double. — Les huissiers qui seront commis pour donner des ajournements, faire des significations de jugements, et tous autres actes, ou procéder à des opérations, ne pourront prendre de plus forts droits que ceux énoncés au présent tarif, à peine de restitution et d'interdiction, quels que soient la cour et le tribunal auxquels ils sont attachés. — Les huissiers qui auront omis de mettre au bas de l'original et de chaque copie des actes de leur ministère la mention du coût d'icelui, pourront, indépendamment de l'amende portée par l'article 67 du Code de procédure, être interdits de leurs fonctions sur la réquisition d'office des procureurs généraux et des procureurs du Roi.

TITRE II.
DES AVOUÉS DE PREMIÈRE INSTANCE.
CHAPITRE I.
MATIÈRES SOMMAIRES.

67. Les dépens, dans ces matières, seront liquidés, tant en demandant qu'en défendant, savoir : — Pour l'obtention d'un jugement par défaut contre partie ou avoués, y compris les qualités, et la signification à avoué, s'il y a lieu, quand la demande n'excèdera pas 1,000 fr., — Paris, 7 fr. 50 c. — Dans le ressort, les trois quarts. — Et quand elle excèdera 1,000 fr., jusqu'à 5,000 fr., 10 fr. — Et quand elle excèdera 5,000 fr., 15 fr. — Et pour l'obtention d'un jugement contradictoire ou définitif, quand la demande n'excèdera pas 1,000 fr., 15 fr. — Et quand elle excèdera 1,000 fr., jusqu'à 5,000 fr., 20 fr. — Quand elle excèdera 5,000 fr., 30 fr.

Nota. Si la valeur de l'objet de la contestation est indéterminée, le juge allouera l'une des sommes ci-dessus indiquées.

S'il y a lieu à enquête, ou à visite et estimation d'experts ordonnée contradictoirement, et s'il est intervenu aussi jugement contradictoire sur l'enquête ou le rapport d'experts, il sera alloué un demi-droit. — Et en outre, pour copie des procès-verbaux d'enquête et d'expertise, par chaque rôle, — à Paris, 15 c. — Dans le ressort, les trois quarts. — S'il y a plus de deux parties en cause, et si elles ont des intérêts contraires, il sera alloué un quart en sus des droits ci-dessus à l'avoué qui aura suivi contre chacune des autres parties. — S'il y a lieu à un interrogatoire sur faits et articles, il sera passé à l'avoué de la partie à la requête de laquelle il aura été subi, un demi-droit, et en outre, pour copie du procès-verbal d'interrogatoire, par chaque rôle d'expédition, — à Paris, 15 c. — Dans le ressort, les trois quarts. — Il sera passé à l'avoué qui lèvera le jugement rendu contradictoirement, pour dressé des qualités et de signification du jugement à avoué, le quart du droit accordé pour l'obtention du jugement contradictoire. — Il ne sera alloué aucun honoraire aux avocats dans ces sortes de causes. — Si l'avoué est révoqué, ou si les pièces lui sont retirées, il lui sera alloué, savoir : — S'il y a eu constitution d'avoué avant l'obtention d'un jugement par défaut, moitié du droit accordé pour faire rendre un jugement par défaut. — Et s'il a été obtenu un premier jugement par défaut ou un jugement interlocutoire, indépendamment de l'émolument pour ces jugements, moitié du droit accordé pour obtenir un jugement contradictoire. — Mais ces droits ne seront acquis, et ils ne pourront être exigés que lorsqu'il y aura eu constitution d'avoué dans le premier cas, ou qu'il aura été formé opposition au premier jugement par défaut, et que l'avoué qui aura obtenu le premier jugement aura suivi l'audience sur le débouté d'opposition. — Au moyen de la fixation ci-dessus, il ne sera passé aucun autre honoraire pour aucun acte et sous aucun prétexte. Il ne sera alloué en outre que les simples déboursés.

CHAPITRE II.
MATIÈRES ORDINAIRES.

§ I. *Droit de Consultation.*

68. P. c., art. 59, 61, 75, etc. Pour la consultation sur toute demande principale, intervention, tierce - opposition et requête civile, tant en demandant qu'en défendant, sans qu'il puisse être passé plus d'un droit par chaque avoué et par cause, et sans que l'intervention d'un appelé en garantie puisse y donner lieu ; le droit ne pourra être exigé qu'autant qu'il aura été obtenu un jugement par défaut contre partie, ou qu'il y aura eu constitution d'avoué, et y compris la procuration sous signature privée ou par-devant notaire, indépendamment des déboursés, — à Paris, 10 fr. — Dans le ressort, 7 fr. 50 c.

69. Il ne sera alloué aucun émolument à l'avoué, dans le cas où il comparaîtrait au bureau de conciliation pour sa partie.

§ II. *Actes de première classe.*

70. P. c., art. 75. Pour l'original d'une

constitution d'avoué. — 79, 82 *et passim.*
Pour un acte d'avoué à avoué pour suivre
l'audience, sans qu'il puisse en être passé
plus d'un seul pour chaque jugement par
défaut, interlocutoire ou contradictoire. —
452. Les avoués seront tenus de se représenter au jour indiqué par les jugements préparatoires ou de remise, sans qu'il soit besoin
d'aucune sommation. — P. c., art. 96, 104.
Pour l'original d'un acte de déclaration de
production par le demandeur en instruction
par écrit, contenant le nombre des rôles
dont la requête est composée. — 97 *Id.*,
de la part du défendeur. — 110. De la signification de l'ordonnance du président, portant nomination d'un autre rapporteur, en
cas de décès, démission ou impossibilité
de faire le rapport en délibéré ou instruction par écrit. — 115, résultat de l'article.
D'une sommation d'être présent au retrait
des pièces, après les jugements sur délibéré
ou en instruction par écrit. — 121. D'une
sommation d'avoué à avoué pour être présent à la prestation d'un serment ordonné.
— 145. D'une sommation d'avoué à avoué
pour être réglé sur une opposition aux qualités. — 179. De la déclaration au demandeur originaire de la part du défendeur,
qu'il a formé une demande en garantie. —
179. De la dénonciation au demandeur originaire de la demande en garantie. — 188.
De la sommation de communiquer les pièces signifiées ou employées dans la cause.—
191. De la signification de la requête et de
l'ordonnance, portant que l'avoué qui re-
tient des pièces sera tenu de les remettre.—
De la signification de l'acte de dépôt au
greffe de la pièce dont l'écriture est déniée.
— 204. De la sommation de comparaître
devant le juge commis en vérification d'écritures, pour être présent au serment des experts et à la représentation des pièces de
comparaison. — 206. De la sommation pour
être présent à la confection d'un corps d'é-
criture. — 219. De la signification de l'acte
de dépôt au greffe d'une pièce arguée de
faux. — 221. De la sommation pour être
présent à la réquisition d'apport au greffe
de la minute de la pièce arguée de faux. —
224. De la signification de l'ordonnance portant que la minute de la pièce arguée de faux
sera apportée au greffe.—P. c., art. 225. De
la signification de l'acte de dépôt au greffe
de la pièce arguée de faux, avec sommation
d'être présent au procès-verbal qui sera
dressé de son état. — 286. De la signification des procès-verbaux d'enquête. — 297.
De la signification de l'ordonnance du juge
commis pour faire une descente sur les lieux,
contenant la désignation des jour, lieu et

heure, et sommation d'y être présent. —
299. De la signification du procès-verbal
du juge-commissaire qui a fait une descente
sur les lieux. — 315. De la sommation contenant indication des jour et heure choisis
par les experts, si la partie n'était pas présente à la prestation de leur serment.—321.
De la signification du rapport des experts.
— 335. De la signification de l'interrogatoire sur faits et articles. —344. De la notification du décès d'une partie. — 343, 355.
De la signification d'un désaveu. —372. De
la signification de l'acte à fin de renvoi d'un
tribunal à un autre, des pièces y annexées,
et du jugement intervenu. — 396. De la signification de l'arrêt intervenu sur l'appel
d'un jugement qui aura rejeté une récusation, ou du certificat du greffier de la cour
royale, contenant que l'appel n'est pas jugé,
et indication du jour où il doit l'être. — 403.
De la sommation de se trouver devant le président, et voir déclarer la taxe des frais exécutoires en cas de désistement de la demande.
— 534. De la sommation d'être présent à la
présentation et affirmation d'un compte.—
574. De la signification, de la déclaration
affirmative, et du dépôt des pièces contenant constitution d'avoué. —575. D'un acte
contenant dénonciation d'opposition formée
sur le débiteur entre les mains d'un tiers-saisi.
— 578. De la signification de l'état détaillé
des effets mobiliers saisis et arrêtés entre les
mains d'un tiers-saisi. — P. c., art. 871.
De la sommation à la requête des créanciers
du mari, à l'avoué de la femme poursuivant
sa séparation de biens, de leur communiquer la demande et les pièces justificatives.
— 972. De l'acte de signification du cahier
des charges en licitation, aux avoués des colicitants. — Titre des partages. — De l'acte
de sommation aux avoués des copartageants
de se trouver, soit devant le juge-commissaire, soit devant le notaire, pour procéder
aux opérations du partage, —Paris, 1 fr.—
Dans le ressort, 75 c. — Pour les copies de
chacun des actes ci-dessus énoncés, indépendamment des copies des pièces, le quart.

§ III. *Actes de deuxième classe.*

74. P. c., art. 102. Acte de production
nouvelle en instruction par écrit, contenant
l'état des pièces. — 215. Sommation à la
partie adverse de déclarer si elle veut ou non
se servir d'une pièce produite, avec déclaration que, dans le cas où elle s'en servirait,
le demandeur s'inscrira en faux. —216. Déclaration de la partie sommée, signée d'elle
ou du fondé de sa procuration spéciale et
authentique, dont il sera donné copie,
qu'elle entend ou non se servir de la pièce

arguée de faux.—252. Acte contenant articulation succincte des faits dont une partie demandera à faire preuve. — Acte contenant réponse au précédent et dénégation ou reconnaissance des faits. —282. Acte contenant la justification des reproches par écrit. —Acte en réponse. — 289. Acte contenant offre de prouver les reproches contre les témoins non justifiés par écrit, et désignation des témoins à entendre sur les reproches. — Acte en réponse. — 309. Acte contenant les moyens de récusation contre les experts. —P. c., art. 311. Acte contenant réponse aux moyens de récusation. — 337. Acte contenant les moyens et conclusion des demandes incidentes. — Acte servant de réponse aux demandes incidentes. — 347. Acte de reprise d'instance. — 402. Acte de désistement et d'acceptation de désistement. — 518. Acte de présentation de caution. — 519. Acte de déclaration d'acceptation de caution. —520. Acte de contestation de la caution offerte.—524. Acte d'offres sur la déclaration des dommages et intérêts. —Acte contenant demande en rectification d'un acte de l'état civil. — Acte servant de réponse. —Tous ces actes seront taxés pour l'original, —Paris , 5 fr. —Dans le ressort, 3 fr. 75 c.— Et pour chaque copie , indépendamment des copies de pièces, le quart.

§ IV. *Des Requêtes et Défenses qui peuvent être grossoyées, et des Copies de Pièces.*

72. P. c., art. 77. Pour l'original ou grosse des requêtes servant de défenses aux demandes , contenant vingt-cinq lignes à la page et douze syllabes à la ligne , —Paris, 2 fr. —Dans le ressort, 1 fr. 50 c. —Les copies des pièces qui seront données avec les défenses , ou qui pourront être signifiées dans les causes , seront taxées, à raison du rôle, de vingt-cinq lignes à la page, et de douze syllabes à la ligne, ou évaluées sur ce pied. —Paris, 30 c. —Dans le ressort, 25 c. — Les copies de tous actes ou jugements, qui seront signifiées avec les exploits des huissiers , appartiendront à l'avoué , si elles ont été faites par lui , à la charge de les certifier véritables et de les signer.

73. Pour l'original ou grosse des requêtes contenant réponse aux défenses dans la forme ci-dessus, pour chaque rôle, — Paris, 2 fr.— Dans le ressort, 1 fr. 50 c. —P. c., art. 96. Des requêtes en instruction par écrit , terminées par l'état des pièces, *id.* — 97. *Id.* servant de réponse à celles en instruction par écrit, avec état des pièces au soutien , *id.* — 103. *Id.* en réponse aux pro-

ductions de nouvelles pièces qui ne pourront excéder six rôles.

74. P. c., art. 104. Dans les instructions par écrit , les grosses et les copies de toutes les requêtes porteront la déclaration du nombre de rôles dont elles sont composées, à peine de rejet de la taxe.

75. P. c., art. 161. Pour la grosse de la requête d'opposition au jugement par défaut contenant les moyens , par chaque rôle, — Paris, 2 fr. —Dans le ressort, 1 fr. 50 c. — Si les moyens ont été fournis avant le jugement par défaut, la requête d'opposition, sans les moyens , ne sera passée que pour un rôle , *id.* — 166. *Id.* pour la grosse de la requête , qui ne pourra excéder deux rôles, tendant à ce que l'étranger demandeur soit tenu de fournir caution. — *Id.* de celle en réponse qui ne pourra non plus excéder deux rôles. — 168. *Id.* de la requête pour proposer un déclinatoire, qui ne pourra excéder six rôles. —*Id.* de la réponse. — 173. *Id.* de la requête en nullité de la demande ou du jugement, qui ne pourra non plus excéder six rôles. — *Id.* de la réponse.— 174. *Id.* de la requête pour demander délai pour délibérer et faire inventaire, qui ne pourra aussi excéder six rôles. — *Id.* de la réponse.— 180. *Id.* de la requête pour soutenir qu'il n'y a lieu d'appeler garant, qui ne pourra excéder six rôles. — *Id.* de la réponse. — 192. *Id.* de la requête d'opposition à l'ordonnance portant contrainte de remettre des pièces, qui ne pourra excéder deux rôles. — *Id.* de la réponse. — 229. *Id.* de la requête contenant les moyens de faux. —230. *Id.* de la requête contenant réponse aux moyens de faux.—339. *Id.* de la requête d'intervention.— *Id.* de la requête en réponse à l'intervention. —348. *Id.* de la requête contenant contestation sur la demande en reprise d'instance , qui ne pourra excéder six rôles. — *Id.* de la réponse.— 354. *Id.* de la requête servant de moyens contre un désaveu. —Et réponse. —373. *Id.* de la requête contre la demande à fin de renvoi d'un tribunal à un autre , pour cause de parenté ou alliance. — Et pour la réponse. — 400. *Id.* de la requête en péremption d'instance , qui ne pourra excéder six rôles. — *Id.* de la réponse. —475. *Id.* de la requête de tierce-opposition. — Et réponse. —493. *Id.* de la requête civile incidente. — Et réponse. — 514. *Id.* de la requête contenant défense du juge pris à partie. — Et réponse. — 531. *Id.* pour la grosse d'un compte dont le préambule ne pourra excéder six rôles. —Il ne sera fait qu'une seule grosse. — 570. *Id.* pour la grosse de la requête du tiers-saisi, qui demandera son renvoi devant son juge, en cas que sa déclaration affirmative soit contestée : cette requête ne pourra excéder deux rôles. — Et réponse. — 815. *Id.* de la requête pour demander incidemment la validité ou la nullité d'offres réelles. — Et réponse. — 847. *Id.* de la requête, à fin de se faire autoriser à compulser un acte qui ne pourra excéder six rôles. — Et réponse. — P. c., art. 871. *Id.* de la requête d'intervention des créanciers du mari dans les demandes en séparation de biens. — Et réponse. — 972. *Id.* de la requête de conclusions motivées contenant demande en entérinement du rapport des experts, en partage et licitation. — Et réponse. — Il sera taxé pour chacun des rôles des requêtes ci-dessus énoncées, — Paris, 2 fr. — Dans le ressort, 1 fr. 50 c. — Et pour chaque copie, par rôle, le quart. — Le nombre des rôles de requêtes en réponse ne pourra jamais excéder celui fixé pour la requête en demande.

Nota. Il ne sera passé aucuns frais d'impression des requêtes et défenses même autorisées.

§ V. *Requêtes qui ne peuvent être grossoyées, et Copies d'Actes.*

76. P. c., art. 110. Requête pour faire nommer un autre rapporteur en instruction par écrit ou sur délibéré. — 156. Pour faire commettre un huissier à l'effet de signifier un jugement par défaut contre partie. — 191. Pour faire contraindre un avoué à remettre les pièces qu'il a prises en communication. 199. — Pour obtenir l'ordonnance du juge-commissaire en vérification d'écritures à l'effet de sommer la partie adverse de comparaître à jour et heure certains, pour convenir de pièces de comparaison. — 204. A fin d'obtenir l'ordonnance du commissaire en vérification d'écritures, pour sommer les experts de prêter serment, et les dépositaires de représenter les pièces de comparaison. — 221. Au juge-commissaire en inscription de faux incident pour faire ordonner l'apport de la minute de la pièce arguée par le dépositaire. — 259. Au juge commis pour procéder à une enquête, à l'effet d'obtenir son ordonnance, indiquant le jour et l'heure pour lesquels les témoins seront assignés. — P. c., art. 297. Au juge commis pour faire une descente sur les lieux, à l'effet d'obtenir son ordonnance, portant l'indication des jour, lieu et heure. — 307. Au juge-commissaire pour demander son ordonnance, à l'effet de faire prêter serment aux experts convenus ou nommés d'office. — 403. En cas de désistement de la demande pour obtenir l'ordonnance du président, afin de

rendre la taxe des frais exécutoire. — 354. Au juge commis pour entendre un compte, à l'effet d'obtenir l'ordonnance fixant le jour et l'heure de la présentation. — 617. A fin de permission de vendre les meubles saisis exécutés dans un lieu plus avantageux que celui indiqué par la loi. — 780. Pour faire commettre un huissier à l'effet de signifier le jugement portant contrainte par corps. — 808. A fin d'assigner extraordinairement en référé, si le cas requiert célérité. — 819. A fin de saisir-gager à l'instant les meubles et les effets garnissant les maisons et fermes. — 822. A fin de permission de saisir les effets de son débiteur forain, trouvés en la commune qu'habite le créancier. — 832. A fin de faire commettre un huissier pour notifier le titre du nouveau propriétaire aux créanciers inscrits. — A fin de faire commettre un huissier, à l'effet de notifier la réquisition de surenchère. — 976. Au juge-commissaire en partage et licitation, à l'effet d'obtenir son ordonnance pour citer les autres parties à comparaître par-devant lui. — C., art. 467. Au procureur du Roi pour faire désigner trois jurisconsultes, sans l'avis desquels le tuteur du mineur ne pourra transiger. — Les requêtes ci-dessus énoncées ne seront point grossoyées, et seront taxées, — Paris, 2 fr. — Dans le ressort, 1 fr. 50 c. — La vacation, pour demander l'ordonnance du président ou du juge-commissaire, et se la faire délivrer, est comprise dans la taxe.

77. P. c., art. 72. Requête contenant demande pour abréger les délais dans les cas qui requièrent célérité. — 558. Pour obtenir permission de saisir et arrêter, entre les mains d'un tiers, ce qu'il doit au débiteur quand il n'y a pas de titre. — 582. Pour avoir permission de saisir et arrêter la portion que le juge déterminera dans des sommes ou pensions données ou léguées pour aliment, et ce, pour créances postérieures aux dons et legs. — C., art. 783. A l'effet d'obtenir, pour le témoin assigné, un sauf-conduit, qui ne pourra être accordé que sur les conclusions du ministère public, et qui réglera sa durée. — P. c., art. 795. A l'effet de demander la nullité de l'emprisonnement d'un débiteur détenu pour dettes. — 800. Pour demander la liberté d'un débiteur détenu pour dettes, dans tous les cas prévus par l'article 800. — 802. Pour assigner le geôlier qui refuse de recevoir la consignation de la dette. — 803. Pour demander la liberté, faute de consignation d'aliments. — 826, 827. Pour demander la permission de saisir, revendiquer, contenant la désignation des effets. — C., art. 113 ; P. c., art. 928, 931. *Id.* pour faire commettre un

notaire à l'effet de représenter les absents présumés, dans les inventaires, comptes, partages et liquidations dans lesquels ils sont intéressés.— P. C., art. 946. Pour faire autoriser à la vente du mobilier d'une succession. — 986. A fin d'être autorisé, sans attribution de qualité, à faire procéder à la vente d'effets mobiliers dépendants d'une succession. — 996. Pour faire nommer un curateur au bénéfice d'inventaire. — 998. Pour faire nommer un curateur à une succession vacante. — 1017. *Id.*, à l'effet de faire nommer un tiers-arbitre. — Elles seront taxées, — Paris, 3 fr. — Dans le ressort, 2 fr. 25 c. — Les requêtes ci-dessus ne seront point grossoyées. — Et la vacation pour prendre l'ordonnance est comprise dans la taxe.

78. P. c., art. 364. Requête à fin d'obtenir permission d'assigner en réglement de juges. — 483 et 492. Requête civile principale. — 839, 841, 844, 854. A fin de permission de se faire délivrer expédition ou copie d'un acte parfait non enregistré, ou même resté imparfait, ou pour se faire délivrer une seconde grosse. — 855. A fin de réformation d'un acte de l'état civil. —859. A l'effet de faire pourvoir à l'administration des biens d'une personne présumée absente.—C., art. 113. Pour avoir permission de faire enquête pour constater l'absence. — P. c., art. 860. A fin d'envoi en possession provisoire des biens d'un absent. — 861. De la femme, à l'effet de citer son mari à la chambre du conseil pour déduire les causes de son refus de l'autoriser. — 863 et 864. De la femme en cas d'absence présumée ou déclarée du mari, ou en cas d'interdiction pour se faire autoriser. — 865. De la femme qui se pourvoit en séparation de biens. — P. c., art. 885 ; C., art. 467. A fin d'homologation de l'avis d'un conseil de famille. — C., art. 1008. Pour demander l'envoi en possession du legs universel. — P. c., art. 909. Du créancier, pour obtenir la permission de faire apposer un scellé. — 955 et 964. A fin d'homologation d'un avis du conseil de famille pour aliéner les immeubles des mineurs, ou pour être autorisé à vendre au-dessous de l'estimation. — 987. De l'héritier bénéficiaire, à l'effet d'être autorisé à vendre les immeubles dépendants d'une succession bénéficiaire. — 988. Pour demander l'entérinement du rapport d'experts qui ont fait l'estimation des immeubles dépendants d'une succession bénéficiaire.—*Id.* d'un curateur à une succession vacante. — 70 et 71. *Id.* pour demander l'homologation d'un acte de notoriété délivré par le juge de paix sur la

déposition de sept témoins, pour suppléer à un acte de naissance. — Ces requêtes ne peuvent être grossoyées, et l'émolument pour prendre les ordonnances et communiquer au ministère public, est compris dans la taxe qui sera de, — Paris, 7 fr. 50 c.— Dans le ressort, — 5 fr. 50 c.

79. P. c., art. 325. Requête pour avoir permission de faire interroger sur faits et articles contenant les faits. — Cette requête ne sera point signifiée ni la partie appelée avant le jugement qui admettra ou rejettera la demande, à fin de faire interroger : elle ne sera notifiée qu'avec le jugement et l'ordonnance du juge commis pour faire subir l'interrogatoire. — 875. De l'époux qui se pourvoit en séparation de corps, contenant sommairement les faits. — C., art. 236. De l'époux qui se pourvoit en divorce pour cause déterminée, contenant le détail des faits.— P. c., art. 890. Contenant demande à fin d'interdiction, le détail des faits et l'indication des témoins. — Ces requêtes ne peuvent être grossoyées, et l'émolument pour prendre les ordonnances et communiquer au ministère public est compris dans la taxe.— Paris, 15 fr. — Dans le ressort, 12 fr.

§ VI. *Plaidoiries et assistances aux Jugements.*

80. P. c., art. 76 et s. Pour honoraires de l'avocat qui aura plaidé la cause contradictoirement, — Paris, 15 fr. — Dans le ressort, 10 fr.

81. Pour assistance de l'avoué à l'audience, à l'effet de demander acte de sa constitution, en cas d'abréviation des délais, — Paris, 1 fr. 50 c. — Dans le ressort, 1 fr.

82. P. c., art. 149. Assistance et plaidoirie aux jugements par défaut, — Paris, 3 fr. — Dans le ressort, 2 fr. 45 c. Pour l'honoraire de l'avocat qui aura pris le jugement par défaut, — Paris, 5 fr.— Dans le ressort, 4 fr. — Quand le jugement par défaut aura été pris par un avocat, le droit d'assistance de l'avoué ne sera, — Paris, que de 1 fr. — Dans le ressort, 75 c.

83. P c., art 87. Pour assistance de chaque avoué à tout jugement portant remise de cause, ou indication de jour, sans que les jugements puissent être levés, ni qu'il soit signifié de qualité, ou donné d'avenir, — Paris, 3 fr. — Dans le ressort, 2 fr. 25 c.

84. P. c., art. 93 et 95. Pour assistance et observation des avoués aux jugements qui ordonneront une instruction par écrit, Paris, 5 fr. — Dans le ressort, 4 fr.

85. P. c., art. 113. Pour assistance aux jugements sur délibéré ou instruction par écrit, y compris les notes qu'ils pourront fournir,—Paris, 5 fr.—Dans le ressort, 4 fr.

86. P. c., art. 116. Pour assistance des avoués à chaque journée des plaidoiries qui précèdent les jugements interlocutoires et définitifs, contradictoires quand les causes sont plaidées par les parties elles-mêmes ou par des avocats, — Paris, 3 fr. — Dans le ressort, 2 fr. 25 c. — Et quand les avoués plaideront eux-mêmes, — Paris, 10 fr. — Dans le ressort, 6 fr.

§ VII. *Qualités et significations des Jugements.*

87. P. c., art. 142. Pour l'original des qualités contenant les noms, profession et demeure des parties, leurs conclusions et les points de fait et de droit, sans que les motifs des conclusions puissent y être insérés, ni qu'on puisse rappeler, dans les points de fait et de droit, les moyens des parties; savoir, pour celles d'un jugement par défaut, — Paris, 3 fr. 75 c. — Dans le ressort, 2 fr. 80 c. — Pour celles d'un jugement contradictoire sur plaidoirie ou délibéré, — Paris, 7 fr. 50 c. — Dans le ressort, 5 fr. 50 c. — Et celles d'un jugement en instruction par écrit, — Paris, 10 fr. — Dans le ressort, 7 fr. 50 c.

88. P. c., art. 142. Pour chaque copie qui ne pourra être signifiée que dans le cas où le jugement serait contradictoire, le quart.

89. P. c., art. 156 et 157. Pour signification de tout jugement à avoué ou à domicile, par chaque rôle d'expédition, — Paris, 30 c. — Dans le ressort, 25 c.

§ VIII. *Des Vacations.*

90. Vacation pour mettre la cause au rôle. — P. c., art. 83. Pour communiquer les pièces de la cause au ministère public et les retirer, le tout ensemble. — 94. Pour produire et retirer les pièces dans les causes où il a été ordonné un délibéré. — 102. Pour produire au greffe des pièces nouvelles en instructions par écrit. — 103. Pour prendre en communication les pièces nouvelles produites en instruction par écrit. — 107. Pour prendre le certificat du greffier, constatant que la partie adverse n'a pas produit en instruction par écrit dans les délais fixés. — 109. Pour requérir le greffier, après que toutes les parties ont produit en instruction par écrit ou après l'expiration des délais, de remettre les pièces au rapporteur. — 144. Pour former opposition à des qualités : le droit ne sera passé qu'autant que le président aura or-

donné une réformation. — 145. Pour faire régler les qualités des jugements en cas d'opposition. — P. c., art. 163, 164 et 549. Pour faire la mention sur le registre tenu au greffe de l'opposition au jugement par défaut, ou de l'appel de tout jugement, quand il y aura dans les jugemens des dispositions qui doivent être exécutées par des tiers. — 471 et 494. Pour consigner l'amende en requête civile, ou sur appel dans toutes les causes, à l'exception des matières sommaires. — 501. Pour la retirer. — 548. Pour donner certificat contenant la date de la signification, au domicile de la partie condamnée, du jugement qui prononce une main-levée, la radiation d'inscription hypothécaire, un paiement ou autre chose à faire par un tiers ou contre lui. — Pour requérir du greffier le certificat qu'il n'existe contre le jugement énoncé ci-dessus, ni opposition, ni appel, portés sur le registre tenu au greffe. — 967. Pour faire viser par le greffier la demande en partage et licitation, — Paris, 1 fr. 50 c. — Dans le ressort, 1 fr. 15 c.

91. P. c., art. 77 et 189. Vacation pour donner et prendre communication des pièces de la cause à l'amiable, sur récépissé ou par la voie du greffe, et le rétablissement entre les mains de l'avoué, ou le retrait du greffe, le tout ensemble. — 96. Pour produire au greffe dans les causes où il a été ordonné une instruction par écrit. — 97. Pour prendre communication au greffe de la production du demandeur en instruction par écrit et le rétablissement de cette production, le tout ensemble. — 115. Pour retirer les pièces du greffe dans les instructions par écrit. — 219, 220. Pour déposer au greffe les pièces arguées de faux. — 259. Pour requérir l'ordonnance du juge commis à l'effet de procéder à une enquête et signer le procès-verbal d'ouverture. — 306. Pour faire la déclaration au greffe des experts convenus. — 307, 315. Pour être présent à la prestation de serment des experts devant le juge-commissaire. — P. c., art. 361. Pour faire faire la mention, en marge de l'acte de désaveu, du jugement qui l'aura rejeté. — 518. Pour déposer au greffe les titres de solvabilité de la caution présentée. — 519. Pour prendre communication au greffe des titres de solvabilité de la caution. — 519 et 522. Pour faire faire au greffe la soumission d'une caution. — 523. Pour déposer au greffe, ou donner en communication sur récépissé à l'amiable les pièces justificatives de la déclaration des dommages et intérêts, et les retirer, le tout ensemble. — Pour prendre communication à l'amiable sur récépissé, ou au greffe, des pièces justificatives de la déclaration de dommages et in-

térêts, et les rétablir, le tout ensemble. — 56*9*. Pour requérir des fonctionnaires publics, tiers-saisis, le certificat du montant de ce qu'ils doivent à la partie saisie. — 874. Pour assister au greffe la femme qui fait sa renonciation à la communauté, en cas de séparation de biens. — C., art. 240. Pour prendre l'ordonnance du tribunal qui permet de citer l'époux défendeur en divorce. — P. c., art. 997 ; C., art. 793 et 794. Pour assister au greffe la femme qui renonce à la communauté après décès, ou l'héritier qui renonce à la succession, ou qui ne l'accepte que sous bénéfice d'inventaire.—P. c., art. 1020. Pour demander l'ordonnance d'*exequatur* d'une décision arbitrale, — Paris, 3 fr. — Dans le ressort, 2 fr. 25 c.

92. P. c., art. 196. Vacation pour déposer au greffe une pièce dont l'écriture est déniée, et assistance au procès-verbal dressé par le greffier de l'état de ladite pièce. — 198. *Id.* pour prendre communication de ladite pièce et assistance au procès-verbal dressé par le greffier. — 199. *Id.* devant le juge-commissaire, pour convenir des pièces de comparaison. — 284, 207. Pour être présent au serment des experts, à la représentation des pièces de comparaison, et faire les réquisitions et observations par chaque vacation. — P. c., art. 206. A la confection du corps d'écriture fait par le défendeur, s'il est ainsi ordonné. — 218. Pour former une inscription de faux incident au greffe. — 221. Pour requérir du juge-commissaire son ordonnance, à l'effet de faire apporter au greffe la pièce arguée de faux, dont il y a minute. — 226. Au procès-verbal de l'état des pièces arguées de faux. — 228. De l'avoué du demandeur, pour prendre, en tout état de cause, communication de la pièce arguée de faux. — 270. A l'audition des témoins, par trois heures. — 297. En cas de descente sur les lieux, par trois heures. — 317. Des avoués au rapport d'experts, s'ils en sont expressément requis par leurs parties, pour ne les répéter que contre elles, et sans qu'elles puissent entrer en taxe. — 353. Pour former un désaveu au greffe, contenant les moyens, conclusion et constitution d'avoués. — 370. Pour former par acte au greffe la demande à fin de renvoi d'un tribunal à un autre pour parenté et alliance. — 384. Pour faire au greffe l'acte contenant les moyens de récusation contre un juge. — Pour interjeter appel au greffe du jugement qui aura rejeté la récusation, avec énonciation des moyens et dépôt des pièces au soutien. — 532, 536. Pour mettre en ordre les pièces d'un compte à rendre, les coter et les parapher. — Il sera passé une vacation pour

cinquante pièces, deux pour cent, et ainsi de suite. — 535. A la présentation et affirmation du compte.— 535. Pour requérir du juge-commissaire exécutoire de l'excédant de la recette sur la dépense dans les comptes présentés. — 536. Pour prendre en communication les pièces justificatives du compte et les rétablir, le tout ensemble. — 538. Pour fournir des débats sur le procès-verbal du juge-commissaire. — Par chaque vacation de trois heures, dont le nombre sera fixé et arbitré par le juge-commissaire. — P. c., art. 538. *Id.* pour fournir soutènements et réponses. — Par chaque vacation de trois heures, dont le nombre sera fixé et arbitré par le juge-commissaire. — 573 et 574. Pour faire au greffe une déclaration affirmative sur saisie-arrêt, contenant les causes et le montant de la dette, les paiements à compte si aucuns ont été faits, l'acte ou les causes de libération, et les saisies-arrêts formées entre les mains du tiers-saisi et le dépôt au greffe des pièces justificatives, le tout ensemble. — 850. Pour assistance au compulsoire, et dires au procès-verbal, par chaque vacation. — 866, 867, 868. Pour faire et remettre l'extrait de la demande en séparation de biens qui doit être insérée dans les tableaux de l'auditoire du tribunal où se poursuit la séparation et du tribunal de commerce, des chambres des avoués de première instance et des notaires, et le faire insérer dans un journal, le tout ensemble.— 872. Pour faire insérer l'extrait du jugement qui aura prononcé la séparation de biens dans les mêmes tableaux et dans un journal, le tout ensemble. — 880. Pour faire insérer l'extrait du jugement qui prononcera la séparation de corps dans les mêmes tableaux et dans un journal, le tout ensemble. — C., art. 242, 243. Pour assister à huis clos les époux dans le cas de demande en divorce, représenter les pièces, faire les observations, et indiquer les témoins. — P. c., art. 892. Pour assister à la délibération du conseil de famille qui suit la demande en interdiction et avant l'interrogatoire. — 501. *Id.* pour faire l'extrait du jugement qui prononcera une interdiction ou une nomination de conseil, le faire insérer dans le tableau de l'auditoire et des études des notaires de l'arrondissement et dans un journal, le tout ensemble. — Le jugement d'interdiction ou de nomination de conseil ne sera point signifié aux notaires de l'arrondissement : l'extrait en sera remis au secrétaire de leur chambre qui en donnera récépissé, et qui le communiquera à ses collègues, qui seront tenus d'en prendre note, et de l'afficher dans leurs études. — 898. Pour déposer au greffe le bilan, les livres et les titres actifs, s'il y en a, du débiteur qui demande à être admis au bénéfice de cession. — P. c., art. 903. Pour faire l'extrait du jugement qui admet à la cession de biens, et le faire insérer au tableau du tribunal de commerce, ou du tribunal de première instance, qui en fait les fonctions, dans le lieu des séances de la maison commune et dans un journal, le tout ensemble. — 976, 977 et 982. Vacation au partage, soit devant le juge-commissaire, soit devant le notaire commis par lui, par trois heures. — 977. Les vacations devant le notaire n'entreront point en frais de partage : elles ne pourront être répétées que contre la partie qui aura requis l'assistance de l'avoué. — Paris, 6 fr. — Dans le ressort, 4 fr. 50 c.

93. P. c., art. 806. Vacation en référé contradictoire, — Paris, 5 fr. — Dans le ressort, 3 fr. 75 c. — Et par défaut, — Paris, 3 fr. — Dans le ressort, 2 fr. 25 c.

94. P. c., art. 929. Vacation pour requérir une apposition de scellés. — 911 *Id.* à l'apposition des scellés, par trois heures. — 916, 918, 920, 921, 922. En référé lors de l'apposition, ou dans le cours de la levée. — 931. Pour en requérir la levée. — 932, 933, etc. A chaque vacation de trois heures, à la reconnaissance et levée. — 940. Pour requérir la levée des scellés sans description. — A la reconnaissance et levée sans description. — Paris, 6 fr. — Dans le ressort, 4 fr. 50 c.

§ IX. *Poursuite de Contribution.*

95. P. c., art. 658. Vacation pour requérir sur le registre tenu au greffe la nomination d'un juge-commissaire, devant lequel il sera procédé à une contribution, — Paris, 5 fr. — Dans le ressort, 3 fr. 75 c. — S'il se présente deux ou plusieurs requérants en même temps au greffe, ils se retireront devant le président du tribunal, qui décidera sur-le-champ celui dont la réquisition sera reçue ; il n'y aura ni appel ni opposition contre la décision : il n'en sera point dressé procès-verbal, et il ne sera alloué aucune vacation aux avoués pour s'être transportés devant le président.

96. P. c., art. 659. Pour la requête au juge-commissaire à l'effet d'obtenir son ordonnance pour sommer les opposants de produire et la partie saisie de prendre communication des pièces produites, et de contredire s'il y échet, et la vacation pour obtenir l'ordonnance du commissaire, le tout ensemble, — Paris, 3 fr. — Dans le ressort, 2 fr. 25 c.

97. P. c., art 660 et 661. Pour l'acte de production des titres contenant demande en collocation, et même à fin de privilége et constitution d'avoué, y compris la vacation pour produire, — Paris, 10 fr. — Dans le ressort, 7 fr. 50 c. — Il ne sera point signifié.

98. P. c., art. 661. Pour la sommation, à la requête du propriétaire, à l'avoué de la partie saisie, si elle en a constitué un, et au plus ancien de ceux des opposants pour comparaître en référé par-devant le juge-commissaire, à l'effet de faire statuer préliminairement sur son privilége, pour raison des loyers à lui dus, — Paris, 1 fr. — Dans le ressort, 75 c. — Et pour chaque copie, le quart. — Vacation en référé devant le juge-commissaire, qui statuera sur le privilége réclamé pour loyers dus, par défaut, — Paris, 3 fr. — Dans le ressort, 2 fr. 25 c. — Et contradictoirement, — Paris, 5 fr. — Dans le ressort, 3 fr. 75 c.

99. P. c., art. 663. Pour l'acte de dénonciation de la clôture du procès-verbal de contribution du juge-commissaire aux avoués des créanciers produisants et de la partie saisie, si elle en a un, avec sommation d'en prendre communication et de contredire sur le procès-verbal dans la quinzaine, — Paris, 1 fr. — Dans le ressort, 75 c. — Et pour chaque copie, le quart. — Le procès-verbal du juge-commissaire ne sera ni levé ni signifié, et il ne sera enregistré que lors de la délivrance des mandements aux créanciers.

100. P. c., art. 663. Vacation pour prendre communication de l'état de contribution et contredire sur le procès-verbal du juge-commissaire, sans qu'il puisse en être passé plus d'une, sous quelque prétexte que ce soit, — Paris, 5 fr. — Dans le ressort, 3 fr. 75 c. — Il ne sera fait aucun dire, s'il n'y a lieu à contredire. Il sera alloué à l'avoué du poursuivant autant de demi-droits de vacation pour prendre communication de l'état de contribution et contredire, qu'il y aura eu de créanciers produisants, — Paris, 2 fr. 50 c. — Dans le ressort, 1 fr. 80 c.

101. P. c., art. 665 et 671. Vacation pour requérir la délivrance du mandement au créancier utilement colloqué, et être présent à l'affirmation de la créance devant le greffier ; l'avoué signera le procès-verbal, — Paris, 2 fr. — Dans le ressort, 1 fr. 50 c.

Nota. Les mandements collectivement contiendront la totalité du procès-verbal du juge-commissaire. Si on délivrait, indépendamment des mandements, une expédition entière, ce sera un double emploi. — En cas de contestations, les dépens de ces contestations seront taxés comme dans les autres matières , suivant leur nature sommaire ou ordinaire.

§ X. *Poursuite de Saisie immobilière.*

102. P. c., art. 677 et 680. Vacation pour faire transcrire le procès-verbal de saisie immobilière au bureau de la conservation des hypothèques et au greffe du tribunal où doit se faire la vente, par chacune, — Paris, 6 fr. — Dans le ressort, 4 fr. 5o c.

103. P. c., art. 681. Pour faire enregistrer au bureau de la conservation des hypothèques la dénonciation faite à la partie saisie, de la saisie immobilière, — Paris , 6 fr. — Dans le ressort , 4 fr. 5o c.

104. P. c., art. 681. Pour l'extrait de la saisie immobilière qui doit être inséré dans un tableau placé à cet effet dans l'auditoire, — Paris , 6 fr. — Dans le ressort, 4 fr. 5o c.

105. P. c., art. 682. Pour l'extrait pareil à celui prescrit par l'article 82 qui doit être inséré dans un journal. — Il sera passé autant de droits à l'avoué qu'il y aura eu d' 'sertions prescrites par le Code, — Paris, . — Dans le ressort, 1 fr. 5o c. — Pour faire légaliser la signature de l'imprimeur , par le maire , s'il y a lieu, — Paris, 2 fr. — Dans le ressort, 1 fr. 5o c.

106. P. c., art. 684 , 686. Pour l'extrait de la saisie immobilière, qui doit être imprimé et placardé, et qui servira d'original, et ne pourra être grossoyé, — Paris, 5 fr. — Dans le ressort , 4 fr. 5o c. — Il ne sera passé qu'un droit à l'avoué, attendu qu'aux termes de l'article 7o3 il ne doit entrer en taxe qu'une seule impression de placards , et que les additions , lors des appositions subséquentes, doivent être manuscrites.

107. P. c., art. 695. Vacation pour se faire délivrer l'extrait des inscriptions, — Paris, 6 fr. — Dans le ressort, 4 fr. 5o c.

108. P. c. , art. 696. Vacation pour faire enregistrer , à la conservation des hypothèques , la notification du placard faite aux créanciers inscrits, — Paris, 6 fr. — Dans le ressort, 4 fr. 5o c.

109. P. c., art. 697. Pour la grosse du cahier des charges, contenant vingt-cinq lignes à la page et douze syllabes à la ligne , — Paris, 2 fr. — Dans le ressort, 1 fr. 5o c. — Il ne sera signifié de copie, ni à la partie saisie, ni aux créanciers inscrits, attendu que cette grosse doit être déposée au greffe , quinzaine avant la première publication , et que toute partie intéressée a la faculté d'en prendre communication.

110. Il ne sera fait qu'une seule grosse , et il n'en sera point remis à l'huissier audiencier pour les publications : l'huissier publiera sur la note qui lui sera remise par le greffier, et le greffier constatera les publications qui seront d'ailleurs signées par le juge. — Vacation pour déposer au greffe le cahier des charges, — Paris , 3 fr. — Dans le ressort, 2 fr. 45 c.

111. P. c., art. 699 et 700. A chaque publication des charges, avec les dires qui pourront avoir lieu , — Paris, 3 fr. — Dans le ressort, 2 fr. 45 c. — Il ne sera point signifié d'acte de remise de la publication du cahier des charges, attendu que les parties intéressées peuvent se présenter à la première publication , et connaître les jours auxquels les publications subséquentes auront lieu ; que d'ailleurs l'apposition des placards et l'insertion dans un journal, annonçant les adjudications préparatoires et définitives , les instruiront suffisamment.

112. P. c., art. 7o2. Vacation à l'adjudication préparatoire , — Paris, 6 fr. — Dans le ressort , 4 fr. 5o c.

113. P. c., art. 7o6. Vacation à l'adjudication définitive, — Paris, 15 fr. — Dans le ressort, 12 fr. — Indépendamment des émoluments ci-dessus fixés, il sera alloué à l'avoué poursuivant, sur le prix des biens dont l'adjudication sera faite au-dessus de 2,000 fr. : savoir, depuis 2,000 fr. jusqu'à 10,000 fr. , un pour cent ; sur la somme excédant 10,000 fr. jusqu'à 5o,ooo fr. , demi pour cent ; sur la somme excédant 5o,ooo fr. jusqu'à 100,000 fr. , un quart pour cent; et sur l'excédant de 100,000 fr. , indéfiniment, un huitième d'un pour cent. En cas d'adjudication par lots de biens compris dans la même poursuite en l'état où elle se trouvera lors des adjudications, la totalité des prix des lots sera réunie pour fixer le montant de la remise. — Il ne sera passé que trois quarts de la remise aux avoués des tribunaux de département.

114. P. c., art. 7o7. Vacation pour enchérir, — Paris, 7 fr. 5o c. — Dans le ressort, 5 fr. 65 c. — Pour enchérir et se rendre adjudicataire, — Paris, 15 fr. — Dans le ressort, 11 fr. 25 c. — Pour faire la déclaration de command, — Paris, 6 fr. — Dans le ressort, 4 fr. 5o.

Nota. Les vacations pour enchérir ou pour la déclaration de command sont à la charge de l'enchérisseur ou de l'adjudicataire.

115. P. c., art. 710. Vacation pour faire au greffe la surenchère du quart au moins du prix principal de l'adjudication en saisie immobilière, — Paris, 15 fr. — Dans le ressort , 11 fr. 25 c.

116. P. c., art. 711. Pour l'acte de la dénonciation de la surenchère aux avoués

de l'adjudicataire, du poursuivant et de la partie saisie, si elle en a constitué, contenant avenir à la prochaine audience, — Paris, 1 fr. — Dans le ressort, 75 c. — Pour chaque copie, le quart.

117. P. c., art. 719. Pour la requête d'avoué à avoué, contenant demande à fin de réunion de poursuites de saisies immobilières de biens différents portés devant le même tribunal, par chaque rôle, — Paris, 2 fr. — Dans le ressort, 1 fr. 50 c. — Pour la copie, le quart. — Pour la requête en défense à cette même demande, Paris, 2 fr. — Dans le ressort, 1 fr. 50 c. — Pour la copie, le quart.

118. P. c., art. 720. Pour l'acte de dénonciation de la plus ample saisie au premier saisissant, à la requête du plus ample saisissant, avec sommation de se mettre en état, — Paris, 3 fr. — Dans le ressort, 2 fr. 25 c. — Pour la copie, le quart.

119. P. c., art. 721 et 722. Pour l'acte contenant demande en subrogation, à la poursuite, soit faute par le premier saisissant de s'être mis en état sur la plus ample saisie, soit en cas de collusion, faute ou négligence de la part du poursuivant, — Paris, 5 fr. — Dans le ressort, 3 fr. 75 c. — Pour la copie, le quart. — Pour l'acte en réponse, — Paris, 5 fr. — Dans le ressort, 3 fr. 75 c. — Pour la copie, le quart.

120. P. c., art. 726. Vacation pour faire viser par le greffier l'exploit d'intimation sur l'appel du jugement, en vertu duquel il a été procédé à la saisie immobilière, — Paris, 2 fr. — Dans le ressort, 1 fr. 50 c.

121. P. c., art. 728. Id. pour déposer au greffe les titres justificatifs d'une demande en distraction d'objets immobiliers saisis, — Paris, 3 fr. — Dans le ressort, 1 fr. 45 c.

122. P. c., art. 727. Pour la requête d'avoué à avoué, contenant demande en distraction par chaque rôle, — Paris, 2 fr. — Dans le ressort, 1 fr. 50 c. — Pour la copie, le quart. — Requête en réponse par chaque rôle, — Paris, 2 fr. — Dans le ressort, 1 fr. 50 c. — Pour la copie, le quart.

123. P. c., art. 729. Pour la requête d'avoué à avoué, contenant demande en décharge de l'adjudication préparatoire de la part de l'adjudicataire, en cas de demande en distraction de tout ou partie de l'objet saisi immobilièrement, par chaque rôle, sans cependant qu'elle puisse excéder le nombre de trois rôles, — Paris, 2 fr. — Dans le ressort, 1 fr. 50 c. — Pour la copie, le quart. — Pour la réponse, — Paris, 2 fr. — Dans le ressort, 1 fr. 50 c — Pour la copie, le quart.

124. P. c., art. 733. Requête d'avoué à avoué de la part de la partie saisie, contenant ses moyens de nullité contre la procédure antérieure à l'adjudication préparatoire, par chaque rôle, — Paris, 2 fr. — Dans le ressort, 1 fr. 50 c. — Pour la copie, le quart. — Pour la réponse, — Paris, 2 fr. — Dans le ressort, 1 fr. 50 c. — Pour la copie, le quart.

125. P. c., art. 735. Requête d'avoué à avoué de la part de la partie saisie, contenant ses moyens contre les procédures postérieures à l'adjudication préparatoire, — Paris, 2 fr. — Dans le ressort, 1 fr. 50 c. — Pour la copie, le quart. — Pour la requête en réponse, — Paris, 2 fr. — Dans le ressort, 1 fr. 50 c. — Pour la copie, le quart.

126. P. c., art. 738. Vacation pour requérir le certificat du greffier, constatant que l'adjudicataire n'a point justifié de l'acquit des conditions exigibles de l'adjudication, — Paris, 3 fr. — Dans le ressort, 2 fr. 25 c.

127. P. c., art. 747. Requête non grossoyée et non signifiée, sur le consentement de toutes les parties intéressées, pour demander, après saisie immobilière, que l'immeuble saisi soit vendu aux enchères par-devant notaires ou en justice, — Paris, 6 fr. — Dans le ressort, 4 fr. 50 c.

128. Les émoluments des avoués pour dresser le cahier des charges, en faire le dépôt au greffe pour les publications, les extraits à placarder et insérer dans les journaux, les adjudications préparatoires et définitives, seront réglés et taxés comme en saisie immobilière, lorsqu'il s'agira, — P. c., art. 636. 1° De saisies de rentes constituées sur particuliers; — 832. 2° De surenchère sur aliénation volontaire; — 954. 3° De ventes d'immeubles de mineurs, et des biens dotaux dans le régime dotal; 972. 4° De vente sur licitation; — 988 et 1001. 5° Et de vente d'immeubles dépendants d'une succession bénéficiaire, ou vacante, ou provenant d'un débiteur failli, ou qui a fait cession.

129. La remise proportionnelle sur le prix de l'adjudication sera divisée en licitation, ainsi qu'il suit : — Moitié appartiendra à l'avoué poursuivant. — La seconde moitié sera partagée par égales portions entre tous les avoués qui ont occupé dans la licitation, y compris l'avoué poursuivant qui aura sa part comme les autres dans cette seconde moitié. — L'art. 972 prescrivant en licitation la signification du cahier des charges par un simple acte aux avoués des colicitants, cet acte sera taxé comme un acte

simple, et la copie du cahier des charges, comme celle de requête d'avoué à avoué. — Dans tous les cahiers des charges, il est expressément défendu d'y stipuler d'autres et plus grands droits au profit des avoués, que ceux énoncés au présent tarif; et, s'il y est inséré quelque clause pour les exhausser, elle sera réputée non écrite.

§ XI. *Poursuite d'ordre.*

130. P. c., art. 750. Vacation pour requérir sur le registre tenu au greffe, la nomination, par le président du tribunal, d'un juge-commissaire devant lequel il sera procédé à l'ordre, — Paris, 6 fr. — Dans le ressort, 4 fr. 50 c. — Si deux ou plusieurs avoués se présentent en même temps au greffe pour faire la même réquisition, ils se retireront sur-le-champ, sans sommation, devant le président du tribunal, qui décidera quelle est la réquisition qui doit être admise sans dresser aucun procès-verbal ; il ne sera reçu ni appel ni opposition contre la décision du président, et il ne sera alloué aucune vacation aux avoués.

131. P. c., art. 752. Requête au juge-commissaire, à l'effet d'obtenir son ordonnance, portant que les créanciers inscrits seront tenus de produire, et vacation pour se faire délivrer l'ordonnance, le tout ensemble, — Paris, 3 fr. — Dans le ressort, 2 fr. 25 c. — Vacation pour se faire délivrer, par le conservateur des hypothèques, l'extrait des inscriptions, — Paris, 6 fr. — Dans le ressort, 4 fr. 50 c.

132. P. c., art. 753. Sommation d'avoué à avoué aux créanciers inscrits qui en ont constitué, de produire dans le mois, — Paris, 1 fr. — Dans le ressort, 75 c. — Et pour chaque copie, le quart.

133. P. c., art. 754. Acte de production des titres contenant demande en collocation et constitution d'avoué, y compris la vacation pour produire, — Paris, 20 fr. — Dans le ressort, 15 fr. — Il ne sera point signifié.

134. P. c., art. 755. Dénonciation par acte d'avoué à avoué aux créanciers produisants et à la partie saisie de la confection de l'état de collocation, avec sommation d'en prendre communication, et de contredire, s'il y échet, sur le procès-verbal du commissaire dans le délai d'un mois. Le procès-verbal ne sera ni levé ni signifié, et il ne sera enregistré que lors de la délivrance des mandements, — Paris, 3 fr. — Dans le ressort, 2 fr. 25 c. — Et pour chaque copie, le quart.

135. Vacation pour prendre communication des productions, et contredire sur le procès-verbal du commissaire, sans qu'il

puisse être passé plus d'une vacation dans le même ordre, sous quelque prétexte que ce soit. — Paris, 10 fr. — Dans le ressort, 7 fr. 50 c. — Il sera passé à l'avoué poursuivant une demi-vacation par chaque production, pour en prendre communication et contredire s'il y a lieu, — Paris, 5 fr. — Dans le ressort, 3 fr. 75 c.

136. P. c., art. 757. Pour la dénonciation aux créanciers inscrits et à la partie saisie des productions faites après les délais dans les ordres, et sommation d'en prendre communication, et de contredire s'il y a lieu, — Paris, 3 fr. — Dans le ressort, 2 fr. 25 c. — Pour chaque copie, le quart.

137. P. c., art. 759. Vacation pour faire rayer une ou plusieurs inscriptions en vertu du même jugement, — Paris, 6 fr. — Dans le ressort, 4 fr. 50 c. — Vacation pour requérir et se faire délivrer le mandement ou bordereau de collocation, — Paris, 5 fr. — Dans le ressort, 3 fr. 75 c.

Nota. Les bordereaux de collocation et l'ordonnance de main-levée des inscriptions non utilement colloquées, contenant nécessairement la totalité du procès-verbal du juge-commissaire, l'expédition entière serait un double emploi : elle ne sera ni levée ni signifiée.

138. P. c., art. 779. Requête pour demander la subrogation à la poursuite d'ordre ; elle ne sera point grossoyée, — Paris, 3 fr. — Dans le ressort, 2 fr. 25 c.

139. Vacation pour faire insérer au procès-verbal du juge-commissaire, — Paris, 1 fr. 50 c. — Dans le ressort, 1 fr. 15 c. — Signification de la requête au poursuivant par acte d'avoué à avoué, — Paris, 1 fr. — Dans le ressort, 75 c. — Pour la copie, le quart. — Acte servant de réponse, — Paris, 1 fr. — Dans le ressort, 75 c. — Pour la copie, le quart.

§ XII. *Actes particuliers.*

140. P. c., art. 495. Pour la consultation de trois avocats exerçant depuis dix ans, qui doit précéder la requête civile, principale ou incidente, — Paris, 72 fr. — Dans le ressort, 72 fr.

141. P. c., art. 523. Pour la déclaration de dommages-intérêts, par article, — Paris, 60 c. — Dans le ressort, 45 c. — Pour la copie signifiée par chaque article, — Paris, 15 c. — Dans le ressort, 12 c.

142. P. c., argument de l'art. 524. Pour chaque apostille de l'avoué défendeur sur la déclaration de dommages et intérêts, — Paris, 60 c. — Dans le ressort, 45 c.

143. C., art. 2183. Composition de l'extrait de l'acte de vente, ou donation, qui doit être dénoncé aux créanciers inscrits par l'acquéreur ou donataire, — Paris, 15 fr. — Dans le ressort, 11 fr. 75 c. — Et en outre par chaque inscription extraite, — Paris, 1 fr. — Dans le ressort, 75 c. — Les copies de cet extrait et des inscriptions seront taxées comme les copies de pièces.

144. Il sera taxé aux avoués par chaque journée de campagne, à raison de cinq myriamètres pour un jour, lorsque leur présence sera autorisée par la loi, ou requise par leurs parties, y compris leurs frais de transport et de nourriture, — Paris, 30 fr. — Dans le ressort, 22 fr. 50 c.

145. Quand les parties seront domiciliées hors de l'arrondissement du tribunal, il sera passé à leurs avoués, pour frais de port de pièces et de correspondances, par chaque jugement définitif, — Paris, 10 fr. — Dans le ressort, 7 fr. 50 c. — Et par chaque interlocutoire, — Paris, 5 fr. — Dans le ressort, 3 fr. 75 c.

146. Lorsque les parties feront un voyage et qu'elles se seront présentées au greffe, assistées de leur avoué, pour y affirmer que le voyage a été fait dans la seule vue du procès, il leur sera alloué, quels que soient leur état et leur profession, pour frais de voyage, séjour et retour, 3 fr. par chaque myriamètre de distance entre leur domicile et le tribunal où le procès sera pendant, et à l'avoué pour vacation au greffe, — Paris, 1 fr. 50 c. — Dans le ressort, 1 fr. 15 c. — Il ne sera passé en taxe qu'un seul voyage en première instance, et un seul en cause d'appel. La taxe pour la partie sera la même en l'un et l'autre cas. — Cependant, si la comparution d'une partie avait été ordonnée par jugement, et qu'en définitive les dépens lui fussent adjugés, il lui sera alloué, pour cet objet, une taxe égale à celle d'un témoin.

CHAPITRE III.

AVOUÉS DE LA COUR ROYALE DE PARIS.

147. Les émoluments des avoués de la cour royale seront taxés au même prix et dans la même forme que ceux des avoués du tribunal de première instance de Paris, avec une augmentation sur chaque espèce de droits : savoir, dans les matières sommaires, du double, et, dans les matières ordinaires, du double pour le droit de consultation, ainsi que pour le port de pièces, lorsque les parties seront domiciliées hors de l'arrondissement du tribunal de première instance de Paris, et, pour les autres droits, d'une moitié seulement de ceux attribués aux avoués de première instance. — Néan-

moins, dans les demandes de condamnation de frais d'un avoué contre sa partie, il ne sera alloué que moitié du droit ci-dessus fixé pour les matières sommaires.

148. P. c., art. 457, 458, 459. Les frais des demandes à fin de défenses contre les jugements mal à propos qualifiés en dernier ressort, ou dont l'exécution provisoire a été mal à propos ordonnée, hors les cas prévus par la loi, ainsi que ceux des demandes à fin d'exécution provisoire des jugements non qualifiés ou mal à propos qualifiés en premier ressort, et de ceux qui n'auraient pas prononcé l'exécution provisoire dans les cas où elle devait l'être, seront liquidés comme en matière sommaire.

149. P. c., art. 809. Il en sera de même des frais faits sur les appels d'ordonnances des référés.

150. P. c., art. 858. Les requêtes en prise à partie, et celles de pourvoi contre un jugement qui a statué sur une demande en rectification d'un acte de l'état civil, quand il n'y a d'autre partie que le demandeur en rectification, seront taxées, 15 fr.

CHAPITRE IV.

DISPOSITIONS COMMUNES AUX AVOUÉS DES COURS ET DES TRIBUNAUX.

151. Tous les avoués seront tenus d'avoir un registre qui sera coté et paraphé par le président du tribunal auquel ils seront attachés, ou par des juges du siège qui sera par lui commis, sur lequel registre ils inscriront eux-mêmes, par ordre de date et sans aucun blanc, toutes les sommes qu'ils recevront de leurs parties. — Ils représenteront ce registre toutes les fois qu'ils en seront requis, et qu'ils formeront des demandes en condamnation de frais ; et, faute de représentation ou de tenue régulière, ils seront déclarés non recevables dans leurs demandes. — Le tarif ne comprend que l'émolument net des avoués et autres officiers ; les déboursés seront payés en outre. — Les officiers ne pourront exiger de plus forts droits que ceux énoncés au présent tarif, à peine de restitution, dommages et intérêts, et d'interdiction, s'il y a lieu. — Il ne sera passé aux juges de paix, aux experts, aux avoués, aux notaires et à tous officiers ministériels, que trois vacations par jour quand ils opèreront dans le lieu de leur résidence ; deux par matinée, et une seule l'après-dînée.

CHAPITRE V.

DES HUISSIERS AUDIENCIERS.

§ I. *Des Tribunaux de première instance.*

152. Pour chaque appel de cause sur le rôle et lors des jugements par défaut, interlocutoires et définitifs, sans qu'il soit alloué aucun droit pour les jugements préparatoires et de simples remises, — Paris, 30 c. — Tribunaux du ressort, 25 c.

153. Pour chaque publication du cahier des charges, dans toutes espèces de ventes, — Paris, 1 fr. — Tribunaux du ressort, 75 c.

154. Pour la même publication, lors de l'adjudication préparatoire, — Paris, 3 fr. — Tribunaux du ressort, 2 fr. 25 c.

155. Pour la publication, lors de l'adjudication définitive, y compris les frais de bougies, que les huissiers disposeront et allumeront eux-mêmes, — Paris, 5 fr. — Tribunaux du ressort, 3 fr. 75 c.

156. Pour significations de toute espèce, d'avoué à avoué, sans aucune distinction, à l'ordinaire, Paris, 30 c. — Tribunaux du ressort, 25 c. — Pour significations extraordinaires, c'est-à-dire, à une autre heure que celle où se font les significations ordinaires, suivant l'usage du tribunal, — Paris, 1 fr.

Nota. Ces significations doivent être faites à heure datée, et, à défaut de date, elles ne seront taxées que comme significations ordinaires; elles ne sont passées en taxe, comme extraordinaires, qu'à Paris seulement.

Les huissiers audienciers, quoiqu'ils soient commis pour faire des significations ou autres opérations, ne pourront exiger autres ni plus forts droits que les huissiers ordinaires; et ils seront obligés de se conformer à toutes les dispositions du Code, comme tous les autres huissiers : mais les frais de transport des huissiers de la cour royale, commis par elle, seront, dans ce cas, alloués suivant la taxe, quelle que soit la distance.

§ II. *Des Huissiers audienciers de la Cour royale de Paris.*

157. Pour l'appel des causes sur le rôle, ou lors des arrêts par défaut, interlocutoires et définitifs, à la charge d'envoyer des bulletins aux avoués pour toutes les remises de causes qui seront ordonnées, 1 fr. 25 c. — Il ne sera passé aucun droit d'appel pour les simples remises de causes et les jugements préparatoires.

158. Pour significations de toute espèce, d'avoué à avoué, sans aucune distinction, à l'ordinaire, 75 c. — A l'extraordinaire ou à heure datée, 1 fr. 50 c.

CHAPITRE VI.

DES EXPERTS, DES DÉPOSITAIRES DE PIÈCES ET DES TÉMOINS.

159. P. c., art. 320. Il sera taxé aux experts, par chaque vacation de trois heures, quand ils opèreront dans les lieux où ils sont domiciliés ou dans la distance de deux myriamètres; savoir, dans le département de la Seine, — Pour les artisans ou laboureurs, 4 fr. — Pour les architectes et autres artistes, 8 fr. — Dans les autres départements, — aux artisans et laboureurs, 3 fr. — Aux architectes et autres artistes, 6 fr.

160. Au-delà de deux myriamètres, il sera alloué par chaque myriamètre, pour frais de voyage et nourriture, aux architectes et autres artistes, soit pour aller, soit pour revenir, — A ceux de Paris, 6 fr. — A ceux des départements, 4 fr. 50 c.

161. Il leur sera alloué pendant leur séjour, à la charge de faire quatre vacations par jour, savoir : — A ceux de Paris, 32 fr. — A ceux des départements, 24 fr.

Nota. La taxe sera réduite dans le cas où le nombre de quatre vacations n'aurait pas été employé.

S'il y a lieu à transport d'un laboureur au-delà de deux myriamètres, il sera alloué 3 fr. par myriamètre, pour aller, et autant pour le retour, sans néanmoins qu'il puisse rien être alloué au-delà de cinq myriamètres.

162. Il sera encore alloué aux experts deux vacations : l'une pour leur prestation de serment; l'autre pour le dépôt de leur rapport, indépendamment de leurs frais de transport, s'ils sont domiciliés à plus de deux myriamètres de distance du lieu où siège le tribunal; il leur sera accordé par myriamètre, en ce cas, le cinquième de leur journée de campagne. — Au moyen de cette taxe, les experts ne pourront rien réclamer ni pour frais de voyage et de nourriture, ni pour s'être fait aider par des écrivains ou par des toiseurs et porte-chaînes, ni sous quelque autre prétexte que ce soit; ces frais, s'ils ont eu lieu, restent à leur charge. — Le président, en procédant à la taxe de leurs vacations, en réduira le nombre, s'il lui paraît excessif.

163. Il sera taxé aux experts en vérification d'écritures et en cas d'inscription de faux incident, par chaque vacation de trois heures, indépendamment de leurs frais de voyage, s'il y a lieu, — Paris, 8 fr. — Tribunaux du ressort, 6 fr.

164. P. c., art. 208 et 232. Il ne leur sera rien alloué pour prestation de serment, ni pour dépôt de leur procès-verbal, attendu qu'ils doivent opérer en présence du juge ou du greffier, et que le tout est compris dans leurs vacations.

165. Il leur sera alloué pour frais de voyage, s'ils sont domiciliés à plus de deux myriamètres du lieu où se fait la vérification, — Paris, 32 fr. — Tribunaux du ressort, 24 fr. — A raison de cinq myriamètres par journée, et, au moyen de cette taxe, ils ne pourront rien réclamer pour frais de transport et de nourriture.

166. P. c., art. 201, 204, 205, 221, 225. Il sera taxé aux dépositaires qui devront représenter les pièces de comparaison en vérification d'écritures ou arguées de faux, en inscription de faux incident, indépendamment de leurs frais de voyage, par chaque vacation de trois heures devant le juge-commissaire ou le greffier, savoir :

1° Aux greffiers, 1° des cours royales, 12 fr.; 2° des cours d'assises, 12 fr.; 3° des tribunaux de première instance, 10 fr. — 2° Aux notaires, 1° de Paris, 9 fr., 2° des départements, 6 fr. 75 c. — 3° Aux avoués, 1° des cours royales, 8 fr.; 2° des tribunaux de première instance, 6 fr. — 4° Aux huissiers, 1° de Paris, 5 fr.; 2° des départements, 4 fr. — 5° Aux autres fonctionnaires publics ou autres particuliers, s'ils le requièrent, 6 fr.

167. Il sera taxé au témoin, à raison de son état et de sa profession, une journée pour sa déposition; et s'il n'a pas été entendu le premier jour pour lequel il aura été cité, dans le cas prévu par l'article 267, il lui sera passé deux journées, indépendamment des frais de voyage, si le témoin est domicilié à plus de deux myriamètres du lieu où se fait l'enquête. — Le *maximum* de la taxe du témoin sera de 10 fr., et le *minimum*, 2 fr. — Les frais de voyage sont fixés à 3 fr. par myriamètre pour l'aller et le retour.

CHAPITRE VII.

DES NOTAIRES.

I. 168. Il sera taxé aux notaires, pour tous les actes indiqués par le Code civil et par le Code judiciaire, — Pour chaque vacation de trois heures, — P. c., art. 849. 1° Aux compulsoires faits en leur étude. — 852. 2° Devant le juge, en cas que leur transport devant lui ait été requis. — C., art. 151, 152, 153 et 154. 3° A tout acte respectueux et formel, pour demander le conseil du père et de la mère, ou celui des

aïeuls ou aïeules, à l'effet de contracter mariage. — 279. 4° Aux inventaires contenant estimation des biens meubles et immeubles des époux qui veulent demander le divorce par consentement mutuel. — 281, 284 et 285. 5° Aux procès-verbaux qu'ils doivent dresser de tout ce qui aura été dit et fait devant le juge, en cas de demande en divorce par consentement mutuel. — P. c., art. 941 et s. 6° Aux inventaires après décès. — 944. 7° En référé devant le président du tribunal, s'il s'élève des difficultés, ou s'il est formé des réquisitions pour l'administration de la communauté, ou de la succession, ou pour tous autres objets. — P. c., art. 977, 978, etc. 8° A tous les procès-verbaux qu'ils dresseront en tous autres cas et dans lesquels ils seront tenus de constater le temps qu'ils y auront employé. — P. c., art. 977. 9° Au greffe pour y déposer la minute du procès-verbal des difficultés élevées dans les partages, contenant les dires des parties, — Paris, 9 fr. — Villes où il y a tribunal de première instance, 6 fr. — Partout ailleurs, 4 fr.

169. Dans tous les cas où il est alloué des vacations aux notaires, il ne leur sera rien passé pour les minutes de leurs procès-verbaux.

II. 170. Quand les notaires seront obligés de se transporter à plus d'un myriamètre de leur résidence, indépendamment de leur journée, il leur sera alloué pour tous frais de voyage et nourriture, par chaque myriamètre, un cinquième de leurs vacations, et autant pour le retour. — Et par journée qui sera comptée à raison de cinq myriamètres, aussi pour l'aller et le retour, quatre vacations.

III. 171. Il sera passé aux notaires pour la formation des comptes que les copartageants peuvent se devoir de la masse générale de la succession, des lots et des fournissements à faire à chacun des copartageants, une somme correspondante au nombre des vacations que le juge arbitrera avoir été employées à la confection de l'opération.

IV. 172. Les remises accordées aux avoués, sur les prix des ventes d'immeubles, seront allouées aux notaires, dans les cas où les tribunaux renverront des ventes d'immeubles par-devant eux, mais sans distinction de celles dont le prix n'excèdera pas 2,000 fr.; et, au moyen de cette remise, ils ne pourront rien exiger pour les minutes de leurs procès-verbaux de publication et d'adjudication.

V. 173. Tous les autres actes du ministère des notaires, notamment les partages et ventes volontaires qui auront lieu par-devant eux, seront taxés par le président du tribunal de première instance de leur arrondissement, suivant leur nature et les difficultés que leur rédaction aura présentées, et sur les renseignements qui leur seront fournis par les notaires et les parties.

VI. **174.** Les expéditions de tous les actes reçus par les notaires, y compris celles des inventaires et de tous procès-verbaux, contiendront vingt-cinq lignes à la page et quinze syllabes à la ligne, et leur seront payées par chaque rôle,—Paris, 3 fr.—Villes où il y a tribunal de première instance, 2 fr. — Partout ailleurs, 1 fr. 50 c.

VII. **178.** C., art. 551. Les notaires seront tenus de prendre à leur chambre de discipline, et de faire afficher dans leurs études, l'extrait des jugements qui auront prononcé des interdictions contre des particuliers, ou qui leur auront nommé des conseils, sans qu'il soit besoin de leur signifier les jugements.

DÉCRET

(Du 16 février 1807.)

Art. 1er. La liquidation des dépens en matière sommaire sera faite par les arrêts et jugements qui les auront adjugés : à cet effet, l'avoué qui aura obtenu la condamnation remettra dans le jour, au greffier tenant la plume à l'audience, l'état des dépens adjugés : et la liquidation en sera insérée dans le dispositif de l'arrêt ou jugement.

2. Les dépens dans les matières ordinaires seront liquidés par un des juges qui aura assisté au jugement ; mais le jugement pourra être expédié et délivré avant que la liquidation soit faite.

3. L'avoué qui requerra la taxe remettra au greffier l'état des dépens adjugés, avec les pièces justificatives.

4. Le juge chargé de liquider taxera chaque article en marge de l'état, sommera le total au bas, le signera, mettra le *taxé* sur chaque pièce justificative, et paraphera : l'état demeurera annexé aux qualités.

5. Le montant de la taxe sera porté au bas de l'état des dépens adjugés ; il sera signé du juge qui y aura procédé, et du greffier. Lorsque ce montant n'aura pas été compris dans l'expédition de l'arrêt ou jugement, il en sera délivré exécutoire par le greffier.

6. L'exécutoire ou le jugement au chef de la liquidation seront susceptibles d'opposition. L'opposition sera formée dans les trois jours de la signification à avoué avec citation ; il y sera statué sommairement, et il ne pourra être interjeté appel de ce jugement que lorsqu'il y aura appel de quelques dispositions sur le fond.

7. Si la partie qui a obtenu l'arrêt ou le jugement néglige de le lever, l'autre partie fera une sommation de le lever dans les trois jours.

8. Faute de satisfaire à cette sommation, la partie qui aura succombé pourra lever une expédition du jugement, sans que les frais soient taxés, sauf à l'autre partie à les faire taxer dans la forme ci-dessus prescrite.

9. Les demandes des avoués et autres officiers ministériels, en paiement de frais contre les parties pour lesquelles ils auront occupé ou instrumenté, seront portées à l'audience, sans qu'il soit besoin de citer en conciliation ; il sera donné, en tête des assignations, copie du mémoire des frais réclamés.

TARIF DES FRAIS DE TAXE.

Il ne sera rien alloué aux avoués pour l'état des dépens adjugés en matière sommaire qu'ils doivent remettre aux greffiers, à l'effet d'en faire insérer la liquidation dans l'arrêt ou le jugement. Pour chaque article entrant en taxe des dépens adjugés en matière ordinaire, il sera alloué, 10 c.—Au moyen de cette taxe, il ne sera alloué à l'avoué aucune vacation à l'effet de remettre et retirer les pièces justificatives.

Nota. Il ne pourra être fait qu'un article pour chaque pièce de la procédure, tant pour l'avoir dressé que pour l'original, copie et signification, et tous les droits qui en résultent. — Chaque article sera divisé en deux parties : la première comprendra les déboursés, y compris le salaire des huissiers, et la seconde l'émolument net de l'avoué ; en conséquence, les états seront formés sur deux colonnes, l'une des déboursés, l'autre de l'émolument de l'avoué. — Pour la sommation à l'avoué de la partie qui a obtenu la condamnation de dépens, de lever le jugement, — Paris, 1 fr. — Dans le ressort, 75 c. — Et pour la copie, le quart. — Pour l'original de l'acte contenant opposition, soit à un exécutoire de dépens, soit au chef du jugement qui les a liquidés, avec sommation de comparaître à la chambre du conseil pour être statué sur ladite opposition, — Paris, 1 fr. — Dans le ressort, 75 c. — Et pour chaque copie, le quart. — Pour assistance et plaidoirie à la chambre du conseil, — Paris, 7 fr. 50 c. — Dans le ressort, les trois quarts. — Pour les qualités et signification à avoué du jugement qui interviendra, s'il n'y a qu'une partie, le tout ensemble, — Paris, 5 fr. — Dans le ressort, 4 fr. — S'il y a plusieurs avoués, pour chacune des autres copies tant des qualités que du jugement, — Paris, 1 fr. — Dans le ressort, 75 c. — Il ne sera passé aucun droit pour la taxe des frais.

DÉCRET

QUI REND COMMUN A PLUSIEURS COURS D'APPEL ET TRIBUNAUX LE TARIF DES FRAIS ET DÉPENS DE CEUX DE PARIS, ET EN FIXE LA RÉDUCTION POUR LES AUTRES.

(Du 16 février 1807.)

Art. 1er. Le tarif des frais et dépens de la cour royale de Paris, décrété cejourd'hui, est rendu commun aux cours royales de Lyon, Bordeaux et Rouen. — Toutes les sommes portées en ce tarif seront réduites d'un dixième pour la taxe des frais et dépens dans les autres cours d'appel.

2. Le tarif des frais et dépens décrété pour le tribunal de première instance et pour les justices de paix établis à Paris, est rendu commun aux tribunaux de première instance et aux justices de paix établis à Lyon, Bordeaux et Rouen. — Toutes les sommes portées en ce tarif seront réduites d'un dixième dans la taxe des frais et dépens pour les tribunaux de première instance, et pour les justices de paix établis dans les villes où siége une cour d'appel, ou dans les villes dont la population excède trente mille âmes.

3. Dans tous les autres tribunaux de première instance et justices de paix du royaume, le tarif des frais et dépens sera le même que celui décrété pour les tribunaux de première instance et les justices de paix du ressort de la cour royale de Paris, autres que ceux établis dans cette capitale.

4. Le tarif des frais de taxe, décrété également cejourd'hui pour le ressort de la cour royale de Paris, est aussi déclaré commun à tout le royaume : en conséquence, dans tous les chefs-lieux de la cour royale, les droits de taxe seront perçus comme à Paris ; et partout ailleurs ils seront perçus comme dans le ressort de la cour royale de Paris.

CONSEIL D'ÉTAT.

EXTRAIT DES MINUTES DE LA SECRÉTAIRERIE D'ÉTAT.

(Séance du 16 février 1807.)

Avis du Conseil d'État sur l'instruction des Procès intentés devant et après le 1er janvier 1807.

(Séance du 6 janvier 1807.)

Le conseil d'État, qui, d'après le renvoi ordonné par Sa Majesté, a entendu le rapport de la section de législation sur celui du chancelier, concernant l'exécution de l'article 1041 du Code de procédure civile. — Vu ledit article ainsi conçu : — « Le présent Code sera exécuté à dater du « 1er janvier 1807 ; en conséquence, tous « procès qui seront intentés depuis cette « époque seront instruits conformément à « ses dispositions ; toutes lois, coutumes, « usages et réglements relatifs à la procé- « dure civile, sont abrogés. » — Est d'avis que les seuls procès intentés depuis le 1er janvier 1807 doivent être instruits conformément aux dispositions du Code ; mais que l'on ne doit comprendre dans la classe des affaires antérieurement intentées, ni les appels interjetés depuis l'époque du 1er janvier 1807, ni les saisies faites depuis, ni les ordres et contributions lorsque la réquisition d'ouverture du procès-verbal est postérieure, ni les expropriations forcées, lorsque la procédure réglée par la loi du 11 brumaire an 7, a été entamée par l'apposition des affiches avant le 1er janvier 1807. Ces appels, saisies, contributions et affiches sont dans le fait le principe d'une nouvelle procédure qui s'introduit à la suite d'une précédente. Dans tous les autres cas, l'instruction des affaires entamées avant le 1er janvier 1807 doit être continuée conformément aux réglements antérieurs au Code de procédure.

ARRÊTÉ

DU 25 THERMIDOR AN II, CONTENANT LE TABLEAU DES DISTANCES
DE PARIS AUX CHEFS-LIEUX DES DÉPARTEMENTS.

Art. 1er. Le tableau ci-joint, des distances de Paris à tous les chefs-lieux des départements, évaluées en kilomètres, en myriamètres et lieues anciennes, sera inséré au Bulletin des Lois, pour servir de régulateur et d'indicateur du jour où, conformément à l'article 1er du Code civil, la promulgation de chaque loi est réputée connue dans chacun des départements de la France.

2. Le ministre de la justice est chargé, etc.

| NOMS DES | | DISTANCES EN | | |
DÉPARTEMENTS.	CHEFS-LIEUX.	Kilomèt.	Myriam.	Lieues ancienn.
A.			m k	l. c.
Ain	Bourg	432	43 2	86 2
Aisne	Laon	127	12 7	25 2
Allier	Moulins	289	28 9	57 4
Alpes (Basses)	Digne	755	75 5	151 »
Alpes (Hautes)	Gap	665	66 5	133 »
Ardèche	Privas	606	60 6	121 1
Ardennes	Mézières	234	23 4	46 4
Ariége	Foix	752	75 2	150 2
Aube	Troyes	159	15 9	31 4
Aude	Carcassonne	765	76 5	153 »
Aveyron	Rhodez	692	69 2	138 2
B.				
Bouches-du-Rhône	Marseille	813	81 3	162 3
C.				
Calvados	Caen	263	26 3	52 3
Cantal	Aurillac	539	53 9	107 4
Charente	Angoulême	454	45 4	90 4
Charente-Infér.	Saintes	484	48 4	96 4
Cher	Bourges	233	23 3	46 3
Corrèze	Tulle	161	16 1	92 1
Corse	Ajaccio	873	87 3	174 3
Côte-d'Or	Dijon	305	30 5	61 »
Côtes-du-Nord	St.-Brieux	446	44 6	89 1
Creuse	Guéret	428	42 8	85 3
D.				
Dordogne	Périgueux	472	47 2	94 2
Doubs	Besançon	396	39 6	79 1
Drôme	Valence	560	56 »	112 »
E.				
Eure	Évreux	104	10 4	20 4
Eure-et-Loir	Chartres	92	9 2	18 2
F.				
Finistère	Quimper	623	62 3	124 3
G.				
Gard	Nîmes	702	70 2	140 2
Garonne (Haute)	Toulouse	669	66 9	133 4
Gers	Auch	743	74 3	148 3
Gironde	Bordeaux	573	57 3	114 3
H.				
Hérault	Montpellier	752	75 2	150 2
I.				
Ille-et-Vilaine	Rennes	346	34 6	69 1
Indre	Châteauroux	259	25 9	51 4

NOMS DES		DISTANCES EN				
DÉPARTEMENTS.	CHEFS-LIEUX.	Kilomèt.	Myriam.		Lieues anciens.	
			m	k	l.	c.
Indre-et-Loire...	Tours...	242	24	2	48	2
Isère....	Grenoble..	568	56	8	113	3
J.						
Jura....	Lons-le-Saulnier..	411	41	1	82	1
L.						
Landes...	Mont-de-Marsan..	702	70	2	140	2
Loir-et-Cher...	Blois....	181	18	1	36	1
Loire....	Montbrison...	444	44	4	88	3
Loire (Haute).	Le Puy..	505	50	5	101	»
Loire-Inférieure..	Nantes...	389	38	9	77	4
Loiret...	Orléans...	123	12	3	24	3
Lot.....	Cahors...	558	55	8	111	3
Lot-et-Garonne..	Agen....	714	71	4	142	3
Lozère...	Mende...	566	56	6	113	1
M.						
Maine-et-Loire.	Angers...	300	30	»	60	»
Manche...	Saint-Lô..	326	32	6	65	1
Marne...	Châlons...	164	16	4	32	4
Marne (Haute).	Chaumont..	247	24	7	49	2
Mayenne..	Laval...	281	28	1	56	1
Meurthe..	Nanci...	334	33	4	66	4
Meuse...	Bar-sur-Ornain..	251	25	1	50	1
Morbihan..	Vannes...	500	50	»	100	»
Moselle...	Metz....	308	30	8	61	3
N.						
Nièvre...	Nevers...	236	23	6	47	1
Nord...	Lille....	236	23	6	47	1
O.						
Oise....	Beauvais..	88	8	8	17	3
Orne....	Alençon.	191	19	1	38	1
P.						
Pas-de-Calais...	Arras....	193	19	3	38	3
Puy-de-Dôme..	Clermont..	384	38	4	76	4

NOMS DES		DISTANCES EN				
DÉPARTEMENTS.	CHEFS-LIEUX.	Kilomèt.	Myriam.		Lieues anciens.	
			m	k	l.	c.
Pyrénées (Basses).	Pau....	781	78	1	156	1
Pyrénées (Hautes).	Tarbes...	815	81	5	163	»
Pyrénées Orient..	Perpignan..	888	88	8	177	3
R.						
Rhin (Bas)..	Strasbourg.	464	46	4	92	4
Rhin (Haut)..	Colmar...	481	48	1	96	1
Rhône...	Lyon....	466	46	6	93	1
S.						
Saône (Haute).	Vesoul...	354	35	4	70	4
Saône-et-Loire..	Mâcon...	399	39	9	79	4
Sarthe..	Le Mans..	211	21	1	42	1
Seine...	Paris....	»	»	»	»	»
Seine-Inférieure.	Rouen...	137	13	7	27	2
Seine-et-Marne..	Melun...	46	4	6	9	1
Seine-et-Oise...	Versailles..	21	2	1	4	1
Sèvres (Deux).	Niort....	416	41	6	83	1
Somme..	Amiens...	128	12	8	25	3
T.						
Tarn...	Albi....	657	65	7	131	2
Tarn-et-Garonne.	Montauban.	700	70	»	140	»
V.						
Var....	Draguignan.	890	89	»	178	»
Vaucluse.	Avignon..	707	70	7	141	2
Vendée..	Fontenay..	147	14	7	89	2
Vienne..	Poitiers...	343	34	3	68	3
Vienne (Haute).	Limoges..	380	38	»	76	»
Vosges..	Epinal...	381	38	1	76	1
Y.						
Yonne...	Auxerre...	168	16	8	33	3

TABLE GÉNÉRALE

DES MATIÈRES.

Nota. Les chiffres renvoient aux articles du Code ; les lettres *Pag.* à la page du livre ; la lettre *S* après le numéro d'un article indique les articles suivants.

ABOUTISSANTS. — V. *Tenants.*

ABROGATION. Epoque à laquelle toutes les lois, coutumes, usages et réglements relatifs à la procédure civile, seront abrogés, art. 1041.

ABSENCE. On doit communiquer au ministère public les causes qui intéressent des personnes présumées absentes, 83. — Requête à présenter pour faire pourvoir à l'administration des biens d'un absent, 859. — Dispositions relatives à l'envoi en possession de ses biens, 860.

ABSTENTION. Le juge de paix est tenu de donner par écrit la déclaration portant refus de s'abstenir sur une récusation, 46.

ACCEPTATION. Délai dans lequel les avoués sont tenus de fournir celle de l'adjudicataire pour lequel ils ont enchéri, 709.

ACTE. Celui par lequel est poursuivie l'audience, 79 et 82. — Acte de produit de pièces au greffe dans une instruction par écrit, 96 et 102. — Pour venir plaider en cas de non remise de pièces communiquées, 107. — Pour appeler la partie à une prestation de serment, 121. — Acte d'avoué à avoué pour être réglé sur une opposition à des qualités, 145. — Acte extrajudiciaire contenant opposition à un jugement par défaut, 162. — Acte de conclusion contenant les faits dont une partie demande à faire preuve, 252. — Acte de dénégation ou de reconnaissance, *ibid.* — Acte de désaveu, 353. — De récusation, 384. — D'appel, 456. — Règles sur l'exécution forcée des actes, 545 s. — Aucun acte de procédure ne peut être déclaré nul, si la nullité n'en est pas formellement prononcée par la loi, 1030. — Les actes nuls et frustratoires, et ceux qui ont donné lieu à une condamnation d'amende, sont à la charge des officiers ministériels, 1031. — Règles à observer pour les actes du ministère du juge, 1040. — V. *Audience,*

Code de Proc. Civ.

Avoué, Compulsoire, Copie, Délais, Etat civil, Expédition, Grosse, Juges, Rectification.

ACTES conservatoires. Ils sont valables, nonobstant le délai accordé pour l'exécution d'un jugement, 125.

ACTES de l'état civil. Moyen pour parvenir à leur rectification, 855 s. — V. *Copie.*

ACTION. Devant quel juge de paix les citations doivent être données suivant la nature des actions, 2 et 3. — Délai après lequel les actions possessoires ne sont plus recevables, 23.

ADDITIONS. Formalités pour les additions et changements dans les dépositions des témoins, 274. — Et dans un interrogatoire sur faits et articles, 334.

ADJOINT de maire. — V. *Maire, Portes, Visa.*

ADJUDICATION. Lieu où il doit être procédé à celle des bâtiments de mer et de rivière, 620. — Les adjudications se font au plus offrant, 624. — Les moyens de nullité ne sont plus admis de la part de la partie saisie, après l'adjudication préparatoire de rentes constituées, 654. — Comment est faite la distribution du prix, 655 s. — Adjudication préparatoire d'immeubles saisis, 702. — Adjudication définitive, 706 s. — Surenchère, 710. — Nouvelle adjudication, 712. — Jugement d'adjudication, 714. — Justifications à faire pour en obtenir la délivrance, 715. — L'adjudicataire provisoire a la faculté de demander la décharge d'une adjudication en cas de distraction d'une partie des objets saisis, 729. — Droits que transmet l'adjudication définitive, 731. — Revente à la folle enchère pour inexécution des clauses de l'adjudication, 737 s. — Formalité pour les adjudications entre majeurs et mineurs ou interdits, 746 s. — Délai dans lequel les créanciers sont tenus de se régler entre eux sur la distribution du prix, 749. — Ordre auquel il est procédé à défaut de réglement, 750 s. — Formalités relatives à l'adjudication de biens appartenant à des mineurs, 954 s. — V. *Appel, Cahier des charges, Enchères, Mise à prix, Nullité, Ordre, Saisie immobilière, Vente.*

ADMINISTRATEURS. Ceux qui ont compromis les intérêts de leur administration, peuvent être personnellement condamnés aux dépens et aux dommages-intérêts, 132. — Les administrateurs ne peuvent être admis au bénéfice de cession, 905.

ADMINISTRATIONS publiques. Comment elles doivent être assignées, 69.

AFFAIRE. Quand une affaire est-elle censée en état, 343. — V. *Causes, Délibéré, Demande, Instance, Instruction, Procédure, Rapport, Tribunaux de commerce.*

AFFICHE. Celle du jugement qui condamne les parties à l'amende, pour avoir manqué de respect à un juge de paix, 10.— Cas où l'exploit doit être affiché à la porte de l'auditoire, 69. — V. *Placards.*

AFFIRMATION. Celle d'un comptable, 534. —Celle d'un tiers-saisi, 571.— V. *Compte.*

AGE. Les témoins sont tenus de déclarer le leur, 35. — Age qui peut procurer l'élargissement d'un prisonnier pour dettes, et non stellionataire, 800.

AJOURNEMENTS. Règle sur la désignation du tribunal devant lequel ils doivent être donnés suivant la nature des matières, 59 s. — Délai des ajournements, 72 s. — Exploit d'ajournement devant les tribunaux de commerce, 415 s. — On ne compte ni le jour de la signification, ni celui de l'échéance, dans le délai général des ajournements, 1033. — V. *Exploits.*

ALIÉNATION. Celle faite par la partie saisie après la dénonciation au propriétaire est nulle, 692. — Consignation qui peut néanmoins faire exécuter cette vente, 693. — Formalités pour l'aliénation des biens des mineurs, 954. — V. *Enchères, Surenchère, Vente.*

ALIMENTS. Les jugements doivent être déclarés exécutoires sans caution, lorsqu'il s'agit de pensions alimentaires, 135.— Les sommes accordées pour aliments ne sont pas saisissables, 581. — Objets qui ne peuvent être saisis que pour aliments fournis, 593. — Aliments à consigner par le créancier qui fait arrêter son débiteur, 789 et 791.— Le défaut de consignation d'aliments peut donner lieu à l'élargissement, 800.—On ne peut compromettre sur les dons et legs d'aliments, 1004. — V. *Recommandation.*

ALLIANCE. Degré auquel l'huissier d'une justice de paix ne peut instrumenter pour ses alliés, 4.—Déclaration que les témoins sont tenus de faire sur l'alliance, 35. — Parents et alliés pour lesquels les huissiers près les tribunaux ne peuvent instrumenter, 66. — Alliance qui empêche d'être reçu comme témoin dans une enquête, 268 et 283.—Et dans une saisie-exécution, 585. — Alliance d'après laquelle on ne peut être établi gardien, 598. — V. *Parenté, Récusation, Renvoi, Reproches.*

AMENDE. Celle à laquelle les parties peuvent être condamnées en cas de récidive dans le manque de modération et de respect devant un juge de paix, 10.— Amende pour non - comparution en conciliation, 56. — Amende encourue par l'huissier qui a négligé de mettre le coût au bas d'un exploit, 67.—Et par la personne qui a dénié une pièce écrite ou signée de sa main, 213. — Amende encourue par le greffier pour l'inobservation de ce qui est prescrit relativement à la remise des pièces en matière de faux, 241 à 245. — Et par le demandeur en faux qui succombe, 246.—Etat de la procédure dans lequel l'amende a toujours lieu, 247. — Circonstances qui en exemptent, 248.— Cas où le témoin défaillant encourt l'amende ou peut en être déchargé, 264 et 413.— Amende contre celui qui succombe dans une demande en renvoi, 374.—Et en récusation, 390.—Amende sur l'appel, 471.— Pour tierce opposition rejetée, 479.—Pour rejet de requête civile, 500. — Pour rejet de requête en prise à partie, 513.—Et contre le demandeur débouté par jugement, 516. —Amende qui peut être prononcée contre l'officier ministériel dans les cas d'omission ou contravention dans lesquels la nullité n'a pas été prononcée par la loi, 1030. — Les actes qui ont donné lieu à une condamnation d'amende sont à la charge des officiers ministériels, 1031. — Amendes dues par les personnes publiques pour refus de visa des significations à elles faites, 1039. —V. *Consignations, Greffiers.*

AMPLIATION.—V. *Acte.*

AN.—V. *Mois.*

ANIMAUX. Ce qui se fait en cas de saisie d'animaux et d'ustensiles servant à l'exploitation des terres, 594. — V. *Bestiaux, Exploitation.*

ANNONCES. Celles qui sont faites par la voie des journaux pour faire connaître les ventes, 620, 623, 705 et 732.

ANTICIPATIONS. — V. *Appel, Paiements.*

APPEL. Les jugements rendus par les juges de paix après le délai opérant péremption d'instance y sont toujours sujets, 15.—

B.

Bacs. — V. *Bâtiments de mer et de rivière.*

Bagues. — V. *Joyaux.*

Bail. Les créanciers saisissants peuvent faire annuller celui qui n'a pas une date certaine avant le commandement, 691. — En cas de date certaine, les loyers et fermages peuvent être saisis, *ibid.*

Banqueroutiers frauduleux. Ils ne peuvent être admis au bénéfice de cession, 905.

Banques. — V. *Bâtiments de mer.*

Bateaux. — V. *Bâtiments de mer.*

Bâtiments de mer et de rivière. Manière de procéder à l'adjudication de ces bâtiments, 620.

Bénéfice de cession. — V. *Cession.*

Bénéfice d'inventaire. Cas dans lesquels un héritier ne peut jouir de ce bénéfice, 174. — Requête que l'héritier bénéficiaire doit présenter pour être autorisé à vendre des immeubles dépendants d'une succession, 987. — Formalités pour la vente des meubles et rentes, 989. — Distribution du prix de cette vente, 990. — Sommation à l'héritier bénéficiaire pour l'obliger à donner caution, 992. — Formes pour la reddition de son compte, 995. — Actions par lui intentées, 996. — V. *Dépens.*

Bestiaux. Ceux qu'on ne peut saisir, 592.

Biens. Dispositions relatives à l'envoi en possession des biens d'un absent, 859. — V. *Absence, Séparation de biens.*

Biens ruraux. Comment ils doivent être désignés dans un procès-verbal de saisie immobilière, 675. — Indication sommaire qui doit en être faite dans l'extrait à insérer au tableau, 682. — Droits des propriétaires et des principaux locataires de biens ruraux, 819.

Bilan. Dépôt au greffe de celui du débiteur qui réclame le bénéfice de cession, 898.

Bois. — V. *Coupe, Saisie immobilière.*

Bordereau. — V. *Collocation.*

Bornes. Devant quel juge de paix doit être portée une action pour déplacement de bornes commis dans l'année, 3. — Enquête sur le lieu, 38.

Bougie. Préparation de celles destinées à la réception des enchères, 707. — Leur emploi dans les adjudications, 708.

Brebis. — V. *Bestiaux.*

Bureaux. Cas où les juges peuvent faire mettre les pièces sur le bureau pour juger à l'audience suivante, 150.

Bureau de conciliation. — V. *Conciliation.*

Bureau des hypothèques. Transcription des saisies immobilières sur le registre du bureau des hypothèques de la situation des biens, 677. — Mention que le conservateur doit faire de la date, lorsqu'il ne peut transcrire sur-le-champ, 678. — Effet de cette mention, *ibid.* — Refus du conservateur en marge de la saisie, quand il lui en a été présenté une première, 679. — Enregistrement marginal de la notification aux créanciers, du placard annonçant la vente, 697. — Délivrance d'un extrait des inscriptions pour être annexé à un procès-verbal d'ordre, 752. — V. *Inscription, Radiation, Transcription.*

C.

Cahier des charges. Composition de celui qui doit être mis au greffe dans une saisie de rente, 643. — Affiche par extrait, 645. — Énonciation que doit contenir le cahier des charges d'une vente d'immeubles saisis, 697. — Les dires, publications et adjudications doivent être portés sur le cahier des charges, à la suite de la mise à prix, 699. — Cahier des charges pour une vente de biens appartenant à des mineurs, 958. — Pour une vente par licitation, 972. — Manière de vider les difficultés élevées sur ce cahier, 973.

Capture. — V. *Arrestation.*

Carence. Cas où l'on en dresse procès-verbal, 924.

Cassation. Circonstance dans laquelle la contrariété de jugements donne ouverture à la cassation, 504.

Causes. L'exposition s'en fait devant le juge de paix, par les parties ou leurs fondés de pouvoir, 9. — Elles sont jugées à la première audience, ou sur remise de pièces, 13. — Cas de renvoi devant d'autres juges, 14. — Dans quelles causes il est dressé procès-verbal d'audition des témoins, 39. — Causes qui doivent être communiquées au ministère public, 83. — Autres dont le procureur du Roi peut prendre connaissance, *ibid.* — Les tribunaux ne sont pas tenus de juger les causes à la première audience, et ils peuvent les continuer, 116. — V. *Délibéré, Demande, Instruction, Rapport, Reprise d'instance.*

Caution. Dans quels cas les jugements des juges de paix sont-ils exécutoires avec ou sans caution, 17. — Jugements provisoires des tribunaux qui n'en exigent pas, 135. — Caution à fournir par les étrangers de payer les frais et les dommages-intérêts auxquels ils pourraient être condamnés, 166. — Cas d'exception, 167 et 423. — Règles sur les cautions dans les tribunaux de commerce, 417, 439 s. — Délai à fixer par les jugements pour la présentation et la réception des cautions, 517. — Exploit de présentation, 518.—Communication des titres de solvabilité, 519 — Soumission de la caution au greffe, en cas d'admission, *ibid.* — Procédure en cas de contestation, 520. — Jugement, 521. — Caution à fournir en cas de surenchère sur une aliénation volontaire, 832. — Celle que peut être tenu de donner l'héritier bénéficiaire, 993.—V. *Solvabilité.*

CÉDULE. Celle qui, dans les cas urgents, est délivrée par le juge de paix pour abroger les délais, 6. — Cédule qu'il délivre pour une expertise ou enquête, 29.

CÉLÉRITÉ. Les demandes qui en requièrent sont dispensées du préliminaire de la conciliation, 49. — Ordonnance que le juge peut rendre pour permettre d'assigner à bref délai, dans les cas qui requièrent célérité, 72.

CERTIFICAT. Celui qu'on doit obtenir pour attester qu'il n'y a point d'opposition à un jugement par défaut, avant de pouvoir l'exécuter contre un tiers, 164.— Celui par lequel l'avoué de la partie poursuivante doit attester la signification faite à la partie condamnée, d'un jugement prononçant une main-levée, une radiation d'inscription hypothécaire, un paiement, etc., pour que ce jugement devienne exécutoire contre un tiers, 548. — Attestation du greffier, constatant qu'il n'existe ni opposition ni appel, *ibid.* — Certificat à délivrer par le greffier pour la poursuite d'une vente sur folle-enchère, 738.—Par les secrétaires des chambres des avoués et des notaires, pour l'insertion au tableau d'un extrait des demandes en séparation de biens, 867.

CESSION. Le débiteur incarcéré peut obtenir son élargissement par le bénéfice de cession, 800. — Formalités à observer pour réclamer ce bénéfice, 898. — Cession à réitérer en personne par le débiteur qui y est admis, 901. — Pouvoir de vendre qui résulte, en faveur des créanciers, du jugement par lequel la cession de biens a été admise, 904. — Personnes qui ne peuvent être admises au bénéfice de cession, 906.

CHALOUPES. — V. *Bâtiments de mer.*

CHAMBRE des avoués. Tableau placé dans cette chambre, où l'on insère un extrait des demandes en séparation de biens, 867.— Certificat d'insertion à délivrer par le secrétaire, *ibid.* — Pareille insertion de l'extrait du jugement de séparation, 872. — Il en est de même pour les jugements de séparation de corps, 880.

CHAMBRES des notaires. Extrait des demandes en séparation de biens et des jugements qui la prononcent, à insérer sur un tableau dans cette chambre, 867 et 872.— V. *Chambres des avoués, Notaires.*

CHAMBRE du conseil. Les juges peuvent s'y retirer pour recueillir les avis, 116. — Le mari est cité à cette chambre pour y déduire les motifs de son refus d'autoriser sa femme à la poursuite de ses droits, 861.

CHAMPS. — V. *Dommages.*

CHANGEMENTS. — V. *Additions, Rectification.*

CHARGES. — V. *Cahier des charges.*

CUÈVRES. — V. *Bestiaux.*

CHOSE JUGÉE.—V. *Force de chose jugée.*

CITATION. Ce que doit contenir la citation devant un juge de paix, 1. — Principes sur cette matière, 1 à 6. — La prononciation d'un jugement contradictoire qui ordonne une opération vaut citation, 28.—Comment est libellée la citation donnée au garant, 32. — Principes pour la désignation du juge de paix devant lequel le défendeur doit être cité en conciliation, suivant la nature des matières, 50. — Citation en conciliation, 51. — Il n'est pas nécessaire de faire précéder par une citation en conciliation la demande en validité d'une saisie, 567. — Ni l'assignation donnée au tiers-saisi, 571.— Les contestations incidentes à la poursuite d'une saisie immobilière ne doivent pas être précédées de citations, 718.—V. *Assignation, Cédule, Chambre du conseil, Conciliation, Copie, Délais, Matière.*

CLÉS. — V. *Scellés.*

CLÔTURE. Cas où une enquête est faite sur le lieu pour vérification d'entreprises sur des haies, fossés ou autres clôtures, 38. — V. *Usurpation.*

COLLATION. — V. *Compulsoire.*

COLLOCATION. Acte contenant demande en collocation de la part d'un créancier dans une distribution par contribution, 660. — Demande en collocation par un créancier qui produit dans un ordre, 754. — État de collocation que le commissaire doit dresser à la suite de son procès-verbal, 755. — Dénonciation de cet état aux créanciers, *ibid.* — Circonstances dans lesquelles il peut ordonner la délivrance de bordereaux de collocation, 758 et 759. — Les frais de l'avoué qui a représenté les créanciers contestants sont colloqués par préférence, 768. — Comment le montant de la collocation du débiteur est distribué entre eux, 778. — V. *Créanciers, Frais, Ordre, Radiation.*

COLLUSION. Elle peut être une ouverture à la prise à partie, 505.—Cas où elle donne lieu à la subrogation à une poursuite de

847.—Exécution, sans appel ni opposition, du jugement qui l'ordonne, 848.—Procès-verbal de compulsoire ou collation, 849.—Par qui doivent être avancés les frais, 852.

CONCIERGE.—V. *Geolier.*

CONCILIATION. Quelles demandes sont assujetties au préliminaire de l'appel en conciliation devant le juge de paix, 48.—Quelles sont celles qui en sont dispensées, 49.—Dans quelles matières le défendeur doit être cité en conciliation, et devant quel juge de paix la citation doit être faite, 50.—Délai de la citation, 51.—Huissier par lequel elle doit être donnée, et énonciation qu'elle doit contenir, 52.—Cas dans lequel la citation en conciliation interrompt la prescription et fait courir les intérêts, 57.—Nomination d'arbitres pour parvenir à une conciliation dans les affaires de commerce, 429.—Les demandes en validité de saisie-arrêt ne doivent pas être précédées de citations en conciliation, 566.—Il en est de même des demandes en déclaration contre les tiers-saisis, 570.—Comparution au bureau de conciliation dans les demandes en séparation de corps, 878.

CONCLUSIONS. Le procureur du Roi en donne à l'audience, dans les procès par écrit. dont l'objet est susceptible de communication au ministère public, 112.—Adjudication par défaut des conclusions qui se trouvent justes et bien vérifiées, 150.—Nécessité des conclusions en matière de faux, 251.—De récusation d'experts, 311.—De récusation de juges, 385.—Demandes qui se font par de simples actes de conclusions motivées, 465.—Conclusions du procureur du Roi dans une contestation entre créanciers pour une distribution par contribution, 668.—Dans une procédure d'ordre, 762.—Dans une demande en rectification d'un acte de l'état civil, 855.—En envoi en possession des biens d'un absent, 859.—En autorisation de la femme mariée, 862.—En séparation de corps, 879.—En homologation de la délibération d'un conseil de famille, 886.—En formation de ce conseil pour une interdiction, 892.—A fin de vente d'immeubles provenant d'une succession, 987 et 988.—V. *Ministère public, Procureurs du Roi.*

CONCUSSION. Elle peut motiver une prise à partie, 505.—Cas où les commissaires-priseurs et les huissiers encourent la peine de concussion, 625.

CONDAMNATION par corps. Celle qui se prononce contre l'avoué pour la remise de pièces communiquées, 107.—Liquidation des dommages-intérêts par les jugements qui en prononcent la condamnation, 127.

—Voies à prendre pour faire condamner par corps un notaire ou autre dépositaire à délivrer expédition ou copie d'un acte, 839 s.

CONJOINTS. On ne peut être témoin pour ou contre son conjoint, 268 et 283.—Le conjoint a le droit d'assister aux vacations d'une levée de scellés, 932.—De convenir de notaires, de commissaires-priseurs ou d'experts pour cette levée, 935.—D'être présent à l'inventaire, 942.

CONSEIL. La personne assignée pour être interrogée sur faits et articles ne peut se faire assister d'un conseil, 333.—Cas où celui du défendeur sur une demande en interdiction peut le représenter, 893.—Fonctions de celui donné à l'interdit, 894 et 897.—V. *Interdiction.*

CONSEIL de famille. Personnes qui peuvent se pourvoir, sans appeler en conciliation, contre les délibérations d'un conseil de famille, 883.—Formation d'un conseil de famille sur une demande d'interdiction, 892.—Délibération de ce conseil pour la vente de biens appartenant à des mineurs, 954.—V. *Délibération, Homologation.*

CONSENTEMENT. Il ne peut en être donné sans un pouvoir spécial, 352.—Où doit être donné celui du créancier pour la sortie du débiteur, 801.—La séparation de corps ne peut avoir lieu par le consentement mutuel des époux, 879.—V. *Pouvoir.*

CONSERVATEUR des hypothèques.—V. *Bureau des hypothèques, Inscription.*

CONSIGNATION. Celle des frais de transport pour une descente sur les lieux, 301.—Consignation pour amendes et dommages-intérêts en cas de pourvoi par requête civile, 494.—Remise en cas d'admission de la requête, 501.—Dans quelles circonstances le prix des ventes doit être consigné, 657.—Cas dans lequel la consignation du prix valide une aliénation de biens saisis, 693.—Consignation d'aliments par celui qui fait arrêter son débiteur, 791.—Celle de la dette pour obtenir l'élargissement, 803.—Consignation en cas de refus de paiement offert, 814 s.—V. *Aliénation, Aliments, Élargissement.*

CONSTITUTION d'avoué. Celle de l'avoué du demandeur doit être contenue dans l'exploit d'ajournement, 61.—Délai accordé au défendeur pour la faire, 75.—Dans quel cas l'avoué peut-il se constituer à l'audience, 76.—Effets de la non-constitution d'avoué de la part du défendeur, avant le décès du demandeur, 345.—Constitution d'avoué par des créanciers sur une demande en distribution par contribution, 660.—V. *Avoué.*

bérer, 174.— Délai qui a lieu pour l'apport au greffe de la minute d'une pièce, de la part du dépositaire auquel une ordonnance a enjoint de l'apporter, 223. — Délais pour commencer les enquêtes, 257 s.—Pour assigner les témoins et la partie, 260 s. — Pour le parachèvement de l'enquête, 278.—Prorogation, 279. — Délai pour les récusations d'experts nommés d'office à l'effet de procéder à une visite, 308. — Délai sans poursuites qui produit la péremption d'instance, 397.—Délai pour les ajournements dans les tribunaux de commerce, 416. — Pour interjeter appel des divers jugements, 443. —Ces délais emportent déchéance, 444.— Causes qui suspendent les délais, 447.— Délais des assignations données par requête civile, 484 s.—Délais pour fournir une caution, 517 s. — Pour rendre compte, 530.— Pour les dénonciations de saisie-arrêt, 563 et 564. — Délais pour les saisies de rentes, 640 s. — Pour les distributions par contributions, 656.—Pour les dénonciations de saisie immobilière, les publications, etc., 681 s.— Pour les procédures sur un ordre, 750 s.— Le jour de la signification ni celui de l'échéance ne sont comptés dans le délai général fixé pour les ajournements, les citations, sommations, et autres actes faits à personne ou domicile, 1033. — V. *Actes conservatoires, Appel, Cédule, Défaut, Garantie, Jour.*

DÉLIBÉRATION. Délai accordé pour délibérer sur une succession, 174. — Mention de l'avis des membres, quand l'avis du conseil de famille n'a pas été uniforme, 883.— Faculté accordée aux membres de se pourvoir contre la délibération, *ibid.* —Jugement sommaire, 884.—Les jugements rendus sur délibération du conseil de famille sont sujets à l'appel, 889. — V. *Avis de parents, Conseil de famille, Homologation.*

DÉLIBÉRÉ. Le tribunal peut ordonner la mise des pièces sur le bureau pour en être délibéré au rapport d'un juge, 93. — Ce jugement doit être exécuté sans signification ni sommation, 94. — Si l'une des parties ne remet pas ses pièces, la cause est jugée sur celles de l'autre, *ibid.*

DÉLITS. Comment il est procédé à l'égard de ceux qui en commettent vis-à-vis des magistrats en fonctions, 91 et 92.

DÉLIVRANCE. —V. *Actes, Dépositaires publics.*

DEMANDE. Personnes et objets pour lesquels une demande principale, introductive d'instance, exige le préliminaire de la conciliation, 48. — Demandes pour lesquelles on est dispensé de ce préliminaire, 49. —

Les exploits d'ajournement doivent contenir l'exposé de la demande, 61. — Cas où il est fait droit en même temps sur les demandes originaire et en garantie, 184.—Comment sont formées les demandes incidentes, 337. — Leur jugement, 338. — Demandes réputées sommaires, 404.—Manière de former les demandes incidentes, 406. — Enquête, 407.—Cas dans lesquels il est ou n'est pas dressé de procès-verbal, 410 s.—Demande devant un tribunal de commerce, 415. — Seuls cas où de nouvelles demandes puissent être formées en causes d'appel, 464.—Formalités à observer pour les demandes au nom des communes ou des établissements publics, 1032. — V. *Ajournements, Citation.*

DÉMENCE.—V. *Interdiction.*

DEMEURE. L'huissier doit indiquer, dans les citations, sa demeure et celle du défendeur, 1.—Pareille indication doit avoir lieu par les témoins entendus dans une enquête, 35. — Et dans les exploits, 61. — V. *Domicile.*

DÉMISSION. Comment un autre rapporteur est nommé en cas de décès, démission ou empêchement du premier, 110. — V. *Instance.*

DÉNÉGATION. — V. *Écriture.*

DÉNI de justice. Il peut motiver la prise à partie des juges, 505. — Cas où ce déni a lieu, 506. — Réquisitions par lesquelles il doit être constaté, 507.

DENIERS. —V. *Argent, Contribution de deniers, Saisie-exécution.*

DÉNONCIATION. Délai pour dénoncer la saisie-arrêt ou l'opposition au débiteur, 563. —Et pour dénoncer cette demande au tiers-saisi, 564. — Dénonciation par le tiers-saisi des nouvelles saisies ou oppositions faites entre ses mains, 575.—Dénonciation d'une opposition à la vente d'objets saisis, 608. — Dénonciation à la partie saisie, de l'exploit par lequel son créancier a fait saisir une rente constituée, 641. — Dénonciation du procès-verbal de distribution du prix d'une vente, 663. — D'une saisie-immobilière, 681. — D'une surenchère, 711.

DENRÉES. Celles qu'on ne peut saisir, 592.

DÉPENS. Toute partie qui succombe est condamnée à les payer, 130.—Entre quelles parties les dépens peuvent être compensés, 131.—Cas dans lesquels les avoués, les huissiers, les tuteurs, les curateurs, les héritiers bénéficiaires et autres administrateurs, peuvent être personnellement condamnés aux dépens et aux dommages-intérêts, 132.—L'exécution provisoire des jugements ne peut être ordonnée pour les dépens, 137.

—Procédure pour liquidation de dépens et frais, 543. — V. *Frais*, *Garantie*.

DÉPENSES. Frais qui, dans les comptes, peuvent être employés en dépenses communes, 532. — V. *Compte*.

DÉPLACEMENT. Ce qui est alloué à l'huissier pour tous frais de déplacement, 62. — V. *Bornes*, *Communication*, *Dépositaires publics*, *Dépôt*.

DÉPOSITAIRES publics. Ils sont tenus d'apporter les pièces de comparaison au lieu où se fait une vérification d'écriture, 201. — Cas où ils doivent préalablement faire des expéditions ou copies collationnées de pièces dont la minute est déplacée pour servir à la vérification, 203. — Remboursement de leurs frais, *ibid.* — Les dépositaires peuvent rester présents à la vérification des pièces pour veiller à leur garde, 205. — Décharge à donner par eux lors de la remise des pièces, 209. — Ordre d'apporter au greffe la minute d'une pièce arguée de faux, avec contrainte par corps contre les fonctionnaires publics, et par voie de saisie, amende, etc., contre ceux qui ne le sont pas, 221. — Voies à prendre pour obtenir copie d'un acte en cas de refus par le dépositaire, 839 s. — Ou pour en faire faire la collation, 849 s. — Délivrance, sans formalités, d'expéditions, copies ou extraits de registres publics, 853. — V. *Dépôt*, *Expédition*.

DÉPOSITION. Les témoins sont entendus séparément, 36.—Leur déposition est orale, 271. — Ils peuvent y faire des changements et des additions après qu'il leur en a été donné lecture, 272.—Par qui la déposition et les changements doivent être signés, 274. — La nullité d'une ou de plusieurs dépositions n'entraîne pas celle de l'enquête, 294. — V. *Reproches*, *Témoins*.

DÉPÔT. Celui qui se fait au greffe, de pièces à communiquer sans déplacement, 189.—De pièces à vérifier pour dénégation d'écriture, 196. — Du cahier des charges dans une saisie de rentes, 643. — Et dans une saisie immobilière, 697. — Du bilan, des livres et des titres actifs de celui qui réclame le bénéfice de cession, 898. — Les dépositaires ne peuvent être admis au bénéfice de cession, 905. — Dépôt de la minute d'un rapport d'experts, contenant estimation de biens, 957. — V. *Greffe*.

DÉSAVEU. Les demandes en désaveu sont dispensées du préliminaire de la conciliation, 49.—Comment se fait le désaveu, 353. — Tribunal où il doit être porté, 356. —Devant quel tribunal doit être porté le désaveu d'un acte sur lequel il n'y a point d'instance, 358. — Communication des demandes en désaveu au ministère public, 359. — Ce qui a lieu dans les cas d'admission ou de rejet du désaveu, 360 et 361.—Désaveu à l'occasion d'un jugement qui a acquis force de chose jugée, 362.

DESCENTE sur les lieux. Celle du juge de paix, 30. — Cas et matières dans lesquels les tribunaux peuvent l'ordonner, 295. — Juge qui est commis pour la faire, 296. — Ordonnance et procès-verbal, 297 s.—Seul cas où la présence du ministère public soit nécessaire, 300. — Avance et consignation des frais de transport, 301.—V. *Lieu*, *Transport*, *Visite*.

DÉSISTEMENT. Actes par lesquels il peut être fait et accepté, 402. — Effets du désistement, 403.

DESTITUTION. — V. *Avoué*, *Instance*.

DÉTENTION. Poursuites à exercer contre l'huissier et tous autres qui conduiraient, recevraient ou retiendraient arbitrairement un débiteur dans un lieu de détention non légalement désigné comme tel, 788.

DETTES. —V. *Arrestation*, *Consignation*, *Emprisonnement*, *Offres*.

DIFFÉREND. —V. *Réglement de juges*.

DIRECTIONS de créanciers. Manière dont les assignations leur sont données, 69.— V. *Union de créanciers*.

DIRES.—V. *Cahier des charges*, *Réquisition*.

DISCIPLINE.—V. *Réglements*.

DISJONCTION. Celles des demandes originaire et en garantie pour un jugement séparé, 184.

DISPENSE. —V. *Conciliation*.

DISTANCE. Délais à ajouter pour les citations données à des personnes domiciliées au-delà de trois myriamètres, 5.

DISTRACTION. Comment et contre qui doit être formée la demande en distraction de tout ou partie de l'objet saisi, 727.—Cas dans lequel on peut passer outre, et où l'adjudicataire provisoire peut demander sa décharge, 729.—Appel du jugement rendu, 730.—V. *Depens*.

DISTRIBUTION. Manière de procéder pour parvenir à une distribution de deniers par contribution, 656 s. — Délai accordé aux créanciers pour se régler entre eux sur la distribution du prix d'une adjudication, 749.—Ordre, si le réglement n'a pas eu lieu, 750 s. — Manière de procéder à la distribution entre les créanciers, du prix de la vente des meubles et des immeubles provenant d'une succession, 990 et 991.— V. *Contribution de deniers*, *Ordre*.

DIVORCE. Manière d'y procéder, 881.— On ne peut pas compromettre sur le divorce, 1004.

tervention peut être reçue sur l'appel, 466.
— Les créanciers peuvent intervenir sur une
demande en séparation de biens, 871. —
V. *Conciliation, Garantie.*

INTIMATION. Quelles parties peuvent être
intimées sur l'appel d'un jugement en matière de contribution, 669. — Le débiteur
qui interjette appel du jugement en vertu
duquel on procède à une saisie, est tenu
d'intimer sur cet appel, et de faire viser
l'intimation au greffe, 726. — L'appel d'un
jugement qui a statué sur des moyens de
nullité proposés contre une saisie immobilière doit être interjeté avec intimation,
734. — On peut intimer l'avoué du dernier
créancier colloqué sur l'appel d'un jugement
d'ordre, 764.

INTIMÉ. Il peut appeler incidemment en
tout état de cause, 443. — Et faire ordonner l'exécution provisoire, quand le tribunal a omis, quoique autorisé, de la prononcer par le jugement, 458.

INTITULÉ. Celui que les jugements doivent porter pour être mis à exécution, 545.

INVENTAIRE. Délais accordés à l'héritier,
à la veuve, et à la femme divorcée ou séparée de biens, qui est assignée comme
commune, pour faire inventaire et pour délibérer, 174. — Cas où un nouveau délai
peut être accordé, *ibid.* — Délai avant lequel l'inventaire ne peut être fait, 928. —
Manière dont on y procède, 937. — Par
quelles personnes l'inventaire des biens
d'une succession peut être requis, 941. —
En présence de qui cet inventaire doit être
fait, 942. — Formalités particulières à cet
acte, 943.—Référé sur les difficultés, 944.
— Inventaire auquel doit faire procéder un
curateur à une succession vacante, 1000.
— Autres formalités à remplir, 1001 s. —
V. *Bénéfice d'inventaire, Exceptions.*

IRRÉVÉRENCE. Emprisonnement auquel
peut donner lieu celle commise envers un
juge de paix, 11. — V. *Insulte.*

J.

JAUGEAGE. — V. *Marchandises.*

JONCTION. Indications que doivent seulement contenir les assignations données en
vertu de jugement de jonction, 1034.

JOUISSANCE. — V. *Indemnité.*

JOUR. Les citations devant les juges de
paix doivent contenir la date du jour où elles
sont faites, et celle du jour et de l'heure
de la comparution, 1. — Le jour de la
signification ni celui de l'échéance ne sont
comptés dans le délai fixé pour les ajournements, citations, sommations et autres actes faits à personne ou domicile, 1033. —

Permission nécessaire pour faire des significations ou exécutions les jours de fête légale, 1037. — V. *Délais.*

JOURNAUX. Les ventes d'objets saisis sont
annoncées par eux dans les villes où il y en
a, 617, 620 et 621, 703 s. — Il en est de
même des demandes en séparation de biens
et des jugements qui la prononcent, 868 et
872.—Ainsi que des jugements de séparation
de corps, 880. — Annonces des ventes d'immeubles appartenant à des mineurs, 962.

JOURNÉES. Taxe de celle des experts pour
une vérification d'écritures, 209.

JOYAUX. Les bagues et joyaux doivent être
estimés avant de procéder à leur vente, 521.

JUGEMENT d'adjudication. — V. *Adjudication.*

JUGEMENTS arbitraux. Ils ne sont pas sujets à l'opposition, *ibid.* — Il faut une ordonnance pour les rendre exécutoires, 1020
et 1021. — On ne peut les opposer à des
tiers, 1022. — Où se porte l'appel des jugements arbitraux, 1023.— Exécution provisoire, 1024.—Amende, 1025.— Requête
civile, 1026. — Moyens qui ne peuvent être
proposés pour ouvertures, 1027.— Pourvoi
en nullité, *ibid.* — Cas où il n'est pas besoin de se pourvoir par appel ni par requête
civile, mais par opposition à l'ordonnance
d'exécution, 1028. — Cas de recours en
cassation, *ibid.*

JUGEMENTS des juges de paix. Déclaration
à signer par les parties qui soumettent volontairement un différend à la décision du
juge, 7. — Exécution provisoire des jugements portant condamnation à une amende
ou à un emprisonnement, 12. — Le jugement rendu sur le fond après le délai qui
opère péremption d'instance, doit être annulé, 15. — Principes sur les jugements
préparatoires et interlocutoires et sur leur
exécution, 28 s. — Énonciations que doit
contenir le jugement d'une cause dans laquelle ont été entendus des témoins, sans
qu'il ait été dressé de procès-verbal, 40.—
Nomination de gens de l'art par le jugement
qui ordonne une visite. 42. — Faculté de
juger sur le lieu, *ibid.* — Énonciations du
jugement lorsqu'il n'y a pas eu de procès-
verbal, 43. — V. *Affiche, Appel, Caution, Défaut, Exécution, Interlocutoire, Opération, Opposition, Renvoi.*

JUGEMENTS des tribunaux. Ceux qui,
dans les procès par écrit, sont rendus sur
les pièces produites par une seule des parties, ne sont pas susceptibles d'opposition,
113. — Les jugements sont rendus à l'audience à la pluralité des voix, 116.—Ce qui
a lieu en cas de partage d'opinions, 117 et
118. — Jugement qui ordonne la comparu-

les immeubles appartenant aux majeurs et maîtres de leurs droits, 746. — Comment se vendent ces biens, 953.

MANDAT d'amener. Cas où il en est délivré en matière de faux, 239. — Et dans une enquête, 264.

MANDATAIRE. Celui qui assiste à une levée de scellés pour tous les opposants, 932. — Mandataire particulier pour l'opposant qui aurait des intérêts contraires, 933. — Quels opposants ne peuvent concourir au choix d'un mandataire commun, 934.

MANDEMENT. Celui par lequel les jugements doivent être terminés, 545. — Celui qui doit être délivré aux créanciers pour leur paiement dans une contribution de deniers, 665 et 671.

MARCHANDISES. Nomination d'experts faite par un tribunal de commerce pour visite et estimation de marchandises, 429. — Pesage, mesurage et jaugeage de marchandises saisies, 588.

MARI. — V. *Autorisation.*

MASSES. — V. *Partage.*

MATIÈRE. Devant quel juge de paix doit être donnée une citation en matière purement personnelle ou mobilière, 2. — Énonciation que les exploits doivent contenir en matière réelle ou mixte, 64. — Quelles matières sont réputées sommaires, 404. — Leur jugement, 405. — V. *Compétence.*

MÉCONNAISSANCE. Lorsqu'elle ne porte que sur une partie de la pièce à vérifier, le surplus peut servir de pièce de comparaison, 200.

MENACES. — V. *Outrages.*

MERCURIALES. Leur usage pour la liquidation des fruits à restituer, 129.

MESURAGE. — V. *Marchandises.*

MÉTAIRIE. — V. *Ferme.*

MEUBLES. — V. *Propriétaires, Saisie-gagerie, Vente.*

MINEURS. Les demandes qui les intéressent sont dispensées du préliminaire de la conciliation, 49. — Elles doivent être communiquées au ministère public, 83. — Cas où les mineurs peuvent être admis à se pourvoir par requête civile, 481. — V. *Avis de parents, Homologation, Péremption, Tuteur, Vente.*

MINISTÈRE public. Causes qui doivent lui être communiquées, 83, 112, 202, 249, 251, 311, 359, 371, 385, 498, 668, 762, 782, 795, 805, 856, 858, 859, 862, 863, 879, 885, 886, 891, 892, 900, 911, 987, 988, 1039. — V. *Communication, Conclusions, Lieu, Procureurs généraux, Procureurs du Roi, Récusation, Scellés.*

MINISTRES. Cas où les assignations sont données à la personne des ministres de la marine ou des affaires étrangères, et où ils doivent viser les exploits, 69.

MINUTES. Transcription et signature de celles des jugements rendus par des juges de paix, 18. — Le greffier de justice de paix qui se transporte avec le juge pour une visite, etc., doit apporter la minute du jugement préparatoire, 30. — Ordonnance pour l'apport au greffe, de la minute d'une pièce arguée de faux, 221 s. — Les minutes des ordonnances sur référé sont déposées au greffe, 810. — Cas dans lequel le juge peut, sur cette minute, ordonner l'exécution de son ordonnance, 811. — Les greffiers gardent les minutes des actes et procès-verbaux faits par les juges, 1040. — V. *Écritures, Faux, Jugements.*

MISE à prix. Cas où le poursuivant demeure adjudicataire pour la mise à prix d'immeubles saisis, 698.

MISE aux enchères. — V. *Enchères.*

MISE en cause. Celle des garants, 32.

MISE en liberté. — V. *Liberté.*

MOBILIER. — V. *Vente.*

MOIS. L'énonciation du jour, du mois et de l'année, doit être faite dans les citations, 1. — Et dans les exploits, 61.

MORT. Celle d'une partie n'interrompt pas le jugement d'une affaire en état, 342. — Nullité des procédures faites dans les affaires non en état après la notification de la mort d'une des parties, 344. — La mort de la partie condamnée suspend les délais de l'appel, 447.

MOULINS. Lieux où il doit être procédé à la vente des moulins sur bateaux, 620.

MOYENS. Ceux de la demande doivent être sommairement énoncés dans une citation, 1. — Dans une opposition au jugement d'un juge de paix, 20. — Dans un exploit d'ajournement, 61. — Requête contenant les moyens dans une instruction par écrit, 96. — Et ceux d'opposition à un jugement par défaut, 161. — Preuve des moyens admis, 232. — Énonciation de ceux qui ont été déclarés pertinents et admissibles dans le jugement qui permet la preuve, 233. — Les pièces contenant de nouveaux moyens peuvent seules être taxées en cause d'appel, 465. — On ne discute sur requête civile que les seuls moyens d'ouverture, 499. — Époque à laquelle doivent être proposés les moyens de nullité dans une saisie de rentes, 654. — Et dans une saisie immobilière, 733 et 735. — V. *Défenses, Écritures, Requête.*

MYRIAMÈTRE. — V. *Délais.*

N.

NÉGLIGENCE. Celle qui, dans les saisies

OMISSION. —V. *Compte*, *Officiers mi-nistériels.*

OPINIONS. Les juges sont tenus, s'il y a plus de deux opinions, de se réunir à celle du plus grand nombre, 117 et 467.—Quelle personne est appelée en cas de partage, 118 et 468.

OPPOSITION. Délai dans lequel on peut former opposition à un jugement rendu par défaut, 20. — Ce que l'opposition doit contenir et sa notification, *ibid.* — Cas dans lequel le juge de paix peut fixer un plus long délai pour l'opposition, 21.—Raisons qui peuvent faire admettre l'opposition après le délai quand il n'aurait pas été prorogé, *ibid.* — Il n'y a pas lieu à opposition après un second jugement par défaut, 22. — Les demandes en main-levée d'opposition ne sont pas assujetties au préliminaire de la conciliation, 49. — Les jugements rendus sur les pièces produites par une seule des parties ne sont pas susceptibles d'opposition, 113. — Dispositions en matière d'opposition, 153 à 165. — Le jugement par défaut qui, dans une vérification d'écritures, rejette la pièce ou la tient pour reconnue, est susceptible d'opposition, 199.—Délai après lequel les oppositions aux jugements par défaut des tribunaux de commerce ne sont plus recevables, 436.— Ce qu'elles doivent contenir, 437.— Opposition sur le procès-verbal de l'huissier, 438. — Obligation de la réitérer par exploit, 439. — Titres en vertu desquels les oppositions peuvent être faites, 557. — Formalités à remplir au défaut de titres, 558.—Opposition à la vente d'objets saisis par celui qui s'en prétend propriétaire, 608.— Les créanciers ne peuvent former opposition que sur le prix de la vente, 609. — Les ordonnances sur référé ne sont pas susceptibles d'opposition, 809. —Comment se font les oppositions aux scellés, 926. — Mentions que ces oppositions doivent contenir à peine de nullité, 927. — Domicile auquel sont assignés les opposants à la levée des scellés, 931.—Seule vacation à laquelle ils puissent assister, 932. — Les jugements arbitraux ne sont pas sujets à l'opposition, 1016. — V. *Consignation*, *Qualités*, *Récolement*, *Saisie-arrêt*, *Tierce-opposition.*

ORDONNANCE. Celle que rend le président d'un tribunal, ou un autre magistrat, pour la police d'un lieu où il est troublé dans ses fonctions, 91.—Ordonnance du président qui commet un nouveau rapporteur en cas de décès, démission ou empêchement, 110. —Celle du juge-commissaire pour assigner à l'effet de convenir de pièces de comparaison dans une vérification d'écritures, 199.

—Ordonnance pour commencer une enquête, 259. —Pour condamner des témoins défaillants, 263. —Pour une descente sur les lieux, 297.—Pour une nomination d'experts, 307.—Pour un interrogatoire sur faits et articles, 329. — Énonciation que doit contenir l'ordonnance qui permet une saisie-arrêt, 559. — Ordonnance du juge commis pour faire sommer les créanciers de produire leurs titres dans une contribution, 659. — Ordonnance pour l'ouverture d'un procès-verbal d'ordre, 752. —Pour la délivrance des bordereaux de collocation, 759.—Ordonnance sur référé dans les cas d'emprisonnement, 786 s. — Dans ceux qui demandent urgence, 808 s. —Ordonnance pour une saisie-revendication, 826.—Pour la délivrance de copie ou expédition d'un acte non enregistré ou resté imparfait, 842. —Pour celle d'une seconde grosse, 844.— Pour comparution sur une demande en séparation de corps, 875. — Et pour renvoi au bureau de conciliation, 878.—Pour la communication au ministère public, d'une délibération de conseil de famille dont l'homologation est demandée, 886.—Pour une levée de scellés, 931.—Pour rendre exécutoire un jugement arbitral, 1020 s.

ORDRE. Circonstances dans lesquelles il y a lieu à procéder à l'ordre et distribution du prix d'une vente entre créanciers, 750. Nomination d'un juge-commissaire pour procéder à l'ordre, 751. — Ouverture du procès-verbal, et pièces qui doivent y être annexées, 752.—Délai pour la production des titres par les créanciers inscrits, 753 s. Ceux-ci supportent les frais de productions tardives, et sont garants des intérêts qui auraient couru, 757. — Procédure avec les créanciers postérieurs en hypothèque au créancier dernier colloqué, 760.—Jugement et délai pour l'appel, 762. — Arrêt, 766.— Ordre des créances contestées, et de celles postérieures arrêtées définitivement, 767.— Cessation des intérêts et arrérages des créanciers utilement colloqués, *ibid.*—Collocation des frais par préférence, 768. - Subrogation à prononcer par arrêt qui autorise l'emploi des frais, 769. —Délivrance des bordereaux aux créanciers colloqués, 772. — Nombre de créanciers inscrits nécessaire pour la provocation d'un ordre en cas d'aliénation autre que celle par expropriation, 775.—Procédure, 776 s.—V. *Collocation*, *Frais*, *Production.*

ORDRE public. Les causes qui le concernent doivent être communiquées au ministère public, 83.

ORIGINAL. — V. *Exploits*, *Qualités*, *Visa.*

Outils. Ceux qu'on ne peut saisir, 592.

Outrages. Peines encourues pour outrages et menaces envers des juges en fonctions, 91.

Ouverture. Celle des portes pour une saisie-exécution, 587. — Pour apposition de scellés sur une pièce ou meuble contenant des papiers, 591. — Pour une saisie-revendication, 829.—V. *Ordre, Paquets, Portes.*

Ouvrages. Nomination d'experts dans un tribunal de commerce pour visite et estimation d'ouvrages, 429.

Ouvriers. Leurs quittances produites dans un compte sont dispensées de l'enregistrement, 537.

P.

Paiements. Ceux que le tiers-saisi a faits avant la dénonciation de la demande en validité, sont valables, 565. — Il doit énoncer les paiements faits dans la déclaration, 573. — Les sous-fermiers ni les sous-locataires saisis-gagés ne peuvent opposer des paiements par anticipation, 820.—V. *Consignations, Offres.*

Pailles. Celles qu'on ne peut saisir, 592.

Papiers. L'huissier saisissant doit requérir l'apposition des scellés sur les papiers, 591. — Ce qui s'observe quand on trouve des papiers cachetés dans une maison où se fait l'apposition des scellés, 916. — Ceux qu'on inventorie doivent être cotés et paraphés, ainsi que les livres et registres de commerce, 943.

Paquets. Par qui s'ouvrent ceux qu'on a trouvés cachetés en apposant des scellés, 919.

Paraphe. Le juge de paix doit parapher les pièces déniées ou arguées de faux, et renvoyer la cause, 14. — Paraphe des pièces soumises à une vérification, 196, 198 et 212. — De celles sur lesquelles il y a inscription de faux, 227.—Des pièces de comparaison, 234 et 235.—De l'enveloppe d'un testament trouvé cacheté, 916.

Pareatis. Les jugements rendus en France sont exécutoires dans tout le royaume sans *pareatis*, même hors du ressort du tribunal, 547.

Parenté. Degré auquel elle ne permet pas à l'huissier d'une justice de paix d'instrumenter, 4. — Déclaration que doivent faire les témoins, 35. — Alliance et parenté qui ôtent la faculté d'instrumenter aux huissiers près des tribunaux, 66. — Qui empêchent d'être admis comme témoins, 268 et 413.— Comme gardiens, 598. — Le plus proche parent doit faire notifier au tuteur sa nomi-

nation lorsqu'il n'y était pas présent, 882.— V. *Alliance, Avis de parents, Récusation, Renvoi, Reproches.*

Partage. Lorsqu'un partage doit être fait en justice, la demande en est formée par la partie la plus diligente, 966. — A qui la poursuite appartient entre deux demandeurs, 967. — Tuteur spécial et particulier à donner aux mineurs, 968. — Comptes, rapports, formation de masses, prélèvement, composition de lots et fournissements, auxquels il est procédé par le notaire commis à cet effet, 976 s. — Les cohéritiers, tous majeurs, peuvent s'abstenir des voies judiciaires, 985.—V. *Licitation, Lot.*

Partage d'opinions. Par qui est vidé celui qui a lieu entre les juges, 118 et 468. — V. *Opinions.*

Parties. Elles peuvent comparaître en personne ou par leurs fondés de pouvoir devant les juges de paix, 9. — Les demandes formées contre plus de deux parties sont dispensées du préliminaire de la conciliation, 49. — V. *Prise à partie.*

Pauvres. Les causes relatives aux dons et legs qui leur sont faits, doivent être communiquées au ministère public, 83.

Pensions. Jusqu'à quelle concurrence peut-on saisir celles accordées par l'État, 580. — V. *Arrérages.*

Péremption. Délai après l'expiration duquel une instance non jugée par un juge de paix est périmée de droit, 15. — Dommages-intérêts contre le juge, quand la cause est périmée par sa faute, *ibid.* — Cours de la péremption contre l'État, les établissements publics et les mineurs, 398. — Requête par laquelle la péremption doit être demandée, 400.— Effets de la péremption, 401 et 469. — V. *Jugements.*

Péril. L'exécution d'un jugement peut être ordonnée nonobstant l'opposition dans le cas où il y aurait péril en la demeure, 155.— Le juge peut, dans ce cas, autoriser une exception aux jours et heures interdits en général pour les significations, 1037.

Permission. Il faut une permission particulière pour déroger à la règle qui interdit certains jours et les heures désignées, suivant les saisons, pour faire des significations, 1037. — V. *Présidents des tribunaux.*

Pesage. — V. *Argenterie, Marchandises.*

Pétitoire. Le demandeur au pétitoire ne peut agir au possessoire, 26.—V. *Possessoire.*

Pièces. Délai pendant lequel il est sursis, dans une inscription de faux, à l'exécution d'un jugement qui ordonne la suppression, la lacération, la radiation et même la réformation ou le rétablissement des pièces déclarées fausses, 241.—Envoi de pièces aux tribunaux d'appel en matière de récusation, 393 s. — V. *Communication, Comparaison, Copie, Ecritures, Inscription de faux, Minutes, Paraphe, Production, Rapport, Refus d'ouverture.*

PLACARDS. En quels lieux sont apposés ceux qui portent l'annonce d'une vente, 617. — Indications qu'ils doivent contenir, 618. — Exploit par lequel l'applicatoin en est constatée, 619. — Placards pour vente de bâtiments de mer et de rivière, 620. — Placards indicatifs de la vente de fruits et récoltes saisis, 629.— Les originaux du placard ni le procès-verbal d'apposition ne doivent être grossoyés, 686. — Visa de l'original par le maire, 687. — Notification du placard aux créanciers inscrits, 695. — Réaffiche de placards, 703, 732, 739. — Placards pour revente sur enchère, 836.— Et pour celle de biens de mineurs, 961. — V. *Publication.*

PLAIDOIRIE. Les parties, assistées de leurs avoués, peuvent plaider leur cause, 85. — Cas où le tribunal a le droit de leur interdire cette faculté, *ibid.* — Causes que les juges, les procureurs généraux, procureurs du Roi et leurs substituts peuvent plaider, 86. — Les plaidoiries sont publiques, 87. — Cas où elles peuvent être secrètes, *ibid.* — Quand il y a eu partage d'opinions, l'affaire est de nouveau plaidée en présence du magistrat appelé pour le vider, 118. — Les récusations de juges doivent être faites avant le commencement de la plaidoirie, 382.

PLUMITIF. On doit faire mention de l'élection de domicile sur le plumitif d'audience du tribunal de commerce, 422.

POLICE. Celle des audiences, 87 s. — V. *Réglements.*

PORTES. Etablissement de gardien aux portes dont l'ouverture est refusée à l'huissier chargé de faire une saisie-exécution, 587. — Référé qui a lieu dans le cas où le juge de paix trouve fermées les portes de la maison où il se propose d'apposer les scellés, 921. — V. *Affiche, Auditoire, Ouverture, Placards.*

POSSESSION. Dispositions relatives à l'envoi en possession des biens d'un absent, 859.

POSSESSOIRE. Année du trouble après laquelle les actions possessoires ne sont plus recevables, 23. — Enquête dans le cas de dénégation de la possession ou du trouble, 24.— On ne peut cumuler le possessoire et

le pétitoire, 25. — Quand le défendeur au possessoire peut il se pourvoir au pétitoire, 27. — V. *Enquête, Pétitoire.*

POURSUITE. A qui doit appartenir celle d'une saisie de rente faite par deux créanciers, 653. — Privilége pour les frais de poursuite d'une distribution par contribution, 662. — Et pour ceux d'une saisie immobilière, 716. — A qui appartient la poursuite d'une saisie immobilière dans le cas où il en a été fait deux, 719.— Lequel des saisissants peut poursuivre dans le cas de radiation de la première saisie, 725.— Auquel de deux demandeurs appartient la poursuite d'un partage, 967. — V. *Frais, Radiation, Saisie immobilière.*

POURVOI.—V. *Appel, Cassation, Requête civile.*

POUVOIR. Il en faut un spécial pour être autorisé à accepter ou donner des offres, un aveu ou un consentement, 352. — Pour signer une demande en récusation de juges, 384. — Pour une saisie immobilière et un emprisonnement, 556. — Pouvoir dont l'avoué est tenu de justifier à défaut d'acceptation de l'adjudicataire pour lequel il a enchéri, 709.— V. *Adjudication, Avoué, Huissier.*

PRÉAMBULE. Celui d'un compte ne doit pas excéder six rôles, 531.

PRÉFÉRENCE. Frais pour lesquels l'acquéreur doit être employé de préférence dans l'ordre du prix d'un immeuble aliéné autrement que par expropriation forcée, 777. — V. *Frais, Privilége.*

PRÉLÈVEMENT.—V. *Partage.*

PRESCRIPTION. Cas dans lequel elle est interrompue par la citation en conciliation, 57.

PRÉSENTATION. Les parties peuvent se présenter volontairement devant le juge de paix auquel elles soumettent la décision de leur différend, 7.—Présentation de compte, 634. — V. *Caution.*

PRÉSIDENTS des tribunaux. Cas où, en matière de faux, ils remplissent les fonctions d'officiers de police judiciaire, 239.—Interrogatoire sur faits et articles subi devant eux, 325. — Nomination, par eux, d'un juge devant lequel il doit être procédé à un ordre, 751.—Référés devant les présidents dans les cas d'emprisonnement, 785 s.—Permission qu'ils donnent de saisir-gager, 819 et 822. — Pour saisir-revendiquer, 826. — Pour assigner un notaire ou autre dépositaire en délivrance d'expédition ou de copie d'un acte, 839 s. — Ordonnance pour assigner un mari refusant d'autoriser sa femme à la poursuite de ses droits, 861.— Permission à donner à une femme pour la demande

les vérifier, 140. —V. *Ministère public*, *Visa*.

PROCUREURS du Roi. Cas dans lesquels une assignation est donnée en leur personne ou à leur domicile, et où ils doivent viser les originaux de l'exploit, 69.—Causes qui doivent leur être communiquées, 83. — Ils ne peuvent être chargés de la défense des parties, 86. — Causes qu'ils peuvent néanmoins plaider, *ibid*. — Ils sont entendus lorsqu'il s'agit d'ordonner la vérification de pièces de comparaison qui ne peuvent être déplacées, 202.—Le procureur du Roi doit être présent à la rédaction du procès-verbal dressé par le juge - commissaire, de l'état des pièces arguées de faux, 227. — V. *Conclusions*, *Ministère public*, *Minutes*, *Remplacement*.

PRODUCTION. Celle des pièces qui se déposent au greffe dans un procès par écrit, 96 s. — Délais après lesquels il peut être procédé au jugement, sur la seule production d'une des parties, 98 s. — Sommation aux créanciers de produire dans un ordre, 753.—Frais de production tardive à supporter par les créanciers, 757. — V. *Communication*, *Forclusion*, *Rapport*.

PROFESSION. Celle du demandeur doit être indiquée dans les citations, 1. — Et dans les exploits d'ajournement, 61. — Les témoins sont aussi tenus de déclarer la leur, 35.—Professions des requérants à indiquer dans les procès-verbaux d'apposition de scellés, 914. — Dans les inventaires, 943.

PROPRIÉTAIRES. Leurs droits sur les meubles, effets et fruits de leurs locataires et fermiers, 819. — V. *Saisie-brandon*, *Saisie-gagerie*.

PROROGATION. Cas où il y a lieu à proroger la durée d'une enquête, 279 et 280. —Demande en prorogation d'une enquête sommaire, 409.

PROTESTATION. Le défaut de protestation, lors de la signification d'un jugement, n'ôte pas à l'intimé la faculté d'en interjeter appel, 443.

PROVISION. Quels jugements de justice de paix sont exécutoires par provision, 17.

PROVISIONS alimentaires. Celles qui ont été adjugées par justice, ne sont saisissables que pour aliments, 581 et 582.—Où sont portées les demandes en provision dans les instances de séparation de corps, 878.—V. *Séparation de corps*.

PROVISOIRE. Quand une cause est en état sur le provisoire et sur le fond, il peut être prononcé sur le tout par un seul jugement, 134.

PUBLICATION. Lieu où doivent être publiées les ventes de bâtiments de mer et de rivière, 620. —Publications du cahier des charges dans une saisie-immobilière, 700 s. —Ce qui doit avoir lieu quand une des publications de l'enchère a été retardée par un incident, 732. —Publications pour revente sur folle enchère, 739 s. —V. *Annonces*, *Cahier des charges*, *Placards*.

PUBLICITÉ. Celle des audiences, 87 s.

Q.

QUALITÉS. Signification de celles qui doivent servir à la rédaction des jugements, 142.—Mention à faire par l'huissier de la déclaration de l'avoué qui veut s'opposer aux qualités, 144. —Règlement qui intervient sur cette opposition, 145.

QUITTANCES. Celles qui, produites dans un compte, sont dispensées de l'enregistrement, 537.—Celles qui doivent être rapportées pour obtenir la délivrance d'un jugement d'adjudication, 715. — Radiation à consentir par le créancier colloqué en donnant quittance du montant de sa collocation, 772.

R.

RADIATION. La saisie d'immeubles dont la vente est annoncée par un placard notifié au conservateur des hypothèques, ne peut être rayée que du consentement des créanciers ou en vertu des jugements, 696.— État d'une procédure d'ordre dans lequel le juge-commissaire peut ordonner la radiation des inscriptions des créanciers non utilement colloqués, 759. —Radiation à consentir par le créancier colloqué, 772. — Justifications après lesquelles l'inscription d'office peut être rayée, 774. —V. *Liquidation*, *Pièces*.

RAPPORT. On ne peut mettre aucune cause en rapport qu'à l'audience et à la pluralité des voix, 95.—Procédure, 96 s.—Circonstances et délais dans lesquels les pièces sont remises au rapporteur, 109. — Comment se font les rapports, 111. — Notes que les défenseurs peuvent seulement faire remettre au président après le rapport, *ibid*.—Jugement, 113. —Remise des pièces au greffe, 114.

RAPPORTS d'experts. Jugement qui ordonne une nouvelle expertise, 302. —Sa remise avec les pièces aux experts, 317.—Rédaction du rapport, *ibid*. — Il n'est formé qu'un seul avis, 318. — Dépôt de la minute, 319. —Taxe des vacations, et exécutoire, *ibid*.—Signification du rapport et poursuite de l'audience, 321.—Cas d'une nouvelle expertise, 322. — Rapport des

des tribunaux pour les productions des pièces dans les affaires instruites par écrit, 108.—Décharge du juge-rapporteur par la radiation de sa signature sur le registre, 114.—Émargement des avoués à qui les pièces sont rendues ensuite, 115.—Registre sur lequel l'avoué d'un opposant à un jugement par défaut fait mention sommaire des moyens de l'opposition, 163.—Certificat du greffier pour attester qu'il n'y a point d'opposition sur ce registre, 164.—Jugements dont l'appel doit être mentionné sur le même registre, 549.—Expéditions ou extraits à délivrer sans difficulté par les greffiers ou dépositaires de registres publics, 853.—Registre d'ordre pour les scellés, 925. — Registre pour les renonciations à une communauté ou à une succession, 997.—V. *Certificat.*

RÉGLEMENT de juges. Les demandes en règlement de juges sont dispensées du préliminaire de la conciliation, 49.—Le ministère public est entendu dans les causes relatives à ces règlements, 83.—Où le règlement doit être porté, suivant la nature des tribunaux saisis du différend, 363.—Procédure sur ce règlement, 364 s.

RÉGLEMENTS. Ceux à faire jusqu'à la mise en activité du Code de procédure civile, pour la taxe des frais, la police et la discipline des tribunaux, 1042.

RELIQUAT de compte. La contrainte par corps peut être prononcée pour reliquat de compte de tutelle, etc. 126.—Le reliquat doit être fixé par le jugement qui intervient sur une instance de compte, 540.

REMISES de pièces.—V. *Communication.*

REMPLACEMENT. Par qui les procureurs du Roi et leurs substituts peuvent être remplacés en cas d'absence, 84.

RENONCIATION. Celle de la femme à la communauté, après une séparation de biens, 874.—Comment est faite la renonciation à la communauté ou à la succession, 997.

RENTES. Les demandes en paiement de leurs arrérages sont matières sommaires, 404.—Formalités relatives aux saisies de rentes sur des particuliers, 636 s. — V. *Arrérages, Saisie de rentes.*

RENVOI. Cas dans lesquels le juge de paix renvoie la cause devant les juges qui doivent en connaître, 14.—Les demandes en renvoi sont dispensées du préliminaire de la conciliation, 49.—Elles doivent être communiquées au ministère public quand elles ont pour cause la parenté ou l'alliance, 83. — Cas où une partie peut demander son renvoi devant les juges compétents, 168. — Renvoi de droit, à raison d'incompétence sur la matière, 170.—Autres cas de renvoi,

171.—Jugement sommaire des demandes en renvoi, 172.—Circonstance dans laquelle il y a lieu à renvoyer devant le tribunal des personnes assignées en garantie, 181.—Procédure pour renvoi d'un tribunal à un autre, à raison de parenté ou d'alliance, 368 s.—Jugement préparatoire, 371.—Où se fait, en cas d'infirmation sur l'appel, le renvoi d'une amende en reddition de compte, 528. — Devant quel tribunal est renvoyée la connaissance du fond par le tribunal qui a provisoirement statué sur des difficultés élevées relativement à l'exécution des jugements, 554.

RÉPARATION d'honneur. Elle peut être demandée par le témoin contre lequel les reproches n'ont pas été justifiés, 280.—Par le juge récusé sans causes valables, 390.

RÉPARATIONS. Indication du juge de paix devant lequel doivent être portées les demandes pour réparations locatives, 3. — L'exécution d'un jugement peut être ordonnée sans caution, lorsqu'il s'agit de réparations urgentes, 135.

RÉPONSE. Délai pour la signification des réponses aux défenses, 78.—Poursuite de l'audience après l'expiration de ce délai, 80.—Réponse à la requête de production dans une affaire par écrit, 97.

REPRISE d'instance. Délais de l'assignation, et indication qu'elle doit contenir, 346. — Acte par lequel se fait la reprise, 347. — Jugement sommaire de l'incident en cas de contestation, 348. — Jugement qui tient la cause pour reprise, 349. — Assignation des veuves et héritiers en reprise devant les tribunaux de commerce, 426.—V. *Instance.*

REPROCHES. Les parties sont tenues de les fournir et signer avant la déposition des témoins, 36. — Dans quels cas les reproches peuvent être recevables après la déposition commencée, *ibid.* — Formalités pour les reproches après les dépositions, 282.—Contre qui les reproches peuvent être proposés, 283. — Manière dont il est statué sur les reproches, 287. — Justification à faire des reproches avant l'audition, 289. — Réparations et dommages-intérêts que le témoin peut prétendre, *ibid.* — Comment se fait la preuve des reproches, 290. — En cas d'admission des reproches, la déposition du témoin n'est pas lue, 291. — Reproches contre les témoins dans une enquête sommaire, 413.

REQUÊTE. Celle qui est signifiée dans une affaire mise en rapport, 96. — Il n'en faut point pour une nouvelle production, 102.—Requête contenant opposition à un jugement par défaut, 160 s. — Formalités particuliè-

S.

doivent-elles être données devant le juge de paix de la situation de l'objet litigieux, 3.—V. *Domicile.*

Société. Indication du tribunal où doivent être portées les demandes formées en matière de société, 59. — Personnes ou domiciles auxquels doivent être assignées les sociétés de commerce, 69.

Solvabilité. Cas dans lesquels le demandeur peut, dans les tribunaux de commerce, être astreint à justifier sa solvabilité, 417.—Celle qu'on doit établir pour être en général dispensé de donner caution dans les tribunaux de commerce, 439. — Justification des titres de solvabilité des cautions, 518. —V. *Insolvabilité.*

Sommation. Celle qui doit précéder une inscription en faux, 215.— L'huissier qui a dressé un procès - verbal de récolement d'objets saisis, peut faire sommation au premier saisissant de vendre dans la huitaine, 611.— Sommation de produire les titres sur une demande en distribution de deniers par contribution, 659 s. — Sommation de prendre communication de pièces produites sur un ordre, 755 s.—Le jour de la signification ni celui de l'échéance ne sont jamais comptés dans le délai général des sommations et autres actes, 1033.—Les sommations ne doivent pas être réitérées malgré la continuation de vacation ou d'audience, *ibid.* —V. *Jour.*

Sous-fermiers.—V. *Locataires, Paiements, Saisie-gagerie.*

Sous - locataires. — V. *Paiements, Saisie-gagerie.*

Soutènements. — V. *Comptes.*

Stellionat. Les stellionataires ne sont pas admissibles au bénéfice de cession, 905. —V. *Age.*

Subrogation. Il n'est pas besoin d'une demande en subrogation pour que les créanciers puissent faire procéder au récolement d'objets saisis et non vendus dans le délai fixé, 612. — Circonstances dans lesquelles un second saisissant peut demander à être subrogé pour la poursuite au premier, 721 et 722. — Pièces que le poursuivant contre qui la subrogation a été prononcée, est obligé de remettre, 723.—Frais à sa charge s'il a contesté la subrogation, 724.—L'arrêt qui autorise l'emploi des frais faits sur des contestations entre créanciers dans un ordre, prononce la subrogation au profit de celui sur lequel les fonds manquent, ou de la partie saisie, 769.— Dans quel cas la subrogation peut être demandée pour la poursuite de l'ordre du prix d'une aliénation sur expropriation, 779.

Subrogé tuteur. Cas où il peut se pour-

voir contre la délibération du conseil de famille par laquelle il a été nommé, 883.—Nomination d'un subrogé tuteur à un interdit, 895. —V. *Avis de parents, Tuteur.*

Substituts. Ceux des procureurs généraux et procureurs du Roi ne peuvent être chargés de la défense des parties, 86.—V. *Procureurs du Roi, Remplacement.*

Succession. Indication du tribunal devant lequel doivent être portées les demandes en matière de succession, 59. — Procédure relative à l'ouverture d'une succession, 907 s. — Référé sur les difficultés qui peuvent s'élever après l'inventaire, relativement à l'administration d'une succession, 944. — Nomination d'un curateur à une succession vacante, 998. — Obligation de ce curateur, 1000.—V. *Héritiers bénéficiaires, Partage, Renonciation, Vente.*

Suppléants. — V. *Juges, Juges de paix.*

Suppression d'écrits. Les tribunaux sont autorisés à supprimer des écrits quand il y a lieu, 1036.

Surcharges. —V. *Ratures.*

Surenchère. Pendant quel délai elle est permise, et taux auquel elle doit monter, 710. — Dénonciations qui doivent en être faites, 711. — Concours entre le surenchérisseur et l'adjudicataire, 712.—Formalités qui sont prescrites pour la surenchère sur vente volontaire, 832. —La surenchère est nulle dans le cas de rejet de la caution, 833. — Justification à faire par certains créanciers pour pouvoir la requérir, 834.—Formalités pour parvenir à la revente sur enchère, 836 et 837.—L'acte d'aliénation tient lieu de minute d'enchère, 838.

Sursis. Jugement par lequel on peut accorder un sursis à la contrainte par corps, 127. — Cas où il y a lieu à surseoir sur le civil jusqu'après le jugement sur le faux, 240. — Surséance sur un chef jusqu'à l'expiration des délais pour se pourvoir par appel, requête civile ou cassation, 241.—Sursis au jugement de la cause dans le cas où le demandeur en faux incident veut se pourvoir en faux principal, 250.—Sursis aux procédures en cas de désaveu, 356.—Et en cas de réglement de juges, 364.—Cas où un sursis peut être ordonné dans une instance de saisie immobilière, 729.—V. *Contrainte par corps.*

Suscription. Les juges de paix doivent constater celle des testaments qu'ils trouvent sous les scellés, 916.

Suspension. Celle qu'encourt l'individu remplissant des fonctions près d'un tribunal où il cause du trouble, 90,

Syndic.—V. *Unions de créanciers.*

898.—On doit, dans un inventaire, faire la déclaration des titres actifs et passifs, 943. —V. *Distribution, Ordre, Production, Saisie, Tiers-saisi.*

TRAITEMENTS. Seule portion saisissable de ceux qui sont accordés par l'État, 580.

TRANSACTION. Nécessité de l'homologation pour rendre exécutoire une transaction sur faux incident, 249.

TRANSCRIPTION. Celle d'une saisie immobilière sur le registre des hypothèques, 678 et 679. — Et au greffe du bureau où doit se faire la vente, 680.—V. *Bureau des hypothèques.*

TRANSPORT. Le greffier doit accompagner le juge de paix quand celui-ci se transporte sur les lieux pour une opération, 30.—Cas de transport du juge de paix pour faire une enquête sur le lieu, 38. — Ce qui, en cas de transport d'un huissier, lui est alloué pour tous frais de déplacement, 62. — Circonstance dans laquelle il y a lieu au transport du juge-commissaire pour une audition de témoins, 266. — Consignation des frais de transport pour une descente sur les lieux, 301.—Cas d'empêchement où le juge doit se transporter sur le lieu pour un interrogatoire sur faits et articles, 328.

TRÉSOR public. En la personne de qui doit-il être assigné, 69. — Est dispensé de donner caution quand l'Etat fait une surenchère. Loi du 21 février 1827, pag. 121.

TRIBUNAUX. Opérations pour lesquelles les tribunaux peuvent commettre un tribunal voisin, un juge, ou même un juge de paix, 1035. — Injonctions et suppressions d'écrits que les tribunaux peuvent faire et ordonner suivant les circonstances, 1036.— Ils peuvent ordonner l'impression et l'affiche de leurs jugements, *ibid.*

TRIBUNAUX de commerce. La procédure s'y fait sans le ministère d'avoués, 414. — Exploit introductif de demandes, 415. — Délai, 416.—Permission d'assigner de jour à jour et d'heure à heure, et de saisir les effets mobiliers, 417. — Dispense d'ordonnance du président pour de pareilles assignations dans les affaires maritimes, 418.— Tribunal que le demandeur peut choisir, 428.—Comparution des parties en personne ou par fondés de procuration spéciale, 421. — Cas où il doit être fait élection de domicile, 422.—Les étrangers ne sont pas assujettis à donner caution pour les frais et dommages-intérêts, 423.—Renvoi des parties en cas d'incompétence, 424. — Déclinatoire, *ibid.*—Jugement qui, rejetant le déclinatoire, statue sur le fond, 425. — Assignation en reprise contre les veuves et héritiers, 426. — Renvoi lorsqu'une pièce

est arguée de faux, 427. — Audition des parties à l'audience ou dans la chambre, 428. — Juge commis pour l'audition, *ibid.* Nomination d'arbitres et d'experts, 429.— Récusation, 430. — Rapport, 431. — Enquête, 432. — Rédaction et expédition des jugements, 433. — Cas où il est délivré défaut, 434.—Signification des jugements par défaut, 435. — Opposition, 436 et 437.— Dans quels cas l'exécution de ces jugements peut être ordonnée, nonobstant l'appel, 439.—Présentation de caution, 440.—Les tribunaux de commerce ne connaissent pas de l'exécution de leurs jugements, 442. — A quel tribunal les contestations élevées à ce sujet doivent être portées, 553 s.

TRIBUNAUX de première instance. Procédures qui s'y font, 48 s. — Désignation de ceux de ces tribunaux devant lesquels le défendeur doit être assigné suivant la nature des matières, 59.—V. *Conciliation.*

TRIBUNAUX d'appel. Instruction qui se fait dans ces tribunaux, 443 s.; et 470.— V. *Appel.*

TRIBUNAUX étrangers. Règles à suivre pour l'exécution en France des jugements rendus par ces tribunaux, 546.

TUTELLE. Les demandes concernant les tutelles et curatelles sont dispensées du préliminaire de la conciliation, 49. — On doit communiquer au ministère public les demandes relatives aux tutelles, 83. —V. *Reliquat.*

TUTEUR. Il peut être condamné aux dépens lorsqu'il a compromis les intérêts de ses pupilles, 132. — On doit lui faire notifier sa nomination lorsqu'il n'a pas été présent à l'assemblée de famille, 882.—Cas où il peut se pourvoir contre la délibération qui l'a nommé, 883. — Cas où l'homologation de la délibération peut être poursuivie contre lui, 887.—Nomination de tuteur et subrogé tuteur à un interdit, 895. — Les tuteurs ne peuvent être admis au bénéfice de cession, 905. —Tuteur spécial pour assister au partage des biens d'un mineur, 968. —V. *Avis de parents, Conseil de famille, Dépens, Destitution.*

U.

UNION de créanciers. Personnes et domiciles auxquels doivent être assignées les unions et directions de créanciers, 69.

USAGES. — V. *Abrogation.*

USTENSILES de labourage. —V. *Exploitation.*

USURPATION. Devant quel juge de paix doivent être portées les actions pour usurpations de terres, arbres, haies, fossés et

FIN DE LA TABLE GÉNÉRALE DES MATIÈRES.

www.ingramcontent.com/pod-product-compliance
Lightning Source LLC
LaVergne TN
LVHW020523060726
842525LV00004B/1037